贺州学院博士科研启动基金资助出版

和谐社会构建中农民政治参与制度化研究

张百顺　著

中 国 出 版 集 团
世界图书出版公司
广州·上海·西安·北京

图书在版编目（CIP）数据

和谐社会构建中农民政治参与制度化研究 / 张百顺
著.—广州：世界图书出版广东有限公司，2012.8
　ISBN　978-7-5100-5003-9

　Ⅰ.①和… Ⅱ.①张… Ⅲ.①农民-参与管理-研究-中
国 Ⅳ.① D422.6

中国版本图书馆 CIP 数据核字 (2012) 第 173496 号

和谐社会构建中农民政治参与制度化研究

策划编辑　张馨芳
责任编辑　段纪明
出版发行　世界图书出版广东有限公司
地　　址　广州市新港西路大江冲 25 号
h t t p : / / w w w . g d s t . c o m . c n
印　　刷　虎彩印艺股份有限公司
规　　格　787mm×1092mm　　1/16
印　　张　14
字　　数　250 千
版　　次　2013 年 5 月第 2 版　2014 年 11 月第 4 次印刷
ISBN　978-7-5100-5003-9/D·0049
定　　价　48.00 元

序　言

在建设中国特色社会主义国家中，政治参与已经成为人们政治生活中不可或缺的部分。在当今经济全球化、政治民主化、文化多元化的时代，公民政治参与呈扩大之势。党的十六大正式提出"扩大公民有序政治参与"。在十七大报告中，胡锦涛总书记继续提出了"从各个层次，各个领域扩大公民有序政治参与"的新要求。公民有序政治参与的扩大必然要求政治参与制度化水平的提升。公民政治参与制度化水平的高低既是衡量一个国家民主政治发展和社会公平正义的重要标志，也是衡量一个国家政治稳定与社会和谐的重要标尺。"如果制度准备不足，扩大政治参与可能导致政治不稳定。"因此，在社会主义和谐社会构建中，我们必须加强公民政治参与制度化建设，引导公民广泛、合法、有序、理性地参与政治，尽快把我国公民政治参与纳入制度化轨道。这不仅是我国社会主义民主政治建设的根本需要，而且是构建社会主义和谐社会的必然要求。

我国是一个农业大国，农民占我国人口的绝大多数，是政治参与的主体。农民政治参与制度化水平决定着我们整个国家的政治参与程度和水平，从而直接影响我国政治文明的水平和社会和谐的程度。但是，由于长期受城乡二元体制的影响，广大农民的政治参与权利受到不公平的对待与限制，农民成为一个庞大的政治参与弱势群体。改革开放以来，农民政治参与愿望与利益诉求日渐提升，政治参与范围也在不断扩大。但是，目前农民政治参与制度化水平不高，使其常常处于政治参与的弱势地位，难以更好地表达、实现和维护自身的利益诉求，并由此引发了大量恶性和群体性事件，给党的执政基础、政治文明的健康发展，以及社会主义和谐社会建设带来了巨大的影响和严峻的挑战。在农民政治参与呼声越来越高的情况下，如何使之规范化、科学化、最终形成制度化，是当前需要研究的重要课题。因此，如何从制度上保证农民广泛、合法、有序、理性地参与政治，实现广大农民当家做主的权利，这不仅是社会主义和谐社会构建中进一步维护社会公平正义、实现国家安定团结与社会和谐发展的呼唤，更是广大农民政治参与实践的呐喊。

　　《和谐社会构建中农民政治参与制度化研究》一书是张百顺在他的博士学位论文基础上修改完成的。我与百顺师生多年，他专业知识功底扎实，学习刻苦，成绩优良，不仅具有较为深厚的理论功底和较强的科研能力，而且一直对农村问题研究具有比较浓厚的兴趣。正因为如此，他毅然选择了难度较大，且比较敏感的农民政治参与制度化研究作为自己博士学位论文的选题。本书以和谐社会背景下农民政治参与制度化为研究对象，从制度化视角，主要运用马克思主义政治参与理论，在对社会主义和谐社会构建的背景以及特征阐述的基础上，系统地论证了农民政治参与制度化在社会主义和谐社会构建中的重要地位与作用，总结、梳理和分析了和谐社会构建中农民政治参与所涉及的制度空间和存在的主要问题，详尽考察了多种可能对农民政治参与制度化产生制约作用的因素，较为全面探索和研究了在和谐社会构建中推进农民政治参与制度化的基本目标、原则以及主要途径，选题具有较高的学术价值和现实意义。

　　本书主要的研究特色是：第一，提出了农民政治参与制度化是构建和谐社会的必然要求。构建和谐社会包括方方面面的工作，通过健全、完善农民政治参与制度和提高广大农民政治参与素质，促进农民政治参与制度化建设，更好地表达、维护和实现广大农民的根本利益诉求是构建和谐社会的必然要求。第二，对农民政治参与状况的论述比较准确。比如作者在书中把和谐社会构建中农民政治参与存在的主要矛盾概括为四对矛盾，即政治参与的客观存在与农民政治参与意识缺乏之间的矛盾、政治参与的正当性与非制度化政治参与之间的矛盾、政治参与的渠道与参与制度缺失之间的矛盾、农民利益整体性与政治参与的分散化之间的矛盾，比较有新意，并敏锐地抓到了问题的主要方面，值得引起理论界的关注。第三，对广大农民政治参与的制约因素揭示得比较全面、深刻。从制度化的角度，作者从社会、经济、政治以及文化层面详尽分析了制约农民政治参与的主要因素，十分深刻。第四，对农民政治参与的目标定位比较准确。在书中作者从广泛、合法、理性和有序政治参与四个方面定位农民政治参与的基本目标，是比较准确的。第五，对如何实现农民政治参与制度化提出了自己一些独到的见解，有一定的新意，值得重视。作者在书中紧紧围绕社会公平正义，重点从尽快实行果式权力结构、平衡利益制度机制、完善政治参与制度体系、提高农民政治参与素质以及完善农民利益表达机制等方面，探索和研究了农民政治参与制度化的主要途径。纵观全书，作者对所论述的问题不仅有相当的理解与把握，而且在分析论证过程中，概念清晰、说理清楚、写作规范、观点正确、层次分明、表达简练、逻辑性强、学理基础扎实、写作水平较高。

　　该书重点分析了农民政治参与制度化对构建社会主义和谐社会的积极作用，但是书中拟罗列了多种政治参与理论，而缺乏其内在关联的进一步分析，特别是关于这些政治参与理论与和谐社会之间的内在关系的研究和论述尚显薄弱，有待于今后进一步深化研究。最后，也希望张百顺把此书的出版作为自己学术生涯的又一个新起点，再接再厉，在此研究领域取得更多更好的研究成果。

　　是为序！

广西师范大学副校长　博士生导师　钟瑞添

2012 年 5 月 20 日于桂林

目　　录

不要把"农民"这两个字忘记了；这两个字忘记了，就是读一百万册马克思主义的书也是没有用处的，因为你没有力量。

——毛泽东

导　　论

一、选题缘由与研究意义

（一）选题缘由

政治参与已经成为建设中国特色社会主义国家中公民政治生活不可或缺的部分。本研究的选题基于两个层面的考量：一个是理论层面的；另一个是实践层面的。

从理论层面上讲，新世纪新阶段，我们党不仅提出了构建和谐社会的新理念，而且还提出了扩大公民有序政治参与的新要求。党的十六届六中全会通过的《中共中央关于构建社会主义和谐社会若干重大问题的决定》中，明确提出了构建社会主义和谐社会的重大战略任务，这已经成为我们当今时代的主题。在党的十七大报告中，胡锦涛总书记进一步指出，"构建社会主义和谐社会是贯穿中国特色社会主义事业全过程的长期历史任务，是在发展的基础上正确处理各种社会矛盾的历史过程和社会结果"[1]。目前，扩大公民有序政治参与不仅是历史发展的总趋势，而且也是党和国家既定的一项战略方针，对此，在党的十五大、十六大以及十七大报告中都有过明确的论述。"坚持国家一切权力属于人民，从各个层次、各个领域扩大公民有序政治参与、最广泛地动员和组织人民依法管理国家事务和社会事务，管理经济和文化事业。"[2] 这不仅说明我国公民的政治参与得到了党和国家的高度重视，而且表明党和政府在扩大公民有序政治参与方面的决心和期望。扩大公民有序政治参与是构建社会主义和谐社会的必然要求。然而，扩大公民有

---

[1]《十七大报告辅导读本》[M]. 北京：人民出版社 2007 年版，第 17 页。
[2]《十七大报告辅导读本》[M]. 北京：人民出版社 2007 年版，第 28 页。

序政治参与必须相应地提升公民政治参与制度化水平，否则，公民政治参与的剧增就会冲破社会秩序，形成"参与危机"，甚至"参与爆炸"，影响社会和谐与稳定。鉴于此，通过政治参与制度的规范和引导，提升公民对社会主义民主政治和国家制度的认同与信任，有利于进一步推进社会主义和谐社会构建的伟大进程。因此，在社会主义和谐社会构建中，不断地满足来自不同社会群体的政治参与愿望和利益诉求，不仅是增强我们党的执政基础，加快政治文明建设，实现社会和谐的路向选择，而且是构建社会主义和谐社会的目标指向。

从实践层面上讲，我国是一个农业大国，农民占有全国人口的绝大多数，他们不仅是社会主义民主政治建设中不可或缺的因素，也是构建社会主义和谐社会的主体力量。农民政治参与制度化水平和程度的高低，既是衡量我国民主政治发展水平高低的重要标志，又是促进农村民主政治发展，实现社会和谐与稳定的重要环节。如果农民不稳定，农村就不会稳定，就意味着我国绝大部分地区不稳定，和谐社会也将会失去牢固的基石。"中国有百分之八十的人口住在农村，中国稳定不稳定首先要看这百分之八十稳定不稳定。城市搞得再漂亮，没有农村这一稳定的基础是不行的。"[1] 农村不稳定，整个政治局势就不会稳定，社会和谐也就无从谈起。因此，在社会主义和谐社会构建中，我们要充分估计和正确认识广大农民的重要地位和作用。广大农民作为构建社会主义和谐社会的主要依靠力量，社会和谐与政治稳定在很大程度上取决于农民政治参与制度化的水平与程度。可以说，农民政治参与制度化的健康发展是实现政治稳定和推进社会主义和谐社会进程不可忽视的因素。

新中国成立以来，特别是改革开放以来，我国广大农村经济社会发生了巨大变化，尤其在实行家庭联产承包责任制后，广大农民的积极性、主动性和创造性得到了前所未有的激发与释放，农村生产力得到了极大的解放，农业生产发展十分迅速，农民生活水平明显提高。社会转型时期，在经济利益的驱动下，广大农民的利益意识不断被唤醒，政治参与愿望和利益表达意识日渐增强，他们政治参与的范围也在不断扩大。但是，我们还必须清醒地认识到，由于种种主客观因素的制约，农民政治参与制度化水平不高，广大农民在政治参与实践中还处于弱势地位，难以有效地表达、维护和实现自身的利益诉求。农民负担过重、农民社会保障缺失、城乡差距过大。到了20世纪90年代末，我国"三农"问题日益尖锐起来。进入21世纪初，在城镇化和工业化迅猛发展的过程中，农民在村民自治、土地征用、房屋拆迁、农村环境污染中，利益不断遭遇不法侵害。尽管广大农民表达、维护

---

[1]《十七大报告辅导读本》[M].北京：人民出版社 2007 年版，第 28 页。

和实现自身利益的意识逐步增强,但是他们在采取体制内政治参与渠道,表达、维护和实现自身利益的环节上经常遭遇来自不同方面的阻碍。比如政治参与权利不平等、理性的政治参与意识缺失、政治参与制度不健全、政治参与渠道不畅通等。继而贿选、越级上访、群体性事件、暴力围攻冲击政府机关、自焚抗议等非制度化政治参与时有发生并呈现扩大之势。这严重销蚀我们党的执政基础、制约政治文明建设的健康发展、影响政治稳定与社会和谐。由此可见,实现农民政治参与制度化,是当前和谐社会构建中广大农民对政治参与实践的迫切需求。

实践表明,当下农民政治参与制度化水平低,难以满足广大农民有序政治参与的愿望与利益诉求,已经成为制约我国政治稳定与社会和谐的一大瓶颈。因此,在构建社会主义和谐社会中,尊重广大农民的利益主体地位,加强农民政治参与制度化建设,保障农民平等的政治参与权利,尽快摆脱政治参与实践中的弱势地位,使其通过健全的政治参与渠道,广泛、合法、有序、理性地参与政治,更好地表达、维护和实现自身合法利益,真正使广大农民成为构建社会主义和谐社会的主体力量,已经成为当下时代最迫切的要求。

总之,关于和谐社会构建中农民政治参与制度化研究,不仅是我们党的理论的呼唤,更是广大农民政治参与实践的呐喊。鉴于农民政治参与制度化对我国构建社会主义和谐社会的重要性以及农民政治参与制度化的现状以及存在的主要问题,本书主要以马克思主义政治参与理论为指导,在借鉴国内外相关研究成果的基础上,进一步对构建社会主义和谐社会进程中农民政治参与制度化方面存在的主要问题、制约因素以及农民政治参与制度化的主要途径等方面进行初步的研究和探索。

(二)研究目的与意义

1. 研究目的

本研究的目的旨在社会主义和谐社会背景下,对农民政治参与制度化的含义及其重要性做一个比较全面的阐述,特别阐释了农民政治参与制度化在构建社会主义和谐社会中的重要地位与作用;对和谐社会构建中农民政治参与和制度化的历史脉络以及农民政治参与的主要制度空间进行客观、具体的描述并概括出农民政治参与中存在的主要矛盾,以便人们对我国当前农民政治参与制度化的整体状况有一个更为清晰、准确的认识;本书较为系统地对农民政治参与制度化的制约因素进行了全面分析,并围绕农民政治参与制度化的基本目标,在坚持农民政治参与制度化基本原则的基础上,对其可行的主要途径进行了深入思考,以提升我国农民政治参与制度化水平,确保广大农民享有平等的政治参与权利,使广大农民尽快摆脱在政治参与实践中的弱势困境,促进他们广泛、合法、有序、理性地参与政治,更好地表达、维护和实现其合法的利益诉求,进一步实现国家安定团结与社会和谐稳定。

2. 研究意义

在我国总人口中,由于农民占绝对大多数,加强和谐社会构建中农民政治参与制度化研究,给予广大农民平等的政治参与机会,开辟更多畅通的政治参与渠道,满足广大农民政治参与的愿望与利益诉求,进一步提高农民政治素质,实现其广泛、合法、有序、理性的政治参与,维护好、实现好和发展好广大农民的根本利益具有重大的理论价值和现实意义。

(1)理论意义

关于和谐社会构建中农民政治参与制度化研究,对于进一步丰富我国农民政治参与问题的研究具有重要的理论意义。自20世纪80年代起,我国农村民主政治研究,业已成为国内学术界和理论界关注的热点。他们关注较多的是村民自治、非制度化政治参与、制度化政治参与、政治参与、政治参与意识等方面的研究。然而,对于农民政治参与缺乏宏观、整体研究。鉴于此,本书主要在马克思主义政治参与理论指导下,以构建社会主义和谐社会为视野,围绕农民政治参与制度化,准确地把握农民政治参与制度化的特点及其规律,对我国农民政治参与进行比较全面、系统地研究,有利于进一步丰富农民政治参与的研究内容,更好地推动我国政治参与的理论研究。

(2)现实意义

在现代民主政治国家,公民政治参与必须通过一整套健全的制度和较高的公民政治素质来实现的。健全的政治参与制度和较高的农民政治素质有利于广大农民合法、有序、理性地参与政治,以实现其政治参与制度化,具有十分重大的现实意义。

第一,有利于实现社会公平正义。公平正义意味着公民享有平等的权利、合理的分配和均等的机会。罗尔斯认为:"在一个健康的现代民主社会中,参与原则要求所有的公民都应有平等的权利来参与制定公民将要服从的法律的立宪过程和决定其结果"[1]。"较高的水平的政治参与常常导致国民产品更平等的分配。"[2] 农民政治参与制度化,有助于广大农民平等地参与到政治体系之中,不仅能够使其有效地表达自身政治参与意愿和利益诉求,而且有利于实现广大农民与政府之

---

[1][美]罗尔斯:《正义论》[M]. 何怀宏等译. 北京:中国社会科学出版社1988年版,第1页。

[2][美]塞缪尔·P·亨廷顿、纳尔逊:《难以抉择——发展中国家的政治参与》[M]. 北京:华夏出版社1989年版,第79页。

间的良性互动,实现政府决策的正义性,更好地维护广大农民的根本利益,实现社会公平正义。

第二,有利于维护广大农民的合法权益。中国问题的核心是农民问题,农民问题的核心又是农民权益的问题。长期以来,我国广大农民权益遭遇不公平待遇的根源在于政治参与权利的不平等。广大农民不能平等地享有城市居民所拥有的参政、议政甚至执政的机会、场合和渠道。然而,农民政治参与制度化,能够更好地保障农民平等地享有广泛的政治参与权利,有效地防止和纠正政府决策及其政策执行过程中对广大农民利益的忽视与侵害,是农民有效表达、维护和实现其合法权益的重要保证。

第三,有利于增强党的执政基础。农民政治参与制度化可以为广大农民政治参与提供合法渠道,有助于其有效表达、维护和实现自身利益,提高他们对社会主义民主政治和国家制度的认同与信任,增强党的执政基础。"如果农民默许并认同现存的社会制度,他们就会为该制度提供一个稳定的基础。如果它积极反对这个制度,它就会成为革命的载体。"[1] 农民政治参与制度化,能够实现广大农民通过制度化的政治参与渠道,表达自身的政治参与愿望和利益诉求,并维护其自身合法利益。在实现自身合法利益的过程中,广大农民就会产生对国家、政治体系和政治权威的认同与信仰,并产生信赖与支持,从而成为政治体系稳固的基石,有利于增强党的执政基础。

第四,有利于构建社会主义和谐社会。实现社会和谐是人类孜孜以求的社会理想,也是包括我们党在内的马克思主义政党始终不渝追求的崇高目标。构建社会主义和谐社会,是我们党在新世纪、新形势、新情况下,提高党的执政能力,贯彻落实"以人为本"为核心的科学发展观的一项重大举措,切实体现了广大人民群众的根本利益和共同夙愿。农民政治参与制度化,通过进一步完善政治参与制度和提升广大农民自身素质,确保广大农民政治参与的规范化、有序化、制度化,有效地避免政治参与的无序与混乱,促进政治民主建设,有利于构建社会主义和谐社会。

总之,关于和谐社会构建中农民政治参与制度化的研究,有利于实现社会公平正义、维护广大农民的合法权益、进一步增强党的执政基础,落实社会主义民主政治之根本,减少和避免广大农民因体制内政治参与渠道不畅,而去寻求制度外政治参与,有效地满足广大农民的利益诉求,实现社会和谐具有十分重要的理

---

[1]〔美〕塞缪尔·P·亨廷顿:《变动社会中的政治秩序》[M]. 王冠华等译. 上海:三联书店 1989年版,第 267 页。

论和现实意义。

二、相关概念的界定

黑格尔指出:"……—门学问的历史必然与我们对于它的概念密切地联系着。根据这概念就可以决定那些对它是最重要最适合的材料,并且根据事变对于这一概念的关系就可以选择那必须记述的事实,以及把握这些事实的方式和处理这些事实的观点。"[1] 这一真知灼见对于本书展开和谐社会构建中农民政治参与制度化研究也是十分适用的。因此,为了更好地开展本书关于农民政治参与制度化研究,在此,我们必须首先就该研究中所涉及的政治参与、政治参与制度化以及农民政治参与制度化等相关概念进行厘清和界定。

(一)政治参与

政治参与,英文为political participation,来源于拉丁语的"participare",是现代政治学理论中的一个重要概念。维护社会公平正义,实现公民政治参与的民主权利是现代国家政治社会保持良性运行的基本条件,也是政治现代化的主要表现形式和重要标志。

现代意义上的政治参与思想源自近代民主理论中有关人民主权的思想。在近代西方,卢梭第一次完整地提出人民主权学说,强调人民必须直接行使主权。无论在权力的归属还是在权力的行使上,人民都是政治活动中不可或缺的主体。卢梭的参与民主理论为政治参与提供了比较早的理论根据。美国前总统林肯提出"民有、民治、民享"的政治思想则进一步推进了政治参与思想的发展。19世纪法国著名政治思想家托克维尔第一个从实践和理论意义方面论及公民政治参与。他把"民主"看做是一种多数人掌权的政府组织形式和政治制度,是以人民主权学说为基础的政权形式,是人民共同参与的政府,即"代议制政府"。尽管如此,直到第二次世界大战结束以后,关于"政治参与"的概念才被西方学者首先开始使用并进行研究。

目前,国内外学者对政治参与概念的界定有着诸多阐释,说法不一,由于其各自研究视角和方法各异而呈现出不同的特点,其中比较有代表性和影响力的观点有以下三种:

第一,合法程序论。该观点认为,只有根据法定程序参与政治的行为,才称之为"政治参与",即合法的政治参与才可称谓政治参与,否则,不属于政治参与的范畴。美国学者尼和伏巴在其《政治参与》一书中指出,政治参与是指平民或多或

---

[1][德]黑格尔:《哲学史讲演录》第一卷[M].北京:商务印书馆1981年版,第4页。

少影响政府人员的选择及（或）他们采取的行动为直接目的而进行的合法活动。我国大多数学者也持此类观点，如王浦劬等学者就把政治参与定义为，"普通公民通过各种合法方式参加政治生活，并影响政治体系的构成、运行方式、运行规则和政策过程的行为"[1]。这种观点强调了合法性在公民政治参与中的重要地位，并视之为判断是否为政治参与的重要依据。同时，国内持有这种观点的学者还强调合法参与在政治参与中的普遍性与经常性。比如《中国大百科全书·政治学》关于政治参与的定义是："公民自愿地通过各种合法方式参与政治生活的行为"[2]。以上观点的不足之处，就在于把不合法、不符合程序的政治参与行为均排除在政治参与之外，缩小了政治参与概念的外延。这与我国当前农民政治参与的实际情况是矛盾的。当前，在我国农民政治参与中不乏以暴力等非法的方式抗议地方政府强加给他们不合理要求而出现的群体性事件。

第二，影响决策论。该观点认为，公民政治参与的目的旨在为争取、实现和维护自身的利益而参与社会政治过程，以直接或间接的方式影响政府的决策。如美国著名学者塞缪尔·P·亨廷顿和纳尔逊把政治参与界定为"平民试图影响政府决策的活动"[3]。又如，我国台湾学者认为，"政治参与是指公民通过投票、组党、加入政治的利益集团等活动，用以直接或间接地影响政治之决定的行为"[4]。我国也有一些学者认为，"政治参与是指公民为了争取、实现和维护自己的利益而参与社会政治过程，以直接、间接的方式影响政治决策的行为"[5]。此类观点的不足之处就在于过分看重政治参与的结果，而忽视了政治过程中的其他环节，比如决策执行、反馈环节、制度建设等方面。

第三，观念—行为论。持有此类观点的学者认为，政治参与不仅包括参与行为，而且包括与政治相关的认知等观念形态，如参与主体的政治思想、态度和意识等。美国学者巴恩斯和政治心理学家威廉·F·斯通，就将公民在日常生活中阅读政治文章和收看电视新闻都纳入公民间接的政治参与范畴之列。该观点看到了观念形态与政治参与行为之间的密切关系。但是，人们对政治过程的认知无论是心理上还是表面上，并不意味着就卷入到该进程中，人们认知等观念形态至多是其政治参与的前提条件和解释个人政治参与与否的原因。实际上，观念变成行为

[1] 王浦劬：《政治学基础》[M]. 北京：北京大学出版社2006年版，第166页。
[2]《中国大百科全书·政治学》[M]. 北京：中国大百科全书出版社 1992年版，第485页。
[3] [美] 塞缪尔·P·亨廷顿、纳尔逊：《难以抉择——发展中国家的政治参与》[M]. 北京：华夏出版社1989年版，第12-13页。
[4] 罗志渊：《云五社会科学大辞典·政治学卷》[M]. 台湾：台湾商务印书馆1971年版，第193页。
[5] 周平：《论我国改革过程中的政治参与》[J].《云南社会科学》1991年第4期。

还需要一个"外化"和构建一个良好制度环境的过程。

综上所述,以上三种观点都揭示了政治参与的一般要素,即政治参与主体、方式、目的以及行为。但是,政治参与的概念随着时代变化、地域不同、文化差异而没有固定的解释和界定。因此,结合我国国情以及政治特点,鉴于本书研究对象的特殊性,在借鉴前人研究成果的基础上,本书从广义的角度给政治参与概念做一个比较通用的界定,以便把我国构建社会主义和谐社会进程中出现的不合法的政治参与形式也纳入我们政治参与制度化研究范畴之中。为此,本书将政治参与定义为:一个国家的普通公民和社会组织,通过一定方式和渠道试图影响政府决策,以表达、实现和维护自身利益诉求的行为。

(二)政治参与制度化

事实上,社会发展早已向人们提出了政治参与制度化的问题,也已经引起世界各国政府的重视,但学术界对政治参与制度化进行专门研究的时间还比较短。目前,人们对政治参与制度化这一概念的界定尚无统一的定论。因此,明确政治参与制度化的内涵,对于在前文厘定政治参与概念的基础上,准确地理解农民政治参与制度化概念以及该研究的展开都具有十分重要的意义。

要准确地把握政治参与制度化这一概念,我们必须首先厘定"制度"的含义。何谓制度?关于制度,不同学者也持有不同的观点,代表性的认识主要有:第一,它是一种规范或规则。社会学学者伊恩罗伯逊认为,"制度是非常稳定地组合在一起的一套规范、价值标准、地位和角色,他们都是围绕着某种社会需要建立起来的"[1]。新制度经济学家道格拉斯·C·诺思认为,"制度是一个社会的游戏规则,更规范地说,它们是为决定人们相互关系而人为设定的一些制约"[2]。罗尔斯也同样把制度理解为一种公开的规范体系。这一观点与我国《现代汉语词典》中关于制度是指"要求社会成员共同遵守的、按一定程序办事规程"的含义是十分相似的。第二,它是一种社会基本结构。这一观点把制度等同于社会形态或社会结构,以往我国学者主要以此种观点理解和界定制度的含义。如"社会主义制度"、"资本主义制度",等等。第三,它是一种"集体行动"。康芒斯认为,"我们可以把制度解释为'集体行动控制个体行动'"[3]。第四,它是一种行为模式。美国著名学者塞缪尔·P·亨廷顿认为,"制度就是稳定的、受珍重的和周期性发生的行为

[1][美]伊恩·罗伯逊等:《社会学》(下册)[M].北京:商务印书馆1990年版,第100页。
[2][美]道格拉斯·C·诺思:《制度、制度变迁与经济绩效》[M].上海:上海三联书店1994年版,第3页。
[3][美]康芒斯:《制度经济学》(上卷)[M].北京:商务印书馆1962年版,第87页。

模式"[1]。英国社会学家米切尔也持此类观点。他认为，"制度是已建立的行为方式"[2]。第五，它是一种组织。托马斯和诺斯把制度与组织看成是一回事，"一个有效率的经济组织在西欧的发展是西方兴起的原因所在"，因为有效率的经济组织能够"在制度上作出安排和确立所有权以便造成一种刺激，将个人的经济努力变成个人收益率接近社会收益率的活动"[3]。

马克思主义经典作家认为，人类社会不过是人与人社会关系的总和。在对资本主义制度深入研究的基础上，马克思、恩格斯认为，制度的逻辑起点是人的需要。在《德意志意识形态》一文中，马克思在深刻揭示制度起源和本质的基础上，认为制度实质上是生产关系及其所体现的社会关系的产物，规范和调整人的行为及其社会关系。可见，在马克思、恩格斯看来，制度就是人类社会中规范和调整人的行为及其社会关系的准则。

根据以上关于制度的不同观点，概括地说，制度就是约束和规范人们社会关系和社会行为的规范体系。从广义上讲，制度包括非正式制度和正式制度。非正式制度包括价值观、伦理规范、道德规范、风俗习惯等，而正式制度则是指国家以法律等形式明确规定的带有一定强制性的规则和规范。从狭义上讲，制度仅包括正式制度。本书所涉及的制度仅限于狭义的制度范畴，即规范、协调人们行为和相互关系的一系列带有一定强制性的正式制度，如国家颁布的各项法律、制度等。它的作用旨在能够规范和约束个人、社会的活动和行为，以协调社会关系的和谐有序地发展。邓小平指出："制度好可以使坏人无法任意横行，制度不好可以使好人无法充分做好事，甚至走向反面"[4]。可见，制度是何等重要。就政治参与而言，良好的制度作为政治参与的载体，是人类文明的政治意识转化为人类文明的政治行为的重要桥梁和纽带。

何谓制度化？关于制度化，不同学科也持有不同的观点。政治学认为，近现代以来，人类活动空间的日益扩大，人们的社会交往愈加复杂，为了避免复杂社会交往中的冲突，确保有序的社会秩序，制度规范发展较快，所以，制度化是人类制度建设发展的历史产物。它具有控制、强化、组织功能，能够促进整个社会和谐有

---

[1]［美］塞缪尔·P·亨廷顿：《变化社会中的政治秩序》[M]. 王冠华等译．上海：上海人民出版社2008年版，第10页。

[2]［英］邓肯·米切尔：《新社会学词典》[M]. 蔡振杨等译．上海：上海译文出版社1987年版，第177页。

[3]［美］道格拉斯·C·诺思、罗伯斯·托马斯：《西方世界的兴起》[M]. 历以平、蔡磊译．北京：华夏出版社1999年版，第5页。

[4]《邓小平文选》第二卷[M]. 北京：人民出版社1994年版，第333页。

序、良性运行。社会学认为，"制度化最初是指群体和组织的社会活动从特殊的、不固定的方式向被普遍认可的固定模式的转化过程。它是群体和组织发展和成熟的过程，也是整个社会生活规范化、有序化的变迁过程"[1]。具体包括确立共同的价值、制定统一的规范、机构的生成与建构过程。可见，社会学不仅强调制度建设，而且更加关注制度的社会化。因此，制度化是一种动态的过程，是指社会成员生活和行为规范化、有序化的变迁过程，是整个国家制度体系日益完备和人们对制度认同的渐进过程。在此意义上，政治参与制度化就是强调，把公民政治参与的形式、内容、途径、渠道等要素及环节以制度的形式固定下来，获得公民认同，并进一步"外化"为公民的一致行为，实现合法、规范和有序地参与政治的过程。

塞缪尔·P·亨廷顿认为，"制度化是组织和程序获取价值观和稳定性的一种进程"[2]。它主要具有两个方面的功能：一是控制功能。它有利于将一系列的规范和规则内化为社会成员的觉悟，实现对社会的控制作用。二是秩序功能。它有利于统一规则、完备制度，促进整个社会形成良好的秩序。经济和社会的发展必然会带来公民政治参与要求的扩大，如果政治制度化水平比较低，公民政治参与愿望和利益诉求难以通过合法的渠道得以有效地表达与维护，公民政治参与的剧增就会冲破当时的社会秩序，形成"参与危机"，甚至"参与爆炸"，影响社会和谐与稳定。可见，制度化又是何等重要。

制度化与制度相比较，更具行为化和动态性。它不仅指公民按既定社会角色，以一种稳定的行为模式行事，而且也指制度的各种构成要素不断发展，相互结合，使社会关系从无序转向有序的过程。明确制度和制度化的含义之后，根据本书对政治参与的界定，政治参与制度化实际上就是围绕政治参与制度的建立、完善以及人们政治参与制度"内化"与"外化"两个过程展开的。那么，政治参与制度化就可以理解为，把公民和社会组织的政治参与行为纳入制度规范的渠道之中，使政治参与的制度规范日渐完备，获得公民认同并外化为公民一致行为模式的过程。它的价值取向就是形成合法、有序、合理的政治参与秩序。在现代民主社会，不断扩大的公民政治参与业已成为不争的事实，要保持政治稳定、社会和谐，必须在充分尊重宪法和法律的前提下，对公民政治参与的内容、方式、途径等，用法律、制度的形式将其固定下来，促使人们按一定的制度规范从事政治参与活动，切实做到有法可依，依法参与，实现公民政治参与制度化。

本书认为，政治参与制度化主要包含两层含义：其一，是把公民政治参与的

---

[1]《中国大百科全书》[M]. 北京：中国大百科全书出版社1990年版，第477页。

[2]［美］塞缪尔·P·亨廷顿：《变化社会中的政治秩序》[M]. 王冠华等译. 上海：上海人民出版社2008年版，第10页。

合理诉求以合法的、公民认同的法律、制度规范确定下来，并使其逐步完善的过程；其二，是通过提高公民政治素质，促进政治参与的制度意识由刚性的外部约束"内化"为公民个体内心固有的自觉意识和行为的过程。也就是说，公民的政治参与必须而且能够在制度范围内实现，并且参与制度必须得到公民的认同和内化，否则，公民政治参与缺乏制度保障或者公民个人或社会组织对制度不认同，在公民政治参与实践中就可能导致社会混乱，影响社会和谐与稳定。塞缪尔·P·亨廷顿曾经指出，当一个国家公民政治参与需求增加时，"如果其政治体系无法给个人或团体的政治参与提供渠道，个人和社会群体的政治行为就可能冲破社会秩序，给社会带来不稳定"[1]。由此可见，在公民政治生活中，政治参与制度化显得尤为重要。

（三）农民政治参与制度化

在厘定政治参与和政治参与制度化概念之后，我们还必须对什么是农民政治参与制度化做出明确的回答。特别是，改革开放以后，针对农民阶层的分化，本书研究中的农民具体指向哪些群体呢？为了更好地界定和谐社会构建中农民政治参与制度化研究中政治参与主体的范围，首先有必要对农民这一概念进行一定的分析和限定。

目前在我国学术界和理论界，关于"农民"概念的界定仍然存在分歧，其中有以下三种比较有代表性的观点：

第一种观点，是以居住地来划分。所谓"农民"就是指所有在农村居住的人。有学者认为，那些主要以农业为谋生手段，长期居住和生活在农村的人口，不论男女老少，也不论其是否具备劳动能力，都属于农民范畴。在现实生活中，我们经常提及的农民，其实就是指此类意义上的农民。事实上，总有一部分农民身份的人不是在农村居住，而是长期居住或生活在城镇。同样，也有一部分人长期在农村居住或生活，却又不是农民身份。可见，农村居民和农民存在交叉现象。

第二种观点，是以户籍来划分。所谓农民就是指具有农村户口的人。这一观点在我国一直都比较盛行。改革开放以前，由于我国户籍制度的强制，户口在农村的所有人口基本上都在农村居住和生活。但是，改革开放以后，由于我国户籍制度有所松动，引发了农村人口的流动。现在一些进城务工的农民，有的不再以农业为生，甚至有的不再居住在农村，却仍然持有农村户口。尽管如此，人们仍然把这一人群纳入农民范畴。其实，随着我国城镇化和工业化的迅速发展，这一部分人已经发生了分化，不再属于农民范畴。

---

[1]［美］塞缪尔·P·亨廷顿：《变革社会的政治秩序》[M]．北京：华夏出版社 1998 年版，第 56 页。

第三种观点，是以职业来划分。从职业角度，《辞海》中把农民界定为直接从事农业生产的劳动者。同样，《现代汉语词典》也把农民界定为，"在农村从事农业生产的劳动者"[1]。那么，从职业角度看，所谓农民就是指从事农业生产的人。如果一个人在农村居住，但不从事农业生产或者不具备劳动能力，那就不能称之为农民。比如户口在农村的未成年人、民办教师、个体工商户、乡镇企业职工、私营企业主等，我们都不能把他们纳入农民人口统计范畴之中。事实上，这是劳动力统计的农民概念。这一概念与我国属于一个典型的传统农业社会是相一致的。然而，目前我国正值从传统农业向现代工业的转型期，广大农民不仅要从事农业生产，而且有的还要从事第二、第三产业劳动，如今大量农民进城务工就是例证。另外，也出现了少数从事农业生产的人不再是农民，可能是农业技术专家，外来土地承包户，等等。

从本源上说，农民完全是一个职业概念。即"在当代发达国家，农民（farmer）完全是一个职业概念，指的就是经营（农业、农场）的人。这个概念与渔民、工匠、商人等职业并列。而所有这些职业的就业者都具有同样的公民权利，亦即在法律上他们都是市民，只不过他们从事的职业有差别"[2]。

以上三种不同的观点分别从不同的角度界定了农民概念，有其合理之处。但是，改革开放以来，我国农民这一群体发生了历史性的阶层分化的现实状况。不同阶层农民的意愿和要求不同，他们的政治参与愿望与利益诉求也发生了很大的变化。那么，在本书研究中，农民作为政治参与的主体究竟指的是哪一部分人呢？为了便于研究，本书所称谓的农民，是指那些长期在农村居住，以农业生产为主，并以此为唯一或者主要生活收入来源，且具有农村户籍的一类群体（农民工除外）。

在厘定农民概念之后，结合前文我们对政治参与以及政治参与制度化的定义，那么，农民政治参与制度化就是指把农民个体和组织政治参与的活动纳入制度规范渠道之中，使其政治参与的制度规范日渐完备，获得农民认同并内化为他们一致行为模式的过程。因此，它也相应地包含两层含义：第一，它包括政府从公平正义的角度，把农民政治参与的合理诉求以合法、公正、认同的法律、制度及规范确定下来，建立和完善农民政治参与制度的过程；第二，它还包括提高农民自身素质，推进政治参与制度在其心目中"内化"为个人自觉意识与行为的过程。我国农民政治参与制度化的最高价值目标就是要在和谐社会构建中给予广大农民平

---

[1] 中国社会科学院语言研究所词典编辑室编：《现代汉语词典》[M]. 北京：商务印书馆 2004 年版，第 935 页。

[2] 秦晖：《谁是"农民"》[J].《中国农民》1996 年第 3 期。

等的政治参与权利, 尽快摆脱政治参与活动中的弱势地位, 实现农民广泛、合法、有序、理性的政治参与, 更好地表达、维护和实现他们自身合法的利益诉求, 以维护政治稳定, 促进社会和谐。

三、文献回顾

学术研究是一个日渐积累与不断创新的过程, 现有的学术成果是在既往前人研究成果的基础上完成的。前人对相关领域问题的研究成果, 为我们今天的研究提供了文献和资料上的积累以及理论方法上的启迪, 是我们进一步深入开展相关领域研究的重要基础。理论界和学术界在和谐社会与农民政治参与制度化以及两者之间关系的研究中取得了丰富的成果, 为进一步研究和谐社会构建中农民政治参与制度化提供了可资借鉴的理论基础。

(一) 关于和谐社会的研究

党的十六届四中全会第一次在党的文献中, 明确提出了构建社会主义和谐社会的战略目标与任务。2005 年 2 月 19 日, 胡锦涛总书记明确指出, 民主法治、公平正义、诚信友爱、充满活力、安定有序、人与自然和谐相处是社会主义和谐社会的六大基本特征。构建社会主义和谐社会已经成为我们党在新的历史时期一项重要的历史任务和战略目标。因此, 近年来, 关于社会主义和谐社会的研究已经成为我国学术界广泛关注的热点, 相关研究成果甚为宏富。

1. 关于社会主义和谐社会内涵的研究

首先, 学术界在和谐社会的内涵上有不同的理解和表述。

一是社会和谐是多方面的。孙立平认为, 和谐社会涉及非常广泛的内容, 如个人与人之间的人际关系、人与社会的关系、人与自然的关系等。李君如认为: "我们今天要建设的社会主义和谐社会应该是有生机活力、有社会公平、有和睦相处人际关系、有团结稳定秩序的社会" [1]。俞可平认为, "和谐社会是一个理性的、宽容的、善治的、有序的(即法治的)、公平的、诚信的、可持续发展的社会" [2]。钟秉林认为, "和谐社会是一个多元的社会, 一个宽容的社会, 一个秩序化的社会, 在一定意义上, 可以把它归结为四个方面的和谐: 其一, 是社会系统内部诸种基本社会关系、社会结构和要素之间关系的和谐; 其二, 是人与人之间关系的和谐; 其三, 是人与社会之间关系的和谐; 其四, 是人与自然之间关系的和谐" [3]。

二是和谐社会是一个互动协调的社会。郑杭生认为, "和谐社会就是全体人

[1] 李君如:《社会主义和谐社会论》[M]. 北京: 人民出版社 2005 年版, 第 100 页。

[2] 俞可平:《和谐社会面面观》[J].《马克思主义与现实》2005 年第 1 期。

[3] 钟秉林:《和谐社会: 多元、宽容与秩序化》[J].《中国特色社会主义研究》2005 年第 1 期。

民各尽所能、各得其所,而又和谐相处的社会,用社会学的术语来表达就是良性运行和协调发展的社会"[1]。李子彪认为,"所谓和谐社会,就是让社会各成员、群体、阶层、集团之间相处融洽协调以及人与自然之间协调发展"[2]。

三是和谐社会的命题有广义和狭义之分。吴忠民认为,"广义上的和谐社会主要是指社会同一切与自身相关的事情保持着一种协调的状态,包括社会与自然环境、经济、政治、文化之间的协调,等等。实际上,广义上的和谐社会几乎就是科学发展观所关注的全部内容。狭义上的和谐社会主要是指社会层面本身的协调,是科学发展观所关注的一个相对单项的问题,我们现在所谈论的和谐社会是狭义上的和谐社会"[3]。

四是和谐社会是以人为本的社会。萧灼基认为,"和谐社会是一个以人为本的社会,一切活动的根本目的,都是为了人的生存、享受和发展。和谐社会就是一个政通人和、经济繁荣、人民安居乐业、社会福利不断提高的社会"[4]。

不难看出,尽管不同的学者从不同的角度对和谐社会的内涵有不同的理解和表述,但是,他们大都认为,和谐社会是一个以人为本的社会,是一个绝大多数人都能够分享改革发展成果的社会,是一个可持续发展的社会。关于社会主义和谐社会的内涵,胡锦涛总书记在一次重要讲话中,用"民主法治、公平正义、诚信友爱、充满活力、安定有序、人与自然和谐相处"二十八个字对其给予了十分准确、精辟的概括。

2. 关于社会主义和谐社会背景的研究

在社会主义和谐社会提出的背景研究中,不同学者有着不同的看法。严书翰认为,我国经济社会进入关键发展阶段是和谐社会提出的主要背景。2003年我国人均GDP已经达到1000美元,借鉴世界各国现代化发展的实践经验,我国已进入了"黄金发展"和"矛盾凸显"并存的时期,要实现我国经济社会持续快速发展,以免陷入"发展陷阱",就必须重视和谐社会的构建。陆学艺认为,建国以来,尤其是对改革开放以来我国建设经验教训的总结也是和谐社会提出的主要背景。在以往的建设中,我们只强调经济发展而不重视社会发展,忽视经济与社会协调发展,导致贫富差距扩大、贪污腐败丛生、社会治安形势严峻、社会保障不完善等问题日渐突出,这些凸显的现实问题也在呼唤和谐社会的构建。陆学艺还认为,当前,我们面临的诸多不和谐、不稳定的问题也突出了构建和谐社会的紧迫性。刘胜康认

[1] 郑杭生:《和谐社会与社会学》[N].《人民日报》2004-11-30。

[2] 李子彪:《构建和谐社会与加强党的执政能力建设》[J].《广东社会科学》2004年第6期。

[3] 吴忠民:《"和谐社会"释义》[J].《前线》2005年第1期。

[4] 萧灼基:《和谐社会是一个以人为本的社会》[N].《文汇报》2005-03-07。

为, 进一步巩固我们党执政的社会基础和实现党长期执政的历史使命是我们提出构建和谐社会的必然要求。随着改革开放的深入和经济社会的发展, 一些新的阶层在我国涌现, 为了巩固党的阶级基础、扩大党执政的群众基础, 务必努力构建和谐社会。

3. 关于构建社会主义和谐社会重要意义的研究

学者的观点主要体现在以下四个方面: 一是这有利于我们抓住和利用好重要战略机遇期, 实现全面建设小康社会的宏伟目标; 二是这有利于把握复杂多变的国际形势、有力地应对各种挑战与风险; 三是这有利于巩固我们党执政的基础, 实现党长期执政的历史任务; 四是这有利于我们党坚持立党为公、执政为民的理念, 实现好、维护好、发展好最广大人民群众的根本利益。

4. 关于构建社会主义和谐社会对策的研究

学者们认为: 一是从目前影响社会和谐发展的突出矛盾和问题解决切入; 二是从政府职能、公共管理的角度, 探讨和谐社会的构建路径; 三是从正确认识和处理人民内部矛盾的角度, 探索构建和谐社会的途径; 四是从提高党的执政能力的角度, 探索和研究构建和谐社会的思路; 五是从保证社会和谐运行的机制入手, 探求如何构建和谐社会, 其中, 涉及最多的是利益协调机制的问题, 如宋惠昌认为, "民主是社会和谐发展的动力机制, 因为它是恰当而稳妥解决各种社会矛盾的一种可靠机制"[1]; 六是从进一步贯彻和落实科学发展观、以人为本、实现社会公平等角度, 探讨和谐社会的构建, 等等。

学术界关于社会主义和谐社会的研究尽管涉及了诸多方面, 取得了大量研究成果, 但是, 仍存在一些不足, 在今后的研究中需要进一步加强与完善。笔者认为, 在和谐社会的内涵方面, 农民政治参与制度化建设应该是和谐社会内容研究中不可或缺的部分; 在和谐社会提出的背景上, 国际国内形势的变化带来的政治参与日益增多, 农民政治参与制度化理应成为和谐社会提出背景中不可忽视的重要方面; 加强农民政治参与制度化建设, 给予广大农民平等的政治参与权利, 切实摆脱政治参与实践中的弱势困境, 维护和实现好广大农民的利益诉求, 不仅对促进社会和谐意义重大, 而且也是实现社会和谐的重要途径。因此, 笔者认为, 在社会转型时期, 面对利益主体多元化, 利益矛盾与参与诉求日益凸显的严峻现实, 进一步推进农民政治参与制度化, 扩大农民有序政治参与, 以更好地保护和实现他们切身的合法利益, 促进社会日趋和谐, 是当前一项亟待研究和探索的重要课题。

---

[1] 宋惠昌:《民主是社会和谐发展的动力机制》[N].《学习时报》2005-02-07。

（二）关于农民政治参与制度化的研究

近几十年来，随着我国经济体制改革的进一步深化，农民政治参与问题不仅成为政界普遍关注的焦点，而且也已经成为理论界和学术界研究的焦点。该研究领域在不断拓展，理论探讨也在逐步深入，涌现了一大批丰硕的、富有学术价值的理论成果。

1. 西方学者关于政治参与制度化的研究现状

西方学者对政治参与制度化的研究，一方面，关于政治参与制度化的研究成果十分丰富；另一方面，关于我国农民政治参与制度化方面的研究成果比较少。归纳起来，西方学者关于政治参与制度化的研究成果主要集中在政治参与的作用、方式、途径以及政治参与制度化的重点、热点问题等方面。

首先，是关于政治参与作用的研究。西方学者在该问题研究上认识不尽一致，主要存在积极作用、消极作用和中立说三种观点，表现在对政治参与制度设计和定位上，相应地在制度规范的倾向性上分别持倡导、限制与中立三种不同的态度。其中，持政治参与积极作用说的学者，主张在制度规范中应该积极倡导公民政治参与。持政治参与消极作用说的学者，主张应该在制度规范中限制公民政治参与。持政治参与中立说的学者，认为政府在政治参与制度化建设方面应持不作为的态度，既不主张公民积极参与国家政治生活，也不主张国家去积极动员公民政治参与。

其次，是关于政治参与方式的研究。西方学者关于政治参与方式的分类主要有：一是政治投票；二是政治选举；三是政治结社；四是政治表达。西方发达国家针对政治参与的不同形式都制定了相应的制度和规范，以保障公民合法、有序、理性地参与政治。

第三，关于政治参与制度化的研究。西方学者重点关注的问题主要集中在：一是参与式民主和代议制民主问题；二是程序民主论的参与民主与实质民主论的宪政民主之间的制度差异；三是协商民主论的沟通参与与远程民主论的代议参与；四是政治合法性与非制度化政治参与的规定；五是政治稳定与政治参与的制度协调，等等。以上研究成果主要是对西方公民政治参与制度化的理论和实践的总结与概括。塞缪尔·P·亨廷顿的《难以抉择——发展中国家的政治参与》一书是唯一研究发展中国家政治参与的一部著作，其中，涉及了政治参与与政治制度化之间的关系，而直接研究我国公民政治参与制度化的专著几乎没有。直到改革开放以后，随着我国政治体制改革的深入，村民自治制度在我国广大农村地区的实施，西方学者对我国公民的政治参与研究兴趣渐浓，特别是对我国农村村民自治中的民主选举研究, 成为一些西方学者关注的焦点。如伯恩斯曾出版了一部关于我国从20世纪50年代至80年代初农民政治参与状况的著作《中国农民的政治参与》(Political Participation in Rural China)。但是, 由于我国地域广、人口多, 社会阶层众多, 针对不同地域、不同民族、不同阶层、不同文化背景, 对西方学者来说, 开展此项研究, 可谓困难重重。因此, 西方学者对我国政治参与制度化, 特别是关于农民政治参与制度化的研究成果十分鲜见。但是, 他们关于政治参与的理论与实践、历史与规律等方面研究的丰富理论成果, 是本课题研究可资镜鉴的。

2. 国内学者关于政治参与制度化的研究现状

国内学者关于政治参与的研究始于20世纪80年代。20世纪80年代中期, 政治体制改革在我国拉开帷幕, 我国的政治学、社会学等学科逐步得到恢复和重建。随着西方国家关于政治参与的著作逐步被我们熟悉和接受, 政治参与研究开始进入了国内众多学者的视野之中。

党的十六大正式提出"扩大公民有序政治参与", 在十七大报告中又一次提出了"公民政治参与有序扩大"的新要求。在党中央一系列政策理论的导向下, 公民政治参与以及制度化研究已经成为当今我国学术界和理论界关注的一个热点, 并且取得了比较丰硕的研究成果。

比较具有代表性的著作和文章有: 陶东明、陈明明《当代中国政治参与》(浙江人民出版社, 1998年版)一书认为, 研究当代中国政治参与是优化政府体系的重要途径。敖带芽《私营企业主阶层的政治参与》(中山大学出版社, 2005年版)一书较为详细地分析了目前私营企业主阶层政治参与的动机, 作者还就如何化解他们与其他社会阶层的利益矛盾, 促进社会各阶层的和谐相处, 提出了相应的对策与建议。魏星河等在《当代中国公民有序政治参与研究》(人民出版社, 2007年版)一书中认为, 扩大公民有序政治参与是关乎社会主义发展的前途和历史命运, 关乎小康社会的全面建设和社会主义和谐社会的构建等重大目标的实现。王维国《公民有序政治参与的途径》(人民出版社, 2007年版)一书, 着重研究了公民有序政治参与的途径。邓秀华《和谐社会构建中的农民工政治参与问题研究》(湖南人民出版社, 2009年版)一书, 基于农民工权利意识的变化和发展, 真实地呈现了社会转型期农民工政治参与的状况, 揭示了农民工政治参与变迁历程与行为逻辑。

钟淑萍的《试析我国政治参与制度化及其实现途径》(2002)、牛余庆的《逐步实现公民政治参与的制度化》(2003)和施九青的《试论公民政治参与及其制度化、规范化和程序化》(2003)等文章均对我国公民政治参与制度化进行了一定的研究。彭妹的《我国政治参与制度化建设的方向及途径》(2003)一文探索了政治

参与制度化建设的方向与途径。陈松友的《当代中国农民制度化政治参与研究》
（2007）一文，立足于当代中国政治发展现实，以马克思主义政治学基本理论为指
导，以制度化政治参与为核心，对当代中国农民制度化政治参与的现状、制约因素
以及对策等方面进行了系统、深入的研究。杜锋的《当代中国公民政治参与制度
化研究》（2008）一文，从政治学理论的角度，重点阐释了我国公民政治参与制度
化的制约因素，并探讨了公民政治参与制度化的路径。唐震的《农民政治参与制度
化建设刍议》（2008）一文，分析了农民非制度化政治参与的原因以及农民政治参
与制度化的途径。张家智的《新时期农村妇女政治参与研究》（2009）一文认为，
新时期农村妇女在政治参与中处于弱势地位，在妇女政治参与理论的基础上，正
视农村妇女政治参与的现实，强调农村妇女政治参与的必要性，并给出了自己的
建议与对策。王艳红的《农民政治参与制度化探析》（2010）一文，在分析农民政
治参与价值与功能的同时，提出了农民政治参与制度化的构想。赵琳等的《农民
政治参与制度化的理性分析与路径选择》（2011）一文认为，农民非制度化政治参
与的成本较高，必须加强农民政治参与制度化。

　　另外，随着农民以及社会其他弱势群体非制度化政治参与现象的增多，对
我国当代公民非制度化政治参与的研究成果也大量涌现，引发了人们对公民非制
度化政治参与研究的关注。如方江山的《非制度政治参与——以转型期中国农民
为对象分析》（2000），黄俊尧的《论构建和谐社会进程中的非制度化政治参与
问题》，陈华森的《我国农民非制度化政治参与原因分析及对策研究》，倪承海的
《社会转型时期中国农民的非制度化政治参与》等。

　　从以上研究成果来看，我国公民政治参与制度化研究的成果主要表现在：一
是研究涉及的学科增多。最初我国对公民政治参与制度化的研究仅限于政治学，
但是近年来，该研究也逐渐引起了哲学、社会学、管理学、马克思主义理论等学科
的关注；二是政治参与主体的研究对象增多，基本涉及了各个社会群体或阶层；三
是该研究的层次逐步加深，由早期的应然研究和宏观研究转向实然和微观研究；
四是研究方法多样，除了传统的政治学方法外，许多学科的现代科学方法也开始
得到广泛运用。

　　目前学术界关于我国当代公民政治参与制度化研究的成果比较丰富，但是，
关于农民政治参与制度化方面的专门研究主要散见在一些期刊论文当中，针对该
问题研究，尤其关于我国政治参与制度化研究的期刊论文或专著还不多见。特别
是，以马克思主义政治参与理论为指导，把农民政治参与制度化纳入构建社会主
义和谐社会的背景，从制度化视角，系统研究农民政治参与制度化，实现广大农
民平等的政治参与权利，摆脱农民在政治参与实践中的弱势境遇，以及实现其广

泛、合法、理性、有序地参与政治,维护和实现他们的政治参与愿望与自身利益诉求,促进社会和谐的研究,仍然是一个比较薄弱的环节。因此,笔者认为,在马克思主义政治参与理论指导下,在社会主义和谐社会构建中,进一步加强对农民政治参与制度化研究还有比较大的拓展空间。

(三)关于和谐社会与农民政治参与制度化关系的研究

在我国学术界的研究中,一些学者也十分关注社会主义和谐社会与农民政治参与及其制度化之间相互关系的研究。他们大都把农民政治参与及其制度化作为我国构建社会主义和谐社会的一个重要内容,同时,也普遍认为农民政治参与及其制度化有利于社会主义和谐社会的构建。

在《农民政治参与制度化探析》(2005)一文中,陈晓莉认为,农民政治参与制度化是促进社会和谐的重要手段。"一个良性和谐的社会不是政府单一治理的社会,而是包括农民参与在内的合作为主调的社会。政治参与制度化意味着政治系统中有一套人们公认的解决矛盾与冲突,实现利益需求的机构和程序,并且社会成员自觉服从由政治体系按照预先设定的程序作出的裁决。这保证了政治参与的有序性和规范性,有效地避免政治参与的无序混乱状态,促进社会和谐。"[1] 夏晓丽在《农民政治参与:农村和谐社会构建的政治保障》(2006)一文中,针对现实生活中农民消极政治参与对构建和谐农村带来的负面影响,她认为,农民政治参与是实现农村和谐社会构建的政治保障。刘范一在《和谐社会建设与农民的政治参与》(2007)一文中,认为构建社会主义和谐社会,实现社会的和谐发展,离不开广大农民群众的政治参与。吴艳东在《论社会主义和谐社会视野下的公民制度化政治参与》(2008)一文中,把公民制度化政治参与看做是构建和谐社会的重要手段。他认为,构建公民政治参与制度体系,畅通政治参与渠道,理性看待弱势群体的政治参与,使政治参与在构建和谐社会中发挥应有的作用。侯燕伟在其《论和谐社会构建下的农民政治参与》(2009)论文中认为,农民政治参与在构建社会主义和谐社会中有其重要性。他认为,农民政治参与不仅有助于社会的安定有序,而且有助于促进农村基层民主政治建设,促进社会主义民主政治的进步,最终实现社会和谐的宏伟目标。王晶梅在《和谐社会视域中农民有序政治参与探讨》(2010)中认为,实现农民政治参与制度化在构建和谐社会进程中具有重要地位,它有利于增强农民参政能力,加快推进社会主义民主法治建设;有利于优化利益协调与整合,进一步促进社会公平正义;有利于推动社会良性运行,更好地促进全社会的诚信友爱;有利于增进政府决策的科学性,进一步促使社会充满活力;有

---

[1] 陈晓莉:《农民政治参与制度化探析》[J].《行政论坛》2005 年第 6 期。

利于缓解农村社会中的各种矛盾与冲突,更好地促进社会安定有序。

从以上研究成果可以看出,学术界对农民政治参与制度化与构建社会主义和谐社会之间的关联有了比较深刻的认识。在我国经济和社会转型时期,农民利益意识的不断觉醒,政治参与愿望日益强烈,愈加凸显了对农民政治参与制度化与构建社会主义和谐社会之间关系研究的重要性。但是,在以往的研究成果之中,关于二者之间关系的研究,一方面显得力度不够,内容也欠全面;另一方面没有把农民政治参与制度化中提升广大农民自身素质,以促进社会和谐做专门研究。鉴于此,笔者认为,农民政治参与制度化既是构建和谐社会的重要内容又是构建和谐社会的重要途径,但是,在农民政治参与制度化研究中农民自身素质的提升,对促进农民政治参与制度化也不容忽视。

四、研究框架与研究方法

(一)研究框架

本书主要以马克思主义政治参与理论为指导,以构建社会主义和谐社会为背景,围绕农民政治参与制度化的相关问题展开研究。本书研究的基本框架如下:

第一部分为导论。旨在完成本研究的基础性工作,主要介绍选题缘由以及研究的目的及意义,界定本研究中所涉及的相关概念;国内外相关研究的文献回顾;主要研究方法以及创新点与不足之处。第二部分,结合政治参与的现实性,主要分析社会主义和谐社会提出的国际、国内背景以及基本特征;详细阐释我国农民政治参与制度化的理论基础,并就农民政治参与制度化在构建社会主义和谐社会中的重要地位与作用进行了全面分析与深入论证。第三部分,系统、全面地梳理新中国成立至今我国农民政治参与及制度化发展的历史脉络,介绍和谐社会构建中农民政治参与的主要制度空间,并分析构建和谐社会进程中农民政治参与存在的主要矛盾与问题。第四部分,全面、深刻阐释制约我国农民政治参与制度化的各种因素,着重从社会、经济、政治、文化等层面的制约因素进行了全面、深入地析解。第五部分,分析在构建社会主义和谐社会中,如何推进农民政治参与制度化建设,并提出基本的思路。首先,提出农民政治参与制度化的基本目标和应该坚持的基本原则,然后,鉴于农民政治参与制度化的制约因素,相应地提出在构建社会主义和谐社会中,深入探讨如何推进农民政治参与制度化的主要途径,以推进构建社会主义和谐社会的伟大进程。结语部分:对全文的观点进行归纳与总结,并对进一步推进和谐社会构建中农民政治参与制度化研究的可行性和局限性进行简要分析。

（二）研究方法

任何一项研究都离不开一定科学的研究方法，只有选择一些好的研究方法，准确地对问题进行分析与研究，才能得出令人信服的结论。本书以马克思主义政治参与理论作为贯穿全文的红线，对构建社会主义和谐社会中农民政治参与制度化进行专门研究，主要运用了以下几种研究方法：

1. 理论分析的方法

马克思主义政治参与理论是农民政治参与制度化研究的重要理论基础，其中利益分析法是马克思主义唯物辩证法、经济分析方法、阶级分析方法的进一步具体化。马克思主义认为，利益原则是支配人类社会活动的基本原则，无论是个体人还是团体，其行为的依据基本上都可以归结为一定的利益关系，几乎所有的政治现象都可以采用利益分析法去揭示其中的本质和规律。当前我国人民内部矛盾集中表现为利益关系、利益矛盾和利益纠纷，物质利益是人民内部各种矛盾的核心内容。利益分析法不仅有利于发现农民政治参与背后的经济和物质动因，而且能够使政治参与研究更全面、更深入、更透彻，进一步彰显农民政治参与制度化研究的学术价值。

2. 唯物辩证的思维方法

本书研究运用马克思主义唯物辩证的思维方法，从农民政治参与及其制度化的历史考察出发，对我国农民政治参与制度化的现状进行考量，准确地把握当代中国农民政治参与及其制度化的特点和规律，用社会存在决定社会意识的唯物论观点辩证地分析当代中国农民政治参与制度化的制约因素。在构建社会主义和谐社会进程中，如何推进农民政治参与制度化的具体途径，结合社会主义和谐社会的进程，既分析我国农民政治参与制度化建设应该坚持的原则，即农民政治参与制度化的"应然"状态，又考虑农民政治参与制度化的"实然"状态，即当今我国农民政治参与制度化的现状是什么，确保从实际出发，正确地运用科学的方法，推进社会主义和谐社会构建中农民政治参与制度化。

3. 历史与逻辑相统一的方法

恩格斯说："历史从哪里开始，思想进程也应当从哪里开始，而思想进程的进一步发展不过是历史过程在抽象的、理论上前后一贯的形式上的反映"[1]。历史与逻辑相统一方法的主要特点就在于，研究过去、找出规律，认识现在、把握重点，预见未来、胸有成竹。历史与逻辑相统一的方法运用到农民政治参与制度化研究中，就是要把概念、理论体系的构建与事物发展的历史相一致，既要尊重、梳理其

---

[1]《马克思恩格斯选集》第二卷 [M]. 北京：人民出版社 1995 年版，第 43 页。

历史事实，又要在逻辑上正确地把握农民政治参与以及制度化普遍性和规律性的特点。在此基础上，认真分析社会主义和谐社会构建中农民政治参与制度化的基本概况以及现实困境，找到解决问题的有效路径。

4. 文献研究与实证研究相结合的方法

文献研究方法就是指研究者在搜集和分析研究各种现存的有关文献资料的基础上，从中选取有价值的信息，以达到某种研究目的的方法。本书在研读农民政治参与及其制度化已有的原始文献和资料、认真梳理已经发表相关农民政治参与及其制度化研究成果的基础上，全面了解和把握对农民政治参与及其制度化的认识，准确地掌握和谐社会构建中农民政治参与及制度化的特点及其规律，为深入研究起着重要作用。另外，研究中还通过大量调查资料的采集与积累，为本研究提供一定的实证分析，力求研究的准确性。

5. 多学科借鉴的研究方法

制度是一个复杂的系统，涉及政治、经济、社会和文化等多个不同的领域。因此，农民政治参与制度化研究从政治参与制度的建立、健全以及社会化的过程切入，主要以马克思主义政治参与理论为指导，结合农民政治参与的实际，必须特别注意充分借鉴政治学、社会学、法学、马克思主义思想政治教育理论等不同学科的相关理论，从多学科、多角度审视和谐社会构建中农民政治参与制度化的研究，特别注意广泛吸收不同学科的既有研究成果，观照政治参与制度的制定、完善、创新和社会化的过程，对农民政治参与制度化的研究才能有一个比较科学、客观和全面的分析与准确的把握。

五、创新点与不足之处

（一）创新之处

本书的创新之处主要有以下两个方面：

第一，研究视角新。农民政治参与对于构建社会主义和谐社会具有极其重要的意义，本书从制度化的角度进行研究，从而使选题的价值更大。在马克思主义政治参与理论指导下，把农民政治参与制度化纳入构建社会主义和谐社会的背景，围绕农民政治参与制度化展开研究，目前，仍然是一个比较薄弱的环节。国内相关专门研究的专著还比较鲜见。本书以构建社会主义和谐社会为背景，主要以马克思主义政治参与理论为指导，围绕农民政治参与制度化，研究农民政治参与制度化的价值意义，从社会主义和谐社会对农民政治参与制度化提出的要求以及和谐社会构建中农民政治参与制度化的重要地位与作用诸多方面来深入探索农民政治参与制度化的有效途径，这是一个创新点。

第二，拓宽了农民政治参与的研究范围。以往关于农民政治参与问题的研究，主要集中在农民政治参与行为方面的研究，但效果不甚理想，有的农村地区存在的问题还比较大。关于农民政治参与制度化的全面研究还有些许欠缺。制度作为行为的规范体系，对引导政府和公众的行为均具有重要作用。但是，在制度建设的同时，广大农民自身政治素质的提高也显得十分重要。尤其在我国长期形成的城乡二元体制，人为地排挤了农民政治参与的制度空间，使他们常常处于政治参与中的弱势地位，农民在自身利益遭受不法侵害时，要么是沉默的羔羊，要么就铤而走险，寻求制度外政治参与，影响政治稳定和社会和谐。因此，把农民政治参与纳入制度化轨道，必须把制度建设和农民自身政治素质的提高二者很好地结合起来，才能够有效地实现广大农民平等的政治参与权利，提高农民政治参与素质，摆脱政治参与中的弱势地位，更好地促进我国民主政治建设，促进社会主义和谐社会的构建，这又是一个创新点。

（二）不足之处

本研究中的不足之处在于：社会主义和谐社会是一个系统的理论，也是一个在我国特有的概念。研究社会主义和谐社会构建中农民政治参与及其制度化的特点和规律在国外没有现成的可以借鉴的经验，而国内学者对两者结合的研究成果也比较鲜见，在理论借鉴方面仍显不足。另外，农民政治参与在国内研究中仍属于政治敏感性较强的问题，加上本人研究能力有限，因此，本书在许多方面的研究还不够深入，一些问题还讲得不够透彻，不够全面，存在较多不足与缺憾。研究中尽管收集并采用了我国社会经济发展程度不同的农村地区具有典型性的农民政治参与个案，但缺乏第一手材料的说服力。同时，关于在社会主义和谐社会构建中推进农民政治参与制度化的主要途径与对策还缺乏进一步实践的检验，等等。这些都是笔者今后研究中仍要继续努力探索和改进的方面。

第一章　和谐社会构建中农民政治参与制度化的理论基础

　　构建社会主义和谐社会，不仅是推进我国经济社会全面发展的重要目标，而且是贯穿中国特色社会主义现代化建设全过程的长期历史任务。我国作为一个农业人口占绝大多数的国家，农民政治参与制度化的程度和水平不仅影响我国政治现代化的进程，而且在很大程度上影响整个社会的和谐与稳定。改革开放以来，随着我国经济社会的迅速发展，农民利益意识的觉醒，政治参与的愿望也日渐强烈。但是，由于政治参与制度不够完善、政治参与渠道不通畅、农民自身素质欠缺诸多原因，致使农民政治表达的愿望和利益诉求得不到及时有效的满足，非制度化政治参与呈扩大之势，严重影响了我国民主政治的健康发展与社会和谐。鉴于当前我国的现实，我们应该顺应时代的变化与呼唤，在构建社会主义和谐社会中，厘清农民政治参与制度化的理论基础，加快推进农民政治参与制度化建设，从根本上改变广大农民在政治参与实践中的弱势地位，按照社会主义和谐社会的基本要求，最大限度地满足广大农民政治参与的愿望，切实维护和实现好广大农民切身的合法利益。

一、构建和谐社会提出的时代背景与基本特征

（一）时代背景

　　当历史的车轮驶入21世纪时，我们党基于国际、国内两大背景，提出了构建社会主义和谐社会的重大历史命题。纵观国际背景，全球化已经成为当今时代最主要的特征之一，为构建社会主义和谐社会带来了机遇与挑战；纵观国内背景，改革开放三十多年来，我国经济持续快速增长，但贫富差距日益扩大、政治相对稳定，但民主不够完善、文化教育繁荣发展，但文化教育共建共享不足、社会相对和

谐，但大量社会矛盾日渐凸显。同时，国际国内背景不仅凸显人们对政治参与需求的迫切性，而且也凸显政治参与制度化的紧迫性，是构建社会主义和谐社会的重要时代背景。

1. 国际背景

当今世界，全球化业已成为一股不可阻挡的潮流和时代最主要的特征之一。全球化不仅首先表现在经济领域，而且日益渗透到政治、文化诸多领域，为我国构建社会主义和谐社会带来了难得的机遇与严峻的挑战，但挑战大于机遇。

首先，全球化最初表现在经济领域之中，即经济全球化。经济全球化主要指商品、劳务、技术、资本、资源等各类生产要素在全球范围内大规模地流动与配置，使世界各国经济日益呈现相互联系、相互依赖的趋势。早在1848年，马克思、恩格斯就指出经济全球化已经初露端倪。他们在《共产党宣言》中写到："资产阶级，由于开拓了世界市场，使一切国家的生产和消费都成为世界性的了"[1]。资产阶级迫使一切民族甚至最野蛮的民族——如果它们不想灭亡的话，都被迫卷到经济全球化中来了。直面当前，经济全球化已经成为世界发展中一股不可抗拒的潮流。当今世界是开放的世界。世界的发展影响着每一个国家的经济社会发展，任何国家的发展都不能，也不可能离不开世界的发展。随着世界科学技术的迅猛发展以及科学技术向现代生产力的快速转化，科学技术在推动社会生产力发展过程中的作用越来越突出。金融、资本和市场的全球化，日益促进了整个世界经济全球化发展局面的形成。随着经济全球化趋势的不断深入与发展，无论在经济体制、经济主体，还是在经济活动中都显现了全球相互渗透的现象，并改变着人们的生存环境和生活方式，冲击着人们的价值观念，影响着人们的思维方式和行为规范。

改革开放三十多年来，我国社会主义市场经济体制逐步建立和完善。首先，在现代市场经济条件下，人们独立、平等的主体意识得到培育和增强，也唤起了人们在追求自身利益过程中的政治参与意识。其次，市场经济不仅带来了利益分化与利益矛盾，而且也进一步激发了人们更大的利益欲求。对利益的追求和权利的保护成为人们政治参与的重要动力。因为"经济发展使社会上的每一个人，每一个集团，每一个阶层都有了自己的经济利益，由于有了自己的经济利益，他们就会要求参与政治生活，要求了解政治体系的活动过程，尤其关心政治体系的决策，关心政治体系将会给他们带来怎样的后果"[2]。因此，人们在争取、维护和实现切身利益

[1]《马克思恩格斯选集》第一卷［M］. 北京：人民出版社1995年版，第276页。
[2] 王沪宁：《比较政治分析》［M］. 上海：上海人民出版社1987年版，第237页。

的过程中,必然尝试着用各种方式、途径参与到政治系统之中,表达自己的利益诉求,影响政府的决策。在经济全球化的影响下,广大农民的利益意识也在不断地被唤醒,他们为了表达、实现和维护自身的合法利益,更多地选择政治参与的方式和途径,参与到政府决策之中。面对农民的实际情况,这必然要求政府为广大农民的政治参与提供公平正义的制度保障。

其次,经济全球化的影响还逐渐渗透到政治领域,使原本建立在民族国家基础之上的一系列制度决策与设计、政府权威、合法性等都受到了当今时代发展的严峻考验。随着经济全球化的纵深拓展,市场经济体制在全球范围内广泛确立,市场经济运行中的平等、公平、竞争、规则、秩序等原则也被广泛传播,并逐渐得到人们的广泛认同。那么,与市场经济规则相对应的政治文明的价值诉求也就成为人们对政治民主化、政治法治化的强烈渴求。而社会的开放和自由程度的日益提高,进一步促进了社会公众民主、权利、自由观念的逐渐形成,也极大地促进了社会公众政治参与意识的提升。尤其是2011年中东局势的巨大变化,又一次使世界各国面临政治民主化浪潮的冲击。中东一些国家不断涌现的人民民主诉求和民主活动,凸显国家政权的权威与合法性遭受了本国人民的质疑,似乎预示着又一波民主化浪潮的来临。我国正处在从传统社会向现代社会转型时期,不能继续认为只要人民生活水平提高了就万事大吉,中东局势的新变化也在警醒我们,在构建社会主义和谐社会中,必须加快民主政治建设的步伐,确保广大人民群众的民主政治权利,更好地树立和加强政府的权威与合法性。政治参与是社会主义民主政治的一种实现形式。当前,我国公民政治参与意识和政治参与活动的互动,日益彰显了公民个体或群体政治性的特征。面对我国社会利益结构和利益关系日益复杂与多元化利益主体的确立和发展的潮流,而引发的诸多社会的政治冲突,人们政治参与诉求能否得到有效满足,关乎我国政权的权威与合法性的进一步提升与巩固,关乎政治稳定与社会和谐。

第三,经济全球化的影响还逐渐渗透到文化领域。不同文化之间碰撞和交融的趋势与发展日益提速,带来了人们价值观念的普适化。如自由、民主、人权、平等等价值观念日益成为世人的共识。由于公民意识的增强,人们在表达、维护和实现自身各项权益的过程中,往往更倾向通过政治参与的途径、方式表达自身的利益诉求,以期达到自己的目的。但是,在全球化进程中,西方主流意识形态和主流价值观的文化渗透、文化侵略等带来的中西"文明的冲突"也不容忽视。以我国为例,由于西方文化中的价值观念逐渐被国人接受,但并没有"内化"为他们的思维方式和行为规范。当国人对这些价值过分追求时,一旦他们发现现实与理想有很大差距时,就会以狂热的态度和极端的方式参与政治,而引发社会秩序的混乱,甚至引发社会的政治冲突。这不仅影响我国政治稳定与民主化的进程,削弱人们对主导政治文化的肯定,动摇人们的政治信仰、理想和信念,而且会销蚀我国政权的权威与合法性。因此,不同价值观之间的冲突往往可能影响政治参与主体采取不同的参与方式、途径去表达、维护和实现自身的权益,给我国政治稳定、民主化进程以及人们的政治信仰、理想和信念提出严峻挑战,现实足以表明我国政治参与制度化建设已刻不容缓。

第四,我国已经正式加入WTO,成为经济全球化中的一员。随着我国农业与国际农业的日益广泛的交流,我国农民中的一些专业户、种植能手纷纷走出国门与发达国家和发展中国家的农民进行贸易互动。广泛的交流不仅播种了友谊,而且也拓宽了我国广大农民的视野,增强了他们的民主意识与权利意识,从而加快了我国政治民主与政治参与的进程,这使政治参与的制度化成为必然,也凸显了社会主义政治制度优越性的必然历程。

总之,全球化在影响经济、政治、文化诸多领域的同时,不断唤醒和强化了人们的利益意识和权利意识,极大地改变了人们的传统文化观念,增强了人们政治参与的意识。因此,在构建社会主义和谐社会中,全球化的影响也不可避免地引发国民与国民、国民与政府之间的许多利益矛盾和社会的政治冲突,人们采取何种政治参与的方式和途径来表达、维护和实现自身利益,不仅给当下构建社会主义和谐社会提出了严峻挑战,而且也给我国政治参与制度化建设提出了严峻挑战。

2. 国内背景

（1）经济持续增长 但贫富差距日益扩大

改革开放以来,全国各族人民在我们党的领导下,成功开辟了一条有中国特色社会主义道路。在最近十多年时间里,我国经济社会发展十分迅猛,我国综合国力和人民生活水平都跃上了一个更高的台阶。尤其近年来,我国经济一直保持稳定持续快速增长的态势。据国家统计局2011年1月20日公布的最新统计数据显示,2010年我国GDP首次突破5.8万亿美元大关,仅次于美国,首次超过日本,跃居为世界第二大经济体,外汇储备超过2万亿美元,居世界第一位。一些西方媒体也高度评价了我国经济发展所取得的辉煌成就,并称赞我国经济发展已经进入了"近代以来最长的繁荣期"。一位来自世界银行的著名经济学家对我国经济发展所取得的成就也给予了高度评价,他说,世界上许多发达国家好几代人所走过的发展路程,中国人民仅仅用了一代人的时间就成功地走完了。

但是,在欣喜地看到我国经济社会发展取得巨大成就的同时,我们还必须清醒地认识到我国在改革开放三十多年的历程中,还存在许多需要我们认真反思的问题。我国稳定持续的经济增长为社会发展和广大人民生活水平的提高，奠定了雄厚的物质基础，但也带来了诸如分配不公、贫富差距拉大和"两极分化"严重等问题。例如，"2009年，我国城镇居民人均可支配收入为17 175元，而农村居民人均纯收入只有5 153元，不及城镇居民收入的1/3"[1]。根据我国社科院发布的《2008年社会蓝皮书》数据显示，近年来劳动报酬收入所占国民收入比重逐年下降，基尼系数从1982年的0.249逐渐飙升至2008年的0.47。这不仅标志着我国贫富差距已超越了国际公认的基尼系数为0.4的警戒线，而且高居亚洲各国榜首。"这表明我国居民收入由世界上最平均的国家之一，变成几乎是世界上贫富差距最大的国家。贫富差距日益扩大严重影响着我国社会的健康、协调发展。"[2]另据2007年5月发布的《2006全球财富报告》数据显示，0.4%的中国家庭占有70%的国民财富，贫富差距日益扩大，这种差距依然存在。近几年，农产品价格低落，农民收入增长缓慢，因子女上学或疾病致贫、返贫的农民越来越多。另外，工业化和城镇化建设侵占了农民大量耕地，导致很多农民成为"三无"农民，致使他们不满情绪呈现增长的趋势。如果任凭这种差距长期持续，就会引发严重的社会问题。城乡差距、地域差距、行业差距以及社会成员间贫富差距拉大，已经成为我国政府必须直面的严峻现实。由于贫富差距的拉大，削弱了广大农民政治参与制度化的物质基础，导致人们心理失衡、群体性事件日渐增多，给社会主义和谐社会建设埋下了巨大隐患。

社会公平是我国社会主义制度优越性的主要表现之一。我们党始终注重社会公平，一贯强调贫穷不是社会主义，贫富分化更不是社会主义。邓小平对此曾经指出："……少数人富裕起来，但大量的人会长期处于贫困状态，中国就会发生闹革命的问题。"[3]可谓振聋发聩。本着对中国特色社会主义事业发展前景的乐观与自信，我们必须立足国情，正视差距，不断缩小贫富差距，维护社会公平正义，加强政治参与制度化建设，确保人们平等的政治参与权利，共享经济社会改革发展的成果。构建社会主义和谐社会已经成为当前我们全党和全国各族人民的共同愿景。

（2）政治相对稳定 但民主需要进一步完善

改革开放以来，我国经济建设不仅取得了举世瞩目的成就，而且我国民主政治建设也取得了长足发展。自1978年党的十一届三中全会的胜利召开，我们党和国家的民主政治生活正逐步走向规范化、制度化，民主形式日益丰富，公民有序政

[1]《2009年我国GDP增长8.7%》[N].《人民日报》2010-01-22。

[2]闫春娥：《关于我国贫富差距的理性分析》[J].《晋阳学刊》2009年第5期。

[3]《邓小平文选》第三卷[M].北京：人民出版社1993年版，第229页。

治参与途径不断扩大,广大人民群众依法行使自己的民主权利得到了有效的制度保障。我们党领导的人民代表大会制度、多党合作和政治协商制度、民族区域自治制度、基层群众自治制度等一系列政治制度都得到了进一步巩固、发展与完善,政治相对稳定。

然而,在我国民主政治建设取得长足进步的同时,还存在一些不尽如人意的地方,民主还需要进一步完善。在我国经济和社会转型时期,许多社会矛盾,诸如利益分化、权力腐败,地区和城乡收入差距扩大,社会不满情绪日益膨胀,党群、干群关系紧张,引发的恶性群体事件呈上升趋势。这不仅销蚀了党的执政基础与执政合法性,而且使党的执政地位也遭遇了前所未有的挑战。尤其是,作为我国人口大多数的农民,他们不仅是处在社会地位中的弱势群体,也是处在政治地位中的弱势群体,直接影响了我国社会主义民主政治建设的健康发展。邓小平十分强调社会主义民主建设的重要性,他指出:"没有民主就没有社会主义,就没有社会主义现代化"[1]。这充分彰显了民主是社会主义现代化建设的一项重要政治保证。同样,社会主义和谐社会也离不开民主,没有民主,就没有社会和谐。健全的民主政治与稳定的社会秩序,为整体推进经济建设、政治建设、文化建设、社会建设等提供充分的保障。

党的十七大报告进一步深化了对人民民主重要性的认识,第一次把人民民主提到了社会主义生命的高度。在党的十七大报告中,胡锦涛总书记明确指出:"人民当家做主是社会主义民主政治的本质和核心"、"发展社会主义民主政治是我们党始终不渝的奋斗目标"[2]。由于我国政治制度化水平还不高,广大农民政治参与的渠道还不通畅,制约了农民政治参与制度化。鉴于当下的实际,我国社会主义民主制度建设必须适应经济社会不断发展的要求,坚持四项基本原则,积极稳妥地推进政治体制改革,进一步发展中国特色社会主义民主政治,不断扩大公民有序政治参与,维护安定团结、生动活泼、民主和谐的政治局面。只有不断地完善社会主义民主政治制度,才能为全面推进小康社会和社会主义和谐社会建设提供强有力的政治保障。

(3)文化教育繁荣发展 但文化教育共建共享不足

文化是一个民族的血脉与灵魂,体现了一个民族的认同感、归属感。当下"文化越来越成为民族凝聚力和创造力的重要源泉、越来越成为综合国力竞争的重要因素、越来越成为经济社会发展的重要支撑"[3],是推进人类社会进步的精神

[1]《邓小平文选》第二卷 [M]. 北京:人民出版社 1994 年版,第 168 页。

[2]《十七大报告辅导读本》[M]. 北京:人民出版社 2007 年版,第 27—28 页。

[3] 新华网:http://news.xinhuanet.com/politics/2011-10/25/c_122197737.htm。

动力。

三十多年的改革开放，我国在文化教育领域中取得了巨大成就。十六大以来，我国累计对文化教育事业经费的投入高达580.82亿元，实现年均增长达22.5%的目标。同时，我国文化建设还采取了逐步向农村和西部地区倾斜的政策，五年共计对农村文化事业建设投入资金达159.44亿元，基本实现了县县有图书馆、文化馆的发展目标。全国广播电视村村通工程、文化信息资源共享工程、民族民间文化保护工程、送书下乡工程等公共文化服务项目在广大农村全面展开。公共文化产品的供给水平不仅大幅度提升，而且公共文化服务体系建设也日趋完备。另外，从2006年起，国家免除了农村九年义务教育阶段学生的学杂费，对家庭贫困的学生免费提供教科书并补助寄宿生生活费。令人欣喜的是，2011年10月26日，国务院常务会议决定，中央每年拨款160多亿元，按照每生每天3元的标准为农村义务教育阶段的学生提供营养膳食补助；中央还将困难寄宿学生生活费补助提高1元，达到小学生每天4元、初中生每天5元。以上举措已经或将要切实减轻广大农民的负担，进一步巩固和提高农村义务教育的普及水平。据国家统计局2010年第六次全国人口普查数据表明，我国居民受教育程度明显提升，文盲率从2000年的6.72%下降到2010年的4.08%，每10万人中具有大学文化程度的人数由2000年的3 611人上升为2010年的8 930人，我国居民的全社会受教育程度明显提升。

尽管我国文化教育事业发展成绩显著，但是与广大人民群众日益增长的文化需求还不相适应，文化教育建设方面的成果还没有真正实现人人共享，文化教育发展不均衡的状况还不同程度的存在。国家对教育经费投入不足以及城乡、地区之间教育发展的不平衡仍然是构建社会主义和谐社会的一大瓶颈。教育不公的问题一直是近年"两会"热议的焦点。第五次全国人口普查统计资料显示，在我国农村人口中，初中以上文化程度的人口占总人口的39.1%，远低于城市人口的65.4%的水平，小学文化程度的为42.8%，15岁以上人口中文盲率达到8.3%，分别高于城市的23.8%和4%的水平，农村劳动力中受过专业技能培训的仅占9%，农民整体文化素质不高。另据2007年国家教育事业统计数字显示，我国农村地区还有50%的小学和25%的初中办学条件没有达到合格学校的最低标准。特别是，目前在我国西部一些省份，农村基础教育还十分薄弱，师资力量不足，教学条件较差，许多小学生营养不良，上学路途既艰难又遥远，甚至连拥有一本《新华字典》都是大多数农村小学生可望不可求的"奢侈品"。由于广大农民文化素质比较低，政治认知程度不高，制约了农民政治参与制度化水平。社会主义的本质决定了实现广大人民群众共享物质文明和精神文明的成果是我们社会主义国家的奋斗目标。实现城乡文化教育平衡发展已经成为社会主义和谐文化建设中的重中之重。胡锦涛总书记指出，一个社会是否和谐，一个国家能否实现长治久安，全体国民的文化素质和思想道德水平的高低起着决定作用。

目前，我国正处在经济和社会转型时期，人们的思想观念、文化素质、道德水准、价值取向等日趋呈现多样性和差异性的态势，凸显了我国在社会主义和谐社会建设中，加强文化教育建设，提高人们的科学文化素质和思想道德水平，进一步提升整个中华民族文化"软实力"的重要性。这也是和谐社会构建中农民政治参与制度化建设不可或缺的内容。

（4）社会相对和谐 但仍存在大量不和谐因素

三十多年来，改革开放取得了令世人瞩目的成就，我国生产力水平进一步提高，综合国力进一步增强，广大人民群众的生活进一步得到改善，为构建社会主义和谐社会提供了良好的物质支撑，社会总体和谐。

十六大以来，党中央抓住经济平稳较快持续增长和财政收入大幅度增加的有利时机，进一步加大了对我国各项社会事业建设的投入，尤其对农业以及涉及广大农民切身利益的公共产品的投入，在缩小城乡、地区、行业差距，解决广大农民最直接、最关心、最现实的民生问题等方面均采取了有效措施，并取得了积极成果。2006年起，在全国范围内取消了农业税和农业特产税，全部免除了农村九年义务教育阶段学生的学杂费，加大了对文化教育事业的资金投入，进一步满足了农民的文化需求，基本建立了覆盖城乡，功能比较完备的突发公共卫生医疗应急救助体系和疾病预防控制体系，并逐步建立了迄今世界上规模最大的国民医疗保障体系。

随着改革开放的深入和社会主义市场经济的发展，我国经济体制、社会结构、利益格局、人们的思想观念等都发生了深刻变化。国际社会发展的经验表明，当人均GDP达到1 000—3 000美元的中等收入水平时，发展中国家在迈向现代化进程中社会结构、利益主体多元化，利益主体之间所累积的社会矛盾此时极易激化，严重影响社会和谐稳定。目前，我国社会总体上是和谐的，但是不和谐因素尚大量存在。胡锦涛总书记在党的十七大报告中明确指出，我们当前经济社会发展中存在的主要问题是："经济增长的资源环境代价过大；城乡、区域、经济社会发展仍然不平衡；农业稳定发展和农民持续增收难度加大；劳动就业、社会保障、收入分配、教育卫生、居民住房、安全生产、司法和社会治安等方面关系群众切身利益的问题仍然较多,部分低收入群众生活比较困难;思想道德建设有待加强;党的执政能力同新形势新任务不完全适应,对改革发展稳定一些重大实际问题的调查研究不够深入;一些基层党组织软弱涣散;少数党员干部作风不正,形式主义、官僚主义问题比较突出,奢侈浪费、消极腐败现象仍然比较严重"[1]。对此,温家宝总理在2011年"两会"政府报告中再次指出,我们当前面临最大的困难与问题主要是:"优质教育、医疗资源总量不足、分布不均;物价上涨压力加大,部分城市房价涨幅过高;违法征地拆迁等引发的社会矛盾增多;食品安全问题比较突出;一些领域腐败现象严重"[2]。因此,在我国经济持续快速发展中凸显的矛盾与问题使党的执政合法性和政府公信力备受严峻挑战。特别是,近些年来,突发性群体事件激增,并呈现数量之多、人数之多、规模之大,影响之大等特点。这些新矛盾、新问题给构建社会主义和谐社会带来了严峻挑战。

对于上述社会主义和谐社会构建中存在的诸多矛盾与问题中,农民作为一个庞大的弱势群体,遭遇了众多不公平的待遇。从某种意义上说,广大农民虽然从国家的惠民政策中得到了一定的实惠,但是在城市化、工业化加速发展的进程中又一次遭受了不同程度的剥夺。如土地征用、房屋拆迁中补偿不合理或不到位、乡镇招商引资中带来的农村环境污染等。这与农民在政治参与中处于弱势地位不能不说没有关联,也突出了农民政治参与制度化建设的迫切性。正视我国在经济社会发展中存在的诸多矛盾与问题的现实,构建社会主义和谐社会是我们党针对这些新矛盾、新问题,从全面建设小康社会,开创中国特色社会主义建设新局面的全局出发提出的一项重大历史使命。

(二)基本特征

2005年2月,胡锦涛总书记深刻总结了我国社会主义和谐社会的基本内容与重要特征。他指出,我们所要构建的社会主义和谐社会主要有:民主法治、公平正义、诚信友爱、充满活力、安定有序、人与自然和谐相处六个方面的基本特征。胡锦涛总书记对社会主义和谐社会基本特征的高度概括,为加强农民政治参与制度化,促进社会和谐树立了标杆。

1. 社会主义和谐社会是民主法治的社会

在党的十七大报告中,胡锦涛总书记明确指出,社会主义和谐社会是民主法治的社会,即民主得到充分发挥,依法治国的基本方略得到落实,各方面的积极

[1] 胡锦涛:《高举中国特色社会主义伟大旗帜 为夺取全面建设小康社会新胜利而奋斗》[R]. 北京:人民出版社2007年版,第5页。

[2] 新华网:http://www.gov.cn/2011lh/content_1825233.htm.

因素都得到充分地、广泛地调动。民主法治是社会主义和谐社会的政治基础与保障，也是其基本特征之一。

首先，社会主义和谐社会是一个民主的社会。马克思主义关于民主的经典定义，是指在形式上承认公民一律平等，承认大家都享有决定国家制度和管理国家事务的平等权利。我们党的历代领导集体都十分注重民主。1945 年7月，毛泽东同志在与民主人士黄炎培的"窑中对"中就谈到："我们已经找到新路，我们能跳出这周期率。这条新路，就是民主。只有让人民来监督政府，政府才不敢松懈。只有人人起来负责，才不会人亡政息"[1]。这里毛泽东从执政党兴亡的高度，十分强调民主的重要性。邓小平则从民主与现代化建设的关系出发，鲜明地提出了，"没有民主就没有社会主义，就没有社会主义现代化"的科学论断。以江泽民为核心的党的第三代领导集体指出："我们的社会主义民主，是全国各族人民享有的最广大的民主，它的本质就是人民当家作主"[2]。胡锦涛总书记在党的十七大报告中指出："人民民主是社会主义的生命。发展社会主义民主政治是我们党始终不渝的奋斗目标"[3]。这是我们党和国家领导人第一次把"民主"作为社会主义的生命提出来。社会主义和谐社会不仅体现在社会生产力的不断发展，不断满足广大人民群众日益增长的物质和文化需求方面，而且也体现在保证广大人民群众真正享有参与国家和社会事务管理的各项民主权利方面。

我们党在总结国内外民主政治建设的经验教训，尤其是十一届三中全会以来我国民主政治建设成功经验的基础上明确提出，必须发展社会主义民主政治，建设社会主义政治文明。特别是在党的十七大报告中，我们党又一次把发展社会主义民主政治确立为构建社会主义和谐社会的政治目标。"坚持国家一切权力属于人民，从各个层次、各个领域扩大公民有序政治参与，最广泛地动员和组织广大人民群众依法管理国家事务和社会事务、管理国家经济和文化事业。"[4] 政治参与是社会主义民主政治的实现形式。新时期，只有充分发展社会主义民主，才能更好地调动全国各族人民政治参与的积极性、主动性和创造性，才能进一步推进经济建设、政治建设、文化建设和社会建设各项工作的顺利进行，才能切实保障广大人民群众的根本权益，实现社会和谐与稳定。

社会主义和谐社会是一个法治的社会。"法治"不同于"人治"，它是指在一

---

[1] 黄炎培：《延安归来》第二篇《延安五日记》。

[2] 中共中央文献研究室编：《十五大以来重要文献选编》[C]. 北京：人民出版社2000 年版，第687 页。

[3]《十七大报告辅导读本》[M]. 北京：人民出版社 2007 年版，第27 页。

[4]《十七大报告辅导读本》[M]. 北京：人民出版社 2007 年版，第28 页。

个社会之中"法"高于一切,在"法"的权威之上,没有比它更高的权威。"法治"高于任何个人的主观意志,是对"人治"的必然否定。因此,法治要求所有公民都平等地享有国家宪法和法律所赋予的各项民主权利和合法利益,不允许任何人有超越法律之外或者凌驾于法律之上的特权。当公民的权益受到不法侵害时,一律平等地享受国家司法机关的保护。党的十五大第一次深刻地阐述了依法治国的含义,提出了依法治国是中国共产党领导广大人民群众治理国家的基本方略。党的十七大报告再次强调,依法治国是社会主义民主政治的基本要求。首先,我们必须尊重和保障人权,依法保证广大人民群众平等参与、平等发展的权利;其次,各级党组织和全体党员干部都要自觉地在宪法和法律的范围内行使权利,率先维护宪法和法律的绝对权威。加强政治参与制度化建设,扩大公民有序政治参与,是法治的必然要求,是实现人民当家作主的根本保证,是实现国家长治久安的重要保障。

在当前我国社会阶层中,广大农民远离政治权力的中心,他们的权益最容易遭受不法侵害。即使他们受到某些官员的欺压,也是采取忍气吞声的态度。有些农民以自己的亲身体验深有感触地说:"咱农民一无文化、二无地位,哪里敢同官员打官司呀!"这样的局面如果不尽快改变,民主法治就难以在我国广大农村地区真正落实,社会主义和谐社会中民主法治的根本要求也就成了一句空话。实现民主法治的真正本质,就是要切实加强农民政治参与制度化建设,实现广大人民群众真正当家作主的权利,实现我国两千多年的臣民社会向公民社会的彻底转变。

2. 社会主义和谐社会是公平正义的社会

公平正义不仅是人类社会发展与进步所追求的一种价值取向,而且是我国社会主义和谐社会的一项基本特征。在党的十七大报告中,胡锦涛总书记指出,社会主义和谐社会主要体现在:妥善协调社会各个方面的利益关系、正确处理好人民内部矛盾和其他矛盾、切实维护和实现社会公平和正义三个方面,是社会主义和谐社会的核心价值之一。

公平正义涉及人们社会生活的方方面面。它不仅是现代文明社会进行制度安排的重要依据,而且也是妥善协调社会各阶层利益关系的基本准则,是一个社会形成凝聚力、向心力和感召力的主要源泉。没有公平正义,社会和谐就无从谈起。20世纪美国著名政治学家、伦理学家罗尔斯在其《正义论》一书中指出,"正义是社会制度的首要价值,正像真理是思想的首要价值一样"[1]。同样,公平正义也是社会主义制度的首要价值。一定的制度体系是否拥有合理性与公正性,是判定其

---

[1][美]罗尔斯:《正义论》[M].何怀宏等译.北京:中国社会科学出版社1988年版,第1页。

是否合理存在的根本标尺。在进行各项制度设计与安排时，只有坚持公平正义，才能获得最广泛的社会阶层的普遍认同和支持。在妥善协调社会各阶层利益关系时，政府只有坚持公平正义，使广大人民群众都能够共享经济社会发展的成果，才能有效地整合社会资源，才能博得社会不同利益阶层的广泛支持，充分调动各方面的积极性、主动性和创造性，实现社会和谐。

社会主义和谐社会是一个不断追求公平正义的社会。首先，公平正义要求广大人民群众能够共享经济社会发展的成果，但是，在我国当前经济社会发展过程中，还存在着诸多不公平的现象与问题，如城乡、区域、行业、贫富差距大，教育不公，经济社会发展不协调等。这些矛盾与问题制约了广大农民生活水平的进一步提高，在一定程度上给社会主义和谐社会的建设带来了隐患；其次，公平正义毋庸置疑地要求广大人民群众享有平等的政治参与权利，然而，由于城乡二元社会结构的长期影响，广大农民远离政治权力的中心，不仅在相关的政治参与制度中有歧视农民的成分，而且广大农民也很难直接参与相关"三农"问题的决策之中。特别是，近年来，一些地方政府在农村土地征用补偿、房屋拆迁补偿等规定，甚至乡镇招商引资等重大决策中不能很好地征求广大农民的意见，大都是上级领导说了算。结果，在实际操作中，有些决策侵害了广大农民的切身合法利益，激起大量干群矛盾，引发越级上访、群体性事件、围攻政府机关，甚至焚身自杀，以死抗议强权的恶性事件。

可见，在构建社会主义和谐社会中，进一步促进社会公平正义，加强农民政治参与制度化建设，是我们当前各项工作中的重中之重。

3. 社会主义和谐社会是诚信友爱的社会

诚信友爱是社会主义和谐社会的重要特征之一，也是社会主义和谐社会的基本要求之一。诚信友爱，就是在全社会积极倡导并形成诚实守信、互帮互助、全体人民平等友爱而又和睦相处的社会氛围和人际关系。诚信友爱是构建社会主义和谐社会的道德基石。

首先，诚信友爱是中华民族悠久的传统美德。诚信，就是要求全体社会成员自觉遵守各项规章制度以及社会规则，并自觉按照这些规范去做人做事。友爱，强调的则是要在全社会倡导全体人民互相帮助、平等友爱、融洽相处。社会主义和谐社会，应该以诚信为重点，人们之间互帮互助、平等友爱、融洽相处。首先，社会主义和谐社会是诚信的社会。因为诚信是人类社会一切道德的基础与根本准则，是社会成员为人处世的根本，是社会成员在经济社会活动中的一项基本道德规范，是调节人际关系、规范经济行为和社会生活秩序的一种重要行为规范。一个诚信缺失、道德沦丧的国家和民族，难以形成和谐、友爱的人际关系和良好的社会秩序,那么经济社会的持续、健康、协调、快速发展就会因为缺失良好社会环境的支撑而成为一句空话。

其次,社会主义市场经济的健康发展需要诚信。一定意义上说,市场经济就是一种诚信经济、信用经济。如果人与人之间缺乏诚信、信用,就会造成经济和社会秩序的紊乱,市场经济发展的基础就会发生动摇。近年来,随着我国市场经济的快速发展,诚信缺失问题日益突出,经济领域中制假售劣、掺毒施假、以次充好、坑蒙拐骗等现象屡禁不止,不仅给消费者的生命财产带来损害,造成重大经济损失,而且严重干扰了社会主义市场经济的健康发展,激发大量社会矛盾,引发诸多社会恐慌。社会主义市场经济越发达,人们就越要诚实守信,这样才能保证和谐的人际关系和良好的社会经济秩序。

第三,诚信也是社会主义精神文明建设、实现社会风气根本好转的一项不可或缺的内容。社会主义精神文明建设主要包括思想道德建设和教育科学文化建设两个部分。诚信建设是社会主义思想道德建设中的一个重要环节。针对当前社会信任度下降的现状,只有加强诚信建设,培养社会成员良好的道德风尚,才能使人们自觉地遵守社会道德行为规范,形成良好的社会氛围,实现社会风气的根本好转。尤其,政府的诚信更为重要,政府的公信力是和谐社会的保证。它不仅直接影响社会诚信的状况,而且能够增强参与主体的信心,为良好社会信用的形成起到示范作用,同时也是国家长治久安的重要保障。

第四,诚信是社会主义法制建设的重要内容。加强信用法制建设,必须做到有法可依、有法必依、执法必严、违法必究。否则,人们就会失去最后一道维权屏障,其造成的后果不堪设想。因此,社会主义和谐社会要求我们必须牢固树立并维护法律的权威,把诚信的道德规范建立在坚实牢固的法制基础之上。

诚信友爱是和谐社会建构的根本。针对我国实际,要做到诚信友爱。首先,农民要摒弃自身狭隘的小农意识,城市居民也要抛弃歧视农民、自恃优越的身份感,实现二者平等友爱与和睦相处;其次,各级政府和官员必须在各项政务活动中恪守诚信,做诚信的表率,遵守重诺、守规合矩,实行阳光政治、透明政治,自觉接受社会监督,以取信于民;第三,从根本上,政府要努力创造条件,加快消除城乡二元结构的制度障碍,保障广大农民也一样能够享受城市居民所享受的各项福利待遇以及政治参与权利。

4. 社会主义和谐社会是充满活力的社会

充满活力是社会主义和谐社会的又一基本特征。充满活力,就是指能够使一切有利于社会进步的创造愿望得到尊重,创造活力得到支持,创造才能得到充分发挥,创造成果得到肯定。

充满活力是社会主义和谐社会的本质要求。"社会主义本质,是解放生产力,发展生产力,消灭剥削,消除两极分化,最终达到共同富裕。"[1]社会主义社会的优越性表现在:在解放和发展社会生产力的同时,不断提升我国的综合国力,不断满足广大人民群众日益增长的物质文化需求。这个过程本身就是一个不断发展,不断充满活力的过程。

社会主义和谐社会,是一个各社会阶层利益关系均衡发展和协调相处的社会。首先,它是一个各社会阶层利益关系协调相处和均衡发展的社会,是保护广大人民群众的积极性、主动性和创造力持久发挥的必要条件,是永葆社会充满活力的前提。和谐社会不是没有矛盾的乌托邦,尽管我们不可能从根本上消除各种矛盾,但必须直面他们,妥善解决,在协调社会利益关系中促进社会和谐发展,以调动广大人民群众的积极性和创造力。构建充满活力的社会主义和谐社会,必须进一步加强农民政治参与制度化建设,扩大农民有序政治参与,满足他们的参与愿望与利益表达诉求,化解社会矛盾与纠纷,调动人们的积极性,确保社会安定团结。在经济社会发展的基础上,不断满足广大人民群众日益增长的物质和文化需求。因此,社会主义和谐社会的活力就在于把广大人民群众的根本利益作为我们一切工作的出发点和落脚点。

近年来,农村中的矛盾呈现多样化、复杂化的特点,主要是农民负担过重引发的矛盾、土地承包关系中的矛盾、农村干群之间的矛盾、村民自治实践过程中产生的矛盾以及城镇化、工业化进程中土地征用、房屋拆迁和农村环境污染等引发的诸多矛盾。在协调解决诸上矛盾中,政府应该积极扩大农民有序政治参与,畅通政治参与渠道,让广大农民参与到矛盾的解决和政策的制定中来,切实维护好、实现好、发展好广大农民的根本利益。因此,保证社会主义和谐社会充满活力,应该通过加强政治参与制度化来维护好广大人民群众的利益需求,调动广大人民群众的积极性、主动性、创造性,让一切劳动、知识、技术、管理和资本的活力竞相迸发,成为迅速创造社会财富的源泉。这样,社会主义和谐社会就会更加充满活力。

5. 社会主义和谐社会是安定有序的社会

社会主义和谐社会是一个安定有序的社会。安定有序,就是指社会组织机制健全、管理完善、秩序良好、安定团结,广大人民安居乐业。安定有序是社会主义和谐社会的基本特征之一。

安定有序包括两个方面:一是安定。安定是相对于混乱而言的,就是指社会整体上处于平稳安全的状态。它主要包括政治稳定、经济稳定、社会秩序稳定和

---

[1]《邓小平文选》第三卷 [M]. 北京:人民出版社 1993 年版,第 373 页。

人心稳定等相互联系、相互作用的诸多方面。二是有序。有序是相对于无序而言的，就是指社会整体上处于组织化程度比较高的有秩序状态。它主要包括政治有序、经济有序、文化有序、社会生活有序等相互联系、相互作用的许多方面。政治有序，主要表现为权力授予和权力运行能够代表广大人民群众的意愿，符合民主程序，权力监督制约机制完备有效。经济有序，主要表现为企业、市场、政府的职能定位正确，并能够严格按照各项法律法规和市场准则发挥各自功能。文化有序，主要表现为正确处理指导思想的一元化和思想文化多元化发展关系。社会生活有序，主要表现为人们能够遵循共同的社会主义道德规范，行使个人的自由权利。社会安定与有序相辅相成，二者缺一不可。一个社会安定有序，本身就是不同社会阶层和利益群体各尽其能、各得其所、和谐相处的表现，反之，一个社会如果处在混乱无序、动荡不安的状态，本身就是社会不同阶层和利益群体矛盾激化的表现，是社会冲突没有有效化解的结果。在混乱无序、动荡不安的状态下，广大人民群众不可能安居乐业，构建社会主义和谐社会也无从谈起。

在我国部分农村地区，基层政府干部行为失范、作风不正是影响农村社会安定的主要原因。一些地方政府不能很好地按照中央的政策管理农村各项事务，他们为了个人或部门利益，与民争利、歧视农民的官僚作风不同程度的存在，甚至对待农民的政治参与行为采取简单粗暴的方式，不能和广大农民进行很好的沟通协商，动辄动用警力解决问题，激化人民内部矛盾，造成政府与农民对抗的紧张氛围，严重影响社会安定有序。因此，在构建社会主义和谐社会进程中，我们必须关注农民政治参与制度化建设，切实维护好、实现好、发展好广大农民的根本利益诉求，是实现社会安定有序的重要途径。

6. 社会主义和谐社会是人与自然和谐相处的社会

在我国经济社会发展中出现的环境污染、生态破坏、资源枯竭，人类共同生存的空间日益受到威胁的严峻现实，凸显了人与自然的和谐已经成为和谐社会追求的价值诉求目标。实现人与自然和谐发展的社会，即人与自然和谐相处，达到生产发展，生态良好，生活富裕，是社会主义和谐社会的一项重要特征。

自然环境是人类生存的必备前提和条件，但是，自然界中的许多资源是不可再生资源，凸显了人类对资源日益增长的需求与自然资源严重不足之间的矛盾。人类社会可持续发展必然要求人与自然的和谐相处。但在追求经济快速增长的过程中，带来了许多人为的人与自然不和谐的现象，造成了自然资源枯竭、环境污染，生态破坏，导致了人与自然关系的日益失衡与紧张。这不仅严重制约了我国经济的可持续发展，而且也威胁了我们共同生存发展的空间。近十几年来，由于我们盲目追求GDP的增长，忽视生态环境保护，不但使城市沙尘弥漫，酸雨不断，而且也危及农田、农民的生产生活，甚至庄稼枯死、鱼虾绝迹。这种竭泽而渔的做法，不仅危害广大农民的根本利益，引起广大农民的不满，而且也会动摇社会和谐和国家稳定的根基。以我国为例，据统计，目前"在我国669个城市中，有400多座城市缺水，100多座城市严重缺水，其中北京是严重缺水的特大型城市之一"[1]。"城市河道90%以上遭到严重污染。全国75%的湖泊出现不同程度的富营养化。有3.6亿农村人口喝不上符合卫生标准的饮用水。"[2]；2010年3月沙尘暴在北方大部分地区肆虐，沙尘漫天；2010年春季，西南五省区遭遇严重旱灾，6 000多万人饮水困难；2011年夏季，长江流域五省遭遇大旱，经济损失严重。我国是人均资源占有量比较少的国家，资源不足已经成为制约我国经济社会发展的一大瓶颈。构建社会主义和谐社会必须着重考虑资源与环境的承载能力。因此，转变经济发展方式，提高资源利用效率，发展循环经济，提倡节约型社会，走人与自然和谐发展的道路。这是我们党在21世纪重新审视人与自然关系后做出的理性抉择，也是社会主义和谐社会的价值取向。构建社会主义和谐社会，就是要统筹人与自然的和谐发展。人与自然和谐相处应该是我们构建社会主义和谐社会的一项重要内容和奋斗目标。

综上所述，社会主义和谐社会的基本特征包括：民主法治、公平正义、诚信友爱、充满活力、安定有序、人与自然和谐相处等六个方面，它们既相互联系、又相互作用。在全面推进中国特色社会主义现代化建设伟大事业进程中，我们必须全面、准确地把握社会主义和谐社会的基本特征，加快农民政治参与制度化建设，更好地推进构建社会主义和谐社会的伟大历程。

二、马克思主义政治参与的理论与实践

政治参与思想在古希腊时期就已经萌生。亚里士多德认为："城邦是公民的组合，城邦的一般含义就是要维持自给自足而具有足够人数的一个公民集团。而公民是城邦中参加司法事务和治权机构的人"。[3]在他看来，理想的政治应该是全体公民参与的民主政治。可见，公民政治参与的思想可谓源远流长。随着近代资产阶级革命和资本主义社会的发展，公民政治参与思想被推到一个崭新的高度。卢梭的参与民权理论为政治参与提供了系统的理论基础；林肯提出"民有、民治、民享"的政治思想之后，政治参与思想日趋发展；法国著名学者托克维尔最早在其著作中真正论及了公民政治参与在理论和实践上的重大意义，并强调公民平等参

---

[1]《全国100多座城市严重缺水》[N].《海南日报》2008-10-26。

[2]http://www.ce.cn/xwzx/gnsz/szyw/200711/29/t20071129_13760654.shtml。

[3][古希腊]亚里士多德：《政治学》[M].北京：商务印书馆1981年版，第113页。

与的重要性。由此，现代西方资本主义的公民政治参与实践有了长足发展，形成了深厚的政治参与的文化与传统。

马克思、恩格斯一生中虽然没有关于政治参与思想的专门论著，但是他们以唯物史观为指导，扬弃资产阶级以及空想社会主义者的政治参与思想，对未来社会主义的政治参与理论进行了初步设想。列宁、斯大林继承和发展了马克思、恩格斯关于政治参与的理论，结合俄国具体实际，对社会主义国家的政治参与理论与实践进行了积极探索与发展。新中国成立之后，我们党的历代领导集体在汲取政治参与实践经验与教训的基础上，结合时代发展与要求对我们社会主义国家的政治参与理论进行了创新与发展，形成了中国化马克思主义的政治参与理论。马克思主义政治参与的理论为进一步推进我国农民政治参与及制度化奠定了坚实的理论基础和实践指南。

（一）马克思恩格斯关于社会主义政治参与理论的设想

在无产阶级革命实践过程中，马克思、恩格斯非常重视政治参与问题，把政治参与作为无产阶级政党夺取政权之后，实现民主政治的一项重要标志，为未来社会主义国家的民主政治建设奠定了重要的理论基石。

1. 主张建立民主共和国，确立人民政治参与的主体地位

马克思在批判资产阶级民主虚伪性的基础上，指出："现代的国家政权不过是管理整个资产阶级的共同事务的委员会罢了"[1]。显然，在马克思、恩格斯看来，无产阶级和广大劳动人民要想真正获得政治上的平等，实现真正的参与民主，第一步就必须"铲除全部旧的、一直被利用来反对工人阶级的压迫机器"，使无产阶级上升为政治地位上的统治阶级，最终用无产阶级政权取代资产阶级政权，用无产阶级民主取代资产阶级民主。根据巴黎公社革命的实践，马克思、恩格斯指出，无产阶级推翻资产阶级统治，打碎旧的国家机器，建立无产阶级专政的国家政权，用人民自己的管理代替资产阶级的统治，实现人民当家作主，这是实现广大人民群众政治参与的重要政治前提。正如恩格斯所指出："如果说有什么是勿庸置疑的，那就是，我们的党和工人阶级只有在民主共和国这种形式下，才能取得统治。民主共和国甚至是无产阶级专政的特殊形式……"[2] 在此，恩格斯把政治参与作为实现无产阶级专政的目标。恩格斯还断言："共和国是无产阶级将来进行统

---

[1]《马克思恩格斯选集》第一卷 [M]. 北京：人民出版社 1995 年版，第 274 页。

[2]《马克思恩格斯选集》第四卷 [M]. 北京：人民出版社 1995 年版，第 412 页。

治的现成的政治形式。"[1]那么,无产阶级只有推翻资产阶级的统治,在经济上摆脱被剥削,被奴役的地位,在政治上摆脱被压迫,被欺压的境地,无产阶级和广大劳动人民才能获得真正的民主。马克思、恩格斯认为,人民主权不是上帝的恩赐,而是依靠人民斗争争取的。在《共产党宣言》中,他们明确指出:"工人革命的第一步就是使无产阶级上升为统治阶级,争得民主"[2]。可见,建立民主共和国是实现人民政治参与的政治前提。

在未来社会主义民主共和国中,广大人民群众自然是政治参与的主体。在总结巴黎公社革命实践经验的基础上,马克思、恩格斯认为打碎传统国家对社会发展的绝对支配,将国家权力归还给市民社会,通过市民社会的力量来推动国家和社会的发展,这是广大人民群众政治参与的社会历史基础。马克思、恩格斯明确提出"人民当家作主"的原则,不仅强调国家主权属于人民,而且还强调应当由广大劳动人民自己掌握国家主权,即由无产阶级和广大劳动人民自己决定国家制度,亲自管理国家各项事务。马克思指出:"公社是由巴黎各区通过普选选出的市政委员会组成。这些委员都是负责任的,随时可以罢免。其中大多数自然都是工人或公认的工人阶级代表"[3]。工人们通过无产阶级政权的组织形式,选举出自己利益的代表,广泛地参与到政治生活中,实现大多数工人的利益。可见,政治参与是实现人民广泛的参与权的重要途径。马克思、恩格斯还最早提出"人民自治"的思想,主张在共产主义社会初级阶段,管理只能是为了人民和由人民自己来实行管理,"通过人民自己实行的人民管理制"[4]。这样,在社会主义民主共和国,广大人民群众才能真正成为国家的主人,才能真正地实现政治参与,行使自己当家作主的权利。

2. 现实利益的诉求是人民政治参与的内在动机

关于公民政治参与的动机有"本性说"、"理性选择说"和"功利选择说"等不同的观点。但是,马克思在历史唯物主义的基础上,认为"人们首先必须吃、喝、住、穿,然后才能从事政治、科学、艺术、宗教等等"[5]深刻地揭示出对现实利益的诉求是广大人民政治参与的内在动机。

利益源自人类本质上谋求生存和发展的需要,其中,经济利益是各种利益中的根本性利益。马克思认为:"全部人类历史的第一个前提无疑是有生命的个人的

[1]《马克思恩格斯选集》第四卷[M]. 北京:人民出版社1995年版,第734页。
[2]《马克思恩格斯选集》第一卷[M]. 北京:人民出版社1995年版,第293页。
[3]《马克思恩格斯选集》第三卷[M]. 北京:人民出版社1995年版,第55页。
[4]《马克思恩格斯全集》第二卷[M]. 北京:人民出版社1957年版,第639页。
[5]《马克思恩格斯选集》第四卷[M]. 北京:人民出版社1995年版,第776页。

存在"[1]。"但是为了生活,首先就需要吃喝住穿以及其他一些东西"[2]。为了满足自身的需要,人类必须从事各类经济活动。在经济活动的过程中,人们又会产生新的需要,在周而复始的过程中,人们为了实现没有满足的需要就产生了利益。为了实现各自的利益,人们就会结成各种各样的社会关系,因此,利益关系是人与人之间关系的本质。追求利益是人类一切社会活动的根本动因。马克思曾经指出:"人们奋斗所争取的一切,都同他们的利益有关。"[3]利益还是人们思想的基础,利益决定思想,利益推动人类社会生产和生活。"思想一旦离开'利益',就一定会使自己出丑。"[4]利益的寻求是公民政治参与的刚性需求,是推动人类社会不断进步与发展的基础、前提和动力。同时,马克思认为,政治参与作为公民的一项政治权利,它的实现受到社会经济条件和自身条件的制约,"权利决不能超出社会的经济结构以及由经济结构制约的社会的文化发展"[5]。利益也是一切政治活动的根本动因。在各种各样的利益关系中,经济利益是以物质利益关系为主要内容的基础,决定和支配着政治权力,"政治权力不过是用来实现经济利益的手段"[6]。可见,人们的政治权利不过是用来实现经济利益的手段,从本质上看,人们政治参与的根本目的就是为了实现个体的自身利益,各种形式的政治参与活动都不过是一定的阶级或其他社会集团谋求利益的途径与手段。

事实上,公民政治参与行为是多种动因的结果,对现实利益的诉求只是其中最首要的内在动机。它内在地影响公民政治参与行为的发生和变化,通过影响和推动政治体系的决策来实现自身的利益诉求。如何满足自身利益诉求,深刻地影响政治参与主体的行为方式;利益的冲突也内在地制约着人们如何选择与表达其政治参与的方式和路径。经济利益是政治参与追求的首要目标。马克思、恩格斯认为,如果人们不能透过各种政治的、宗教的、道德的言论、声明以及宣传等表面现象认识其背后物质动因的本质,就会成为被蒙骗的、愚蠢的牺牲品。因此,实实在在的物质利益诉求是人们政治参与的内在动机。

3. 选举仍然是社会主义国家人民政治参与的重要形式

马克思虽然揭露了资产阶级选举制度的虚伪性,但是充分肯定选举权在民主

---

[1]《马克思恩格斯选集》第一卷 [M]. 北京:人民出版社 1995 年版,第 67 页。

[2]《马克思恩格斯选集》第一卷 [M]. 北京:人民出版社 1995 年版,第 79 页。

[3]《马克思恩格斯全集》第一卷 [M]. 北京:人民出版社 1956 年版,第 82 页。

[4]《马克思恩格斯全集》第二卷 [M]. 北京:人民出版社 1957 年版,第 103 页。

[5]《马克思恩格斯选集》第三卷 [M]. 北京:人民出版社 1995 年版,第 305 页。

[6]《马克思恩格斯选集》第三卷 [M]. 北京:人民出版社 1995 年版,第 96 页。

建设中的重要地位。他指出："选举构成了真正市民社会的最重要的政治利益"[1]。在批判资本主义国家选举制度的基础上，马克思、恩格斯认为，资本主义社会的选举制度"或者被当作议会方式批准国家政权的工具，或者被当作资产阶级手中的玩物，只是让人民每隔几年行使一次，来批准议会制的阶级统治"[2]。可以看出，马克思、恩格斯主要是对资本主义社会选举制度内容的批判，认为资产阶级选举制度仅仅是维护资产阶级政治、经济利益的选举制度，是把广大无产阶级和广大劳动人民拒之门外的选举制度。但是，马克思、恩格斯并不否定资本主义政治参与的形式——选举。在总结巴黎公社革命实践的基础上，马克思、恩格斯十分肯定巴黎公社的普选制、监督制等政治参与的经验。他们认为，巴黎公社通过普选的方式让广大人民参与国家管理，"把行政、司法和国民教育方面的一切职位交给由普选选出的人担任"[3]的做法，充分体现了人民是公社代表权力的直接赋予者，代表的权力也受到了人民的监督。马克思不仅认为普选制是人类历史基本政治制度的一大进步，而且认为社会主义国家也可以借鉴资本主义国家的选举形式。在批判资本主义国家选举制度的基础上，马克思还精辟地论述了无产阶级专政下选举制度的优越性。他指出："为了防止国家和国家机关由社会公仆变为社会主宰，……把行政、司法和国民教育方面的一切职位交由普选选出的人担任，而且规定选举者可以随时撤换被选举者"[4]。可见，马克思、恩格斯在扬弃资本主义社会的选举制度的基础上，更强调普遍、平等、公开的选举制度，并认为这种选举制度应该是社会主义国家政治参与制度中的一项核心内容，也是社会主义国家人民政治参与的重要形式。

4. 强调法制对人民政治参与的保障作用

政治参与作为人民的一项民主权利，必须具有制度保障。马克思认为，统治阶级的利益、人民政治参与的权利，必须采用法律的形式确定下来，使其变得更加神圣、不可侵犯。同样，恩格斯也认为，无产阶级既需要民主，也需要法律，工人阶级斗争的目的，就是"力求以无产阶级的法律代替资产阶级法律"[5]。因此，在马克思、恩格斯看来，法律是未来社会主义国家法制的主要内容，是实现无产阶级和广大劳动人民顺利参与政治的重要制度保障。

---

[1]《马克思恩格斯全集》第一卷 [M]. 北京：人民出版社 1956 年版，第 396 页。

[2]《马克思恩格斯全集》第十七卷 [M]. 北京：人民出版社 1965 年版，第 589 页。

[3]《马克思恩格斯选集》第三卷）[M]. 北京：人民出版社 1995 年版，第 13 页。

[4]《马克思恩格斯全集》第二十二卷 [M]. 北京：人民出版社 1965 年版，第 228 页。

[5]《马克思恩格斯全集》第二卷 [M]. 北京：人民出版社 1965 年版，第 516 页。

5. 人的全面发展是社会主义政治参与思想的价值旨归

消除人类自身发展中的不平等,实现人的全面发展,不仅是马克思所追求的价值目标,而且也是社会主义政治参与思想的价值旨归。在马克思看来,政治参与与人的全面发展是辩证统一的。政治参与推进人的全面发展,反过来,人的全面发展又会促进政治参与的健康发展。人的全面发展是社会主义政治参与思想的价值旨归。

政治参与是推进人的全面发展的重要途径。实现人的自由和全面发展是马克思的崇高社会理想。人的全面发展离不开政治参与,政治参与是实现人的全面发展的有机构成部分。人的全面发展是人的类特性的充分发展、人的社会关系的均衡发展和人的个性的全面丰富。马克思认为,"全面发展的个人……不是自然的产物,而是历史的产物。要使这种个性成为可能,能力的发展就要到达一定的程度和全面性"[1]。然而,人的能力的全面发展,不仅包括政治素质的全面发展与提高,而且也包括政治能力的全面发展与提高。政治实践是提高人的政治素质与能力的有效途径,而政治参与又是人们进行政治实践的重要途径。如在人大代表选举以及村民自治的村委会选举实践中,广大农民不仅"增强了农民的民主意识,激发了他们政治参与的热情,而且也使他们逐步明确了政治生活的程序和规则,掌握了更多的政治知识,提升了政治能力"[2],有利于促进人的全面发展。反过来,人的全面发展,如政治认知、政治参与技能的提升又促进公民政治参与的健康发展,是政治参与制度化发展与进步的主体条件和决定力量。因此,人的全面发展与政治参与二者辩证统一,人的全面发展是社会主义政治参与思想的价值旨归。

总之,马克思、恩格斯关于未来社会主义政治参与理论的初步设想,为后来社会主义国家的民主政治实践奠定了重要的理论基础。

(二)列宁斯大林关于政治参与理论的继承与探索

1917 年,俄国十月革命胜利以后,世界上第一个社会主义国家——苏联诞生。列宁在领导苏联人民取得社会主义革命胜利和进行社会主义建设的伟大实践过程中,继承和发展了马克思、恩格斯关于未来社会主义社会政治参与的思想,结合本国具体实际,对社会主义国家政治参与的理论与实践进行了艰苦卓越的探索。

1. 强调人民是政治参与的主体 重视党在政治参与中的领导地位

苏维埃政权建立之后,确立了人民当家作主的地位。在人民如何行使平等的

---

[1]《马克思恩格斯全集》第三十卷 [M]. 北京:人民出版社 1995 年版,第 112 页。

[2] 程同顺:《当代中国农村政治发展研究》[M]. 天津:天津人民出版社 2000 年版,第 208 页。

民主权利方面,列宁继承马克思、恩格斯的政治参与思想,在理论和实践上都做了积极有益的探索。他不仅强调广大人民群众是政治参与的主体,而且十分重视无产阶级政党在人民群众政治参与实践中的领导地位。

马克思、恩格斯在批判资本主义社会民主虚伪性的基础之上,指出人民当家作主是社会主义政治参与的本质。在此基础之上,列宁起初设想,在无产阶级政党夺取政权之后,国家管理将由所有人"轮流行使,然后将成为一种习惯"[1]。在苏联社会主义国家诞生以后,列宁指出,"民主意味着形式上承认公民一律平等,承认大家都有决定国家制度和管理的平等权利"。民主意味着公民的平等和参政权利。列宁对广大人民参与政治管理曾经做过一系列精辟的论述,他强调:"对我们来说,重要的是普遍吸收所有的劳动者来管理国家……只有千百万人学会亲自做这件事的时候,社会主义才能实现"[2]。列宁还明确指出,"充分发扬民主",也就是使"全体人民群众真正平等地、真正普遍地参与一切国家事务"[3]。列宁还强调:"不仅仅需要民主形式的代表机构,而且需要建立由群众自己从下面来全面管理国家的制度,让群众有效地参加各方面的生活,让群众在管理国家中起积极作用。"[4]1918年7月,苏联第一部宪法规定,凡是年龄满18岁的一切劳动者,不分民族、性别、信仰、居住期限、文化程度等,均享有平等的选举权与被选举权,而仅仅剥夺一小部分反革命分子的选举权与被选举权。

随着布尔什维克党在苏维埃国家政权中领导地位的巩固,列宁也非常重视布尔什维克党在广大人民群众政治参与实践中的领导地位与作用。列宁认为,苏维埃尽管在纲领上是通过广大人民群众来实行国家管理的,"而实际上却是通过无产阶级先进阶层来为劳动者实行管理而不是通过劳动群众来实行管理的机关"[5]。也就是说,现阶段广大人民群众只能间接地参与国家各项事务的管理,通过人民代表来反映广大人民群众的愿望和各种诉求。发展党内民主,促进党内党员同志政治参与代表作用的发挥,从而带动和促进国家全体人民的政治参与,这一思想是列宁对马克思、恩格斯关于人民当家作主是社会主义政治参与本质思想的一种创新与发展。

2. 重视物质条件、科学文化水平对人民政治参与的影响

在社会主义建设的伟大实践中,列宁在坚持马克思、恩格斯关于现实利益的

[1]《列宁全集》第三十一卷 [M]. 北京:人民出版社1956年版,第47页。
[1]《列宁选集》第三卷 [M]. 北京:人民出版社1995年版,第483页。
[3]《列宁全集》第二十八卷 [M]. 北京:人民出版社1956年版,第111页。
[4]《列宁全集》第二十九卷 [M]. 北京:人民出版社1956年版,第287页。
[5]《列宁选集》第三卷 [M]. 北京:人民出版社1995年版,第770页。

诉求是广大人民群众政治参与的内在动机思想的基础上, 还十分重视科学文化水平等因素对广大人民群众政治参与的积极影响。

首先, 列宁非常重视物质条件对广大人民群众政治参与的积极作用。他指出: "在实际生活中, 民主永远不会是'单纯存在', 而是'相互依存'的, 它不仅会影响经济, 推动经济的改造, 而且也会受经济发展的影响等等" [1]。政治参与作为一种民主的形式是上层建筑中不可或缺的内容, 总是与生产力的发展水平紧密联系的, 因此, 列宁特别重视现代化大生产的发展。他强调, 只有社会主义生产为民主提供较好的物质条件, 广大人民群众才会有更多的时间和精力去关心国家、关心政治, 积极参加国家和社会各项事业的管理之中。

其次, 列宁也非常重视科学文化的发展水平对广大人民群众政治参与的积极影响。对此, 他有过一段十分精辟的论断, 他说: "文盲是处在政治之外的, 必须先教他们识字。不识字就不可能有政治, 不识字只能有流言蜚语、谎话偏见, 而没有政治" [2]。政治参与主体良好的政治素质是建立在较高的科学文化发展水平之上的, 否则, 文盲必然一片黑暗和痴愚, 他们岂止是站在政治之外, 文盲站在一切文明之外, 更别提政治参与了。因此, 在列宁看来, 如果广大人民群众不具备较高的文化水平和比较丰富的科学文化知识, 很难有效地参与各项政治活动中来。

为了促进广大人民群众更好地行使其政治参与的权利, 列宁呼吁, 一定要提高广大人民群众的科学文化水平, 要提高他们的科学文化水平, 就必须提高生产力发展水平, 大力发展国民教育事业。所以, 列宁要求苏维埃在社会经济发展的基础之上, 一再强调提高国家生产力发展水平, 进一步加大对国民教育经费的投入, 以提高广大人民群众的科学文化水平。

3. 强调广大人民群众政治参与的监督作用

政治参与的重要内容就是要实现广大人民群众对国家公权力的监督, 实现公权力更好地为人民服务。因此, 列宁生前十分强调广大人民群众的政治参与对国家公权力的监督作用。

发扬民主是克服官僚体制行之有效的手段。列宁指出, 如果我们要与官僚主义作斗争, 就必须吸引广大人民群众参与政治活动。他不仅重视广大人民群众对国家权力机关的监督, 而且反复强调发动工农群众自下而上地对国家权力机关监督和批评的民主道路的重要意义。列宁认为: "在一个农民的又是大伤了元气的国家中, 同官僚主义斗争需要很长的时间, 要坚持不懈地进行这种斗争" [3]。他亲自

---

[1]《列宁选集》第三卷 [M]. 北京: 人民出版社 1995 年版, 第 238 页。

[2]《列宁全集》第四十二卷 [M]. 北京: 人民出版社 1987 年版, 第 200 页。

[3]《列宁全集》第五十卷 [M]. 北京: 人民出版社 1988 年版, 第 333 页。

领导制定一系列监督法令和相关条例,积极鼓励和吸收广大人民群众对国家权力机关和国家工作人员的监督。1920年苏维埃人民委员会根据列宁的建议,成立了工农检查院,积极吸收了大批工人、农民等社会成员参与到对国家各项工作的监察活动之中。列宁还说,官僚主义是党内最最可恶的敌人,同官僚主义作斗争将是一项长期而又十分艰巨的任务。因此,他主张,实行公开性原则,增强政务活动的透明度,以便让广大人民群众更好地参与对国家公权力的监督。列宁曾经说:"一个国家的力量在于群众的觉悟,只有当群众知道一切,能判断一切,并自觉地从事一切的时候,国家才有力量"[1]。实质上,列宁是在强调保障广大人民群众的知情权、表达权、参与权和监督权,以便更好地实现广大人民群众的政治参与对国家公权力的监督,更好地实现公权力为人民服务。只有当广大人民群众真正参与国家各项管理工作时,才能完全战胜党内最最可恶的官僚主义,才能更好地实现和维护广大人民群众自身的合法利益。

4. 用法制保证广大人民群众政治参与监督的有效性

马克思十分强调法制对社会主义国家人民政治参与的保障作用。政治参与作为社会主义民主政治发展的重要形式,必须建立和健全社会主义法制,以保证广大人民群众政治参与行为的有效性。因此,在社会主义建设的伟大实践中,列宁也十分注重用法制保证广大人民群众政治参与监督的有效性。

列宁认为,国家政权必须通过法律来掌握,来治理,来巩固。无论是对敌人实行无产阶级专政,还是对人民实行民主,都必须依照一定的法律程序进行。因此,列宁指出:"意志如果是国家的,就应该表现为政权机关所制定的法律,否则'意志'这两个字只是毫无意义的空气震动而已"[2]。他亲自领导并制定了《苏联宪法》和一系列基本法规,十分强调司法部门严格执法,并强调苏维埃机关及其全体工作人员都必须亲自执行国家制定和通过的各项法律,亲自检查实际执行的结果,亲自对自己的选民担负直接的责任。列宁要求,在执法过程中,与一般工作人员相比,司法机关工作人员和共产党员更要率先垂范。同时,列宁还特别强调,法庭对共产党员的惩处必须严于非党员,凡不执行此项规定的人民审判员和司法人民委员部部务委员应该给予撤销职务之处分。通过建立明确的法制,确保苏维埃广大人民群众有效地监督国家机关和公权力的运作,用法制保障了广大人民群众政治参与的民主权利。

[1]《列宁选集》第三卷 [M]. 北京:人民出版社1995年版,第361页。

[2]《列宁全集》第二十五卷 [M]. 北京:人民出版社1988年版,第75页。

5. 斯大林时期人民政治参与制度遭到破坏

1924 年1 月21 日列宁逝世后, 在斯大林的领导下, 社会主义国家——苏联继续坚持布尔什维克党的领导, 坚持无产阶级专政, 坚持建设无产阶级文化。但是, 在社会主义政治民主建设方面却遭受了巨大挫折, 人民政治参与制度遭遇严重破坏, 广大人民群众的政治参与实践遭受了严重挫折。

苏维埃政权建立之初, 既要面对十四国的武装干涉, 又要赢得国内战争的胜利, 国际国内环境十分险恶, 经济建设和民主政治建设又没有现成的经验可以借鉴。迫于国际、国内环境的巨大压力, 前苏联采用了经济上高度集中、政治上高度集权和思想文化上过分单一的做法, 为后来社会主义经济建设、民主政治建设和文化建设的健康发展设置了诸多障碍。由于社会主义苏维埃政权受到一千多年的中央集权制的封建专制主义思想的影响, 封建专制主义的意识形态根深蒂固, 给苏维埃政权带来了极大的不良影响。当时, 布尔什维克党一党执政, 不仅缺少来自其他党派的参政与监督, 而且也听不到来自不同方面的声音, 难以改变高度集中统一的体制, 也难以形成党内民主, 解决权力过度集中的问题。由于权力高度集中, 斯大林执政时期党内形成了斯大林的个人崇拜和个人专权。在这种情况下, 根据马克思主义理论制定的布尔什维克党党章及其宪法所规定的广大党员和广大人民群众的政治参与权利, 均无法正常行使, 国家的各项法律制度也被只听命于个人的政治警察机关所破坏。政治上的高度集中也导致了思想文化的过分单一, 极大地助长了个人专权意识的盛行。

当时, 苏联政治体制主要表现为: 党政职能不分, 以党代政; 权力高度集中于个人, 以人治代替了法治; 最高领导人漠视民主制度, 任意践踏法律, 随时随地剪除 “异己”。紧张而又恐怖的政治气氛使人们谈政治参与而色变, 人人自危, 惶惶不可终日。在以上诸多因素的影响下, 斯大林时期民主政治建设遭到了严重挫折, 政治参与制度遭受了极大的破坏, 广大人民群众的政治参与实践也无从谈起。这应该是我们在构建社会主义和谐社会进程中, 推进农民政治参与制度化建设吸取的沉痛教训。

(三) 中国化马克思主义政治参与理论的创新与发展[1]

马克思、恩格斯、列宁的政治参与理论在指导我国人民政治参与实践的过程中, 经过中国共产党几代领导集体艰苦卓绝的探索, 不断地与我国具体实际相结合, 形成了中国化马克思主义的政治参与理论。这一新的理论成果不仅是我国广大人民群众政治参与行动的理论基础和实践指南, 而且极大地推动了我国社会主

---

[1] 参见张百顺:《中国化马克思主义政治参与理论的创新与发展》[J].《前沿》2012 年第 5 期。

义民主政治建设的健康发展。

1. 坚持人民群众是政治参与的主体

在坚持马克思、恩格斯、列宁政治参与理论的基础上，毛泽东认为，人民当家作主是我国社会主义的本质，广大人民群众是政治参与的主体。在《论人民民主专政》一文中，毛泽东指出："我们的民主不是资产阶级的民主，而是人民民主，就是无产阶级领导的，以工农联盟为基础的人民民主专政"[1]。他还说："人民有言论、集会、结社等项的自由。选举权只给人民，不给反动派"[2]。从毛泽东早期关于民主思想的论述中，我们可以看出，敌人和人民在政治参与权利上的区别。在社会主义国家里，只有广大人民群众才能享有政治参与权，反动派不享有政治参与权利，充分体现了毛泽东对马克思、恩格斯、列宁关于广大人民群众是政治参与主体思想的继承与发展。

邓小平也坚持广大人民群众是政治参与主体的思想。他指出，我们的社会主义民主，是绝大多数人的民主，是广大人民群众享有管理国家、经济、社会事务的民主，人民当家作主是社会主义政治的基本特征，并明确地说："我们要充分发挥社会主义制度的优越性……政治上充分发扬人民民主，保证全体人民真正享有通过有效形式管理国家、特别是管理基层地方政权和各项企业事业的权力，享有各项公民权利"[3]。党的十一届三中全会后，我国取消了阶级成分的划分，摘掉了"黑五类"分子的帽子，果断地停止了以"阶级斗争为纲"，进一步扩大了人民的范围。1978年3月，邓小平在全国科学大会上特别指出："绝大多数知识分子已经是工人阶级和劳动人民自己的知识分子，因此，也可以说，已经是工人阶级自己的一部分"[4]。把知识分子重新纳入人民范畴之中。1979年3月，在党的理论工作务虚会议上，他着重指出，对于广大人民来说，无产阶级专政就是社会主义民主，是广大工人、农民、知识分子和其他劳动者共同享有的民主，是历史上最广泛的民主。他把工人、农民、广大知识分子和工商业者一起纳入"人民"的范畴之中，进一步扩大了政治参与的主体范围，极大地增强了我们党执政的阶级基础和群众基础。

江泽民同样坚持广大人民群众是政治参与主体的思想。在党的十六大报告中，江泽民首次提出了扩大公民有序政治参与的政治建设方针。在2001年庆祝中国共产党成立八十周年大会上的讲话中，他说："我们党要始终代表中国最广大人民的根本利益，就是党的理论、路线、方针、政策和各项工作，必须坚持把人民

[1]《毛泽东著作选读》（下）[M]. 北京：人民出版社1986年版，第709页。
[2]《毛泽东选集》第四卷 [M]. 北京：人民出版社1991年版，第1475页。
[3]《邓小平文选》第二卷 [M]. 北京：人民出版社1994年版，第322页。
[4]《邓小平文选》第二卷 [M]. 北京：人民出版社1994年版，第89页。

的根本利益作为出发点和归宿,充分发挥人民群众的积极性、主动性和创造性,在社会不断发展进步的基础上,使人民群众不断获得切实的经济、政治、文化利益"[1]。广大人民群众政治参与的主体地位及参与政治的积极性和主动性再次得到了充分肯定。

以胡锦涛总书记为核心的党的新一代中央领导集体也十分强调广大人民群众在政治参与中的主体地位。在党的十七大报告中,胡锦涛总书记指出,民主是社会主义的生命,必须"坚持国家一切权力属于人民,从各个层次、各个领域扩大公民有序政治参与,最广泛地动员和组织人民依法管理国家事务和社会事务,管理经济和文化事业"[2]。要加强公民意识教育,使公民树立社会主义民主法制、自由平等和公平正义理念。只有扩大公民有序政治参与,才能让他们真正地表达其利益诉求,促进科学发展,实现社会和谐与稳定。

总之,我们党的历代领导集体在社会主义民主政治建设中,在坚持马克思主义关于人民是政治参与主体理论的基础上,继承和发展了广大人民群众在政治参与中主体地位的思想。

2. 强调政治参与必须有制度保障

在社会主义民主政治建设中,为了更好地落实人民当家作主的权利,我们党的历代领导集体创新和发展了马克思主义关于法制对社会主义国家人民政治参与的保障思想,大力加强我国政治参与制度建设,切实保障广大人民群众积极有效地参与政治的权利。

新中国成立之初,毛泽东十分重视政治参与制度的建设。首先,确立了人民代表大会制度为国家的根本政治制度,为民意的代表提供了制度保障。毛泽东在《新民主主义论》一文中指出:"可以采取全国人民代表大会、省人民代表大会、县人民代表大会,直到乡人民代表大会的系统,并由各级代表大会选举政府,但必须实行无男女、信仰、财产、教育等差别的真正普遍平等的选举制度"[3]。1954年普选的人民代表大会赋予了广大人民群众实实在在的选举权与政治参与实践。其次,建立了中国共产党领导的多党合作与政治协商制度,为民意的协商提供了重要的制度保障。毛泽东指出:"究竟是一个党好,还是几个党好? 现在看来,恐怕还是几个党好,不但过去如此,而且将来也可以如此,就是长期共存、相互监督"[4]。在一段时期里,中国共产党领导的多党合作与政治协商制度鼓励了大批民

---

[1] 新华网: http://news.xinhuanet.com/misc/2001-07/01/content_328858.htm.

[2]《十七大报告辅导读本》[M]. 北京: 人民出版社 2007 年版, 第 28 页。

[3]《毛泽东选集》第四卷 [M]. 北京: 人民出版社 1991 年版, 第 1475 页。

[4]《毛泽东文集》第七卷 [M]. 北京: 人民出版社 1999 年版, 第 34 页。

主党派、民主人士留下来，积极参与社会主义新中国的各项建设之中。第三，建立信访制度，为普通民众表达社情民意提供了良好的制度渠道。毛泽东认为，不能搞"一言堂"，要"群言堂"，要让广大人民群众有发表自己意见和建议的权利。在他看来，发扬民主就是要广大人民群众敢于讲真话，敢于向领导提意见和建议。他教育党员干部说："要发扬民主"、"要让人讲话，天不会塌下来，自己不会垮台，不让人讲话，那就难免有一天要垮台"[1]。在毛泽东亲自主持制定的第一部宪法中也明文规定："中华人民共和国公民有言论、出版、集会、结社、游行、示威的自由"[2]。为此，在实践中设立的人民群众来信来访办公室，不仅为广大人民群众发表意见和建议提供了畅通的渠道，而且还积极鼓励广大人民群众通过书信与各级官员接触，发表言论来参与国家各项事务的管理和监督。这一制度在政治参与实践中得到了广大人民群众的认可。

　　邓小平十分肯定我们党第一代领导集体建立的人民代表大会制度、中国共产党领导的多党合作与政治协商制度以及信访制度等一系列民主制度对广大人民群众政治参与的重要保障作用，并认为应该坚定不移地继续坚持。他明确指出："我们实行的就是人民代表大会一院制，这最符合中国实际。如果政策正确，方向正确，这种体制的益处很大，很有助于国家的兴旺发达，避免很多牵扯"[3]。社会主义民主与社会主义法制是相互依存、不可分割的。邓小平强调指出："要加强民主就要加强法制。没有广泛的民主是不行的，没有健全的法制也是不行的……民主要坚持下去，法制要坚持下去。这好像两只手，任何一只手削弱都不行"[4]。邓小平还给予我国的政党制度以高度评价，他说，中国共产党领导的多党合作与政治协商制度"是我国政治制度的特点和优点"，有利于推动我国广大人民群众政治参与实践的健康发展。

　　以江泽民总书记为核心的党的第三代中央领导集体继续坚持党的各项政治参与制度，并加以完善和创新，为广大人民群众在新时期更好地参与政治提供了制度保障。2001年，在庆祝中国共产党成立八十周年大会上的讲话中，江泽民总书记站在时代发展的高度，对发展党内民主问题做了精辟的论述，强调要逐步建立健全一套完整、规范、系统的制度体系，使党内的民主运行机制和操作程序更加科学化、制度化、规范化；积极拓宽民主渠道，加强党内民主，坚持民主与集中的统一，进一步健全民主集中制，确保我国广大人民群众政治参与的实践沿着正确

[1]《毛泽东著作选读》（下）[M].北京：人民出版社1986年版，第819—820页。

[2]《中华人民共和国宪法》（1954）第八十七条。

[3]《邓小平文选》第三卷[M].北京：人民出版社1993年版，第220页。

[4]《邓小平文选》第二卷[M].北京：人民出版社1994年版，第189页。

的方向健康发展。

党的十六大以来,以胡锦涛总书记为核心的党的新一代中央领导集体,在新时期继续加快推进我国民主政治建设,社会主义民主政治进一步制度化、规范化、程序化。中国共产党领导的人民代表大会制度、多党合作与政治协商制度、民族区域自治制度均得到了新的发展。尤其,在党的十七大报告中,胡锦涛总书记不仅强调要依法保障公民的知情权、参与权、表达权和监督权,而且在总结基层民主实践经验的基础上,第一次把"基层群众自治制度"纳入中国特色社会主义政治制度的范畴。这为我国进一步推进公民政治参与制度化提供了坚实的制度保证。

3. 政治参与方式服务于政治参与目的

在我国社会主义民主政治建设过程中,为了实现广大人民群众政治参与的有效性,党的历届中央领导集体都十分重视广大人民群众的政治参与方式服务于政治参与的目的。

在政治参与的方式上,毛泽东在支持广大人民群众通过选举、参加政协、信访等制度化渠道进行政治参与之外,还特别赞同广大人民群众通过"大民主"的方式参与各类政治活动。所谓"大民主"就是通过大规模群众运动以及"大鸣""大放""大字报"和"大辩论"的方式参与政治活动。1957年10月,毛泽东发现群众斗争是最革命、最生动、最民主的形式。无论是大是大非、小是小非的问题,无论是革命的问题、建设的问题,都可以采用辩论的形式迅速解决。他认为,只有让广大人民群众参与到国家各项工作之中,让他们深入了解各项工作,才能真正调动和发挥他们的主动性和创造性,人民才能当家作主,才能把事情办好。用毛泽东的话说就是,一种广泛发动群众参与的"大民主",是"人民群众创造历史"的一次伟大实践。晚年的毛泽东特别热衷于"大民主"的这种政治参与方式,并强调把这种形式传下去,以充分发挥社会主义民主。1958年秋,他又一次强调:"一定要搞群众运动,什么工作都要搞群众运动,没有群众运动是不行的"[1]。"文化大革命"可以说是毛泽东的群众运动思想达到顶峰的标志。然而,毛泽东过分重视"大民主"的积极影响,却忽视了它所造成的负面影响,教训是十分深刻的。

邓小平在吸取广大人民群众在政治参与实践中的经验和教训的基础上,主张合法、有度、有序的政治参与,反对非法、无度、无序的政治参与。

第一,主张合法的政治参与,反对非法的政治参与。邓小平极力反对动辄上街闹事,搞一些没有法律秩序的群众运动。他还指出:"没有广泛的民主是不行的,

---

[1]《建国以来毛泽东文稿》(第六册)[M]. 北京: 中央文献出版社1992年版,第592页。

没有健全的法制也是不行的"[1]。"为了保障人民民主,必须加强法制,必须使民主制度化、法律化"[2]。因为民主、法制实际上都是增加广大人民群众民主权利的内容,细化人民行使自己民主权利的程序,并用法制把它规定下来,为广大人民群众政治参与实践提供制度化渠道与法制保证。

第二,主张有序的政治参与,反对无序的政治参与。邓小平在总结党的第一代领导集体在人民政治参与问题上的经验和教训的基础上,强调政治参与发展"要分步骤、有领导、有秩序地进行"[3],要避免再次出现"文化大革命"那种无序参与的局面。要避免出现混乱局面,最好的办法就是坚持中国共产党的领导。他明确指出:"共产党的领导就是我们的优越性"[4]。"没有共产党的领导就没有社会主义道路"。[5] 在我国这个人口众多,经济发展相对滞后,民族素质相对不高的国家里,只有坚持党的领导核心,有序的政治参与才能具有根本的组织保障,才能尽可能地避免无序的政治参与。

第三,主张有度的政治参与,反对无度的政治参与。政治参与作为民主的重要形式之一,是一种程序、一种制度安排、一种游戏规则,应该是有度的政治参与,而不是无度的政治参与。邓小平认为,政治参与应该有一定的限度,反对无限的、过于频繁的政治参与。政治参与不是越少越好,也不是越多越好,它应该与政治体系的吸纳能力和政治制度化水平保持一致,应以不妨碍政治体系功能的正常发挥和国家稳定不受威胁为最大限度。邓小平说:"中国发展的条件,关键是要政局稳定"[6]。并明确指出,"中国不能允许随便示威游行,如果三百六十五天,天天游行,什么事也不要干了"[7]。他还说:在中国如果"今天来一个示威,明天来一个大鸣大放大字报,就没有精力搞建设"[8]。民主虽然是我们社会主义国家的目标,但是国家也必须首先保持稳定。

以江泽民总书记为核心的党的第三代中央领导集体,主张引导公民有序参与政治生活,充分发扬协商民主,着力关注广大人民群众所关心的重大问题。在党的十六大报告中,江泽民提出扩大公民有序政治参与,其中"扩大"就是指在完善

---

[1]《邓小平文选》第二卷 [M]. 北京:人民出版社 1994 年版,第 189 页。
[2]《邓小平文选》第三卷 [M]. 北京:人民出版社 1993 年版,第 146 页。
[3]《邓小平文选》第三卷 [M]. 北京:人民出版社 1993 年版,第 252 页。
[4]《邓小平文选》第三卷 [M]. 北京:人民出版社 1993 年版,第 256 页。
[5]《邓小平文选》第三卷 [M]. 北京:人民出版社 1993 年版,第 242 页。
[6]《邓小平文选》第二卷 [M]. 北京:人民出版社 1994 年版,第 216 页。
[7]《邓小平文选》第三卷 [M]. 北京:人民出版社 1993 年版,第 286 页。
[8]《邓小平文选》第三卷 [M]. 北京:人民出版社 1993 年版,第 332 页。

现有的公民政治参与方式的基础上,要不断创新广大人民群众政治参与的形式和方式,实现政治参与的广度;有序就是指公民必须依法参与,实现政治参与的合法性。胡锦涛总书记在党的十七大报告中也指出,必须"坚持国家一切权力属于人民,从各个层次、各个领域扩大公民有序政治参与,最广泛地动员和组织人民依法管理国家事务和社会事务,管理经济和文化事业"[1]。这里,扩大公民有序政治参与不仅强调政治参与的广度和深度,而且更注重政治参与的合法性,以维护社会的和谐与稳定。

综上所述,中国化马克思主义政治参与理论是对马克思主义政治参与理论的创新与发展,是我国一定历史阶段的产物,在坚持马克思主义民主集中制的基础上,推动社会主义民主政治的健康发展,为农民政治参与制度化奠定了牢固的理论基础。但是,我国政治参与制度也呈现出自身的历史局限性,有待于在今后广大人民群众政治参与的具体实践中进一步健全、完善和发展。

三、和谐社会构建中农民政治参与制度化的地位与作用

构建社会主义和谐社会,是我们党在21世纪开创中国特色社会主义事业新局面的一项重大历史使命,体现了广大人民群众的根本利益和共同凤愿。作为一个农民占绝大多数的国家,农民政治参与的程度和水平直接影响着我国政治民主化的历史进程,并且在很大程度上决定着整个社会的和谐与稳定。可见,农民政治参与的主体地位毋庸置疑。正如美国著名政治学家塞缪尔·P·亨廷顿所指出的,"在现代化中的国家,政治参与扩大的一个主要转折点是农村民众开始介入国家政治……因此,在这些国家里实现政治稳定的关键是能否动员农村民众在承认现存政府体系而并非反对它们的条件下参与政治"[2]。尽管政治参与是一柄双刃剑,但是政治参与制度化在构建社会主义和谐社会中具有十分重要的地位与作用。近年来,党中央高度重视公民政治参与问题。党的十六大把"扩大公民有序的政治参与"写入了党的政治报告之中;党的十七大又进一步强调要"从各个层次、各个领域扩大公民有序政治参与"。没有广大农民的政治参与,就没有我国真正的政治文明,也就没有真正的社会和谐。然而,扩大公民有序政治参与必须伴随政治参与制度化水平的提升。因此,在社会主义和谐社会构建中,农民政治参与制度化具有极其重要的地位与作用。

---

[1]《十七大报告辅导读本》[M]. 北京:人民出版社 2007 年版,第 28 页。
[2][美] 塞缪尔·P·亨廷顿:《变革社会中的政治秩序》[M]. 上海:上海译文出版社1989 年版,第74 页。

（一）农民政治参与制度化是构建和谐社会的重要内容

社会主义社会的最高价值诉求就是要建立平等、互助、协调的和谐社会。社会主义制度的生命力就在于实现人民当家作主。而政治参与制度化的目的旨在给予广大农民平等的政治参与权利，牢固树立他们的主人翁地位，实现广大农民当家作主的权利，维护好、实现好和发展好广大农民的根本利益，更好地促进社会主义和谐社会建设的伟大进程。因此，农民政治参与制度化是构建社会主义和谐社会的重要组成部分。

1. 农民政治参与制度化是衡量社会民主法治的重要标尺

民主法治是社会主义和谐社会的重要特征之一。在和谐社会构建中，我国政治相对稳定，但民主法治需要进一步完善，农民政治参与制度化是衡量社会民主法治的重要标尺。

一方面，我国是一个社会主义国家，广大人民群众作为政治参与的主体，享有广泛、平等的政治参与权利。"人民有无参与的通道程序是检验一个国家民主与否的硬指标。同理，法律是否经由民主程序制定，则是检验一个国家是否实行法治的硬指标。"[1] 农民政治参与制度化，就是要把农民政治参与的实践活动纳入制度规范的渠道，并使政治参与的制度规范在广大农民政治参与实践中获得价值认同的模式化过程。它的目的旨在使广大农民能够平等地行使自己的民主权利，表达、维护和实现自己的政治参与愿望和利益诉求，从而推进政治活动的民主化进程。当前，由于我国政治参与制度不完善、健全，参与渠道不畅，农民远离政府决策系统，不能平等地参与与自身利益相关的政府决策之中，农民要么保持沉默，要么铤而走险，这与推进我国政治民主化和社会和谐是相悖的。通过农民制度化政治参与，党和政府可以更好地了解民情，沟通民意，掌握实际情况，制定正确的路线、方针和政策；在政策执行过程中，农民通过参与政府决策，有利于政府各项政策的顺利贯彻执行。农民政治参与制度化水平越高，他们平等地参与政治才能更好地体现社会主义民主政治的本质。同时，农民政治参与制度化本身就是民主制度发展的产物，是社会主义民主政治的一种实现方式，民主政治的良性运行和健康发展也十分依赖于农民政治参与制度化水平的提升。

另一方面，社会主义和谐社会法治的最终目标在于保障广大农民的自由、平等及其他基本权利，保障包括农民政治参与权利在内的各项权利的实现是法治的根本价值。法治社会的根本问题是立法，而"立法的权力属于人民，也只能属于人

---

[1] 张文显：《马克思主义法理学》[M]. 长春：吉林大学出版社 1995 年版，第 398 页。

民"[1]。在立法程序中，实现农民政治参与制度化，使广大农民能够充分地表达他们的立法态度和利益目标，使其在不同利益群体的博弈中得到政治系统的综合考虑，使立法的结果更容易得到广大公民的认同，从而能够化解社会矛盾，促进社会的法治化进程。当前，在一些农村地区，地方政府为了实现个人或者部门利益，在制定农民负担、土地征用、房屋拆迁以及乡镇招商引资等政策时，置广大农民的意见与利益要求于不顾，侵害农民合法利益的事件时有发生，引起广大农民的强烈不满。特别是，在上述政策执行过程中，要么得不到广大农民的认同，要么一旦农民的合法利益受到侵害，就会引发农民大规模的群体性事件。2008 年 5 月 4 日，四川省自贡市失地农民抗议当地政府不合理的征地补偿政策，举行大规模示威；2009 年 10 月 8 日，广东阳江市三仁镇农民因抗议当地政府非法出售堤坝附近的树林，引发了当地农民与武警发生冲突，造成多人伤残。社会主义和谐社会是一个法治的社会，各项涉及农民政策的出台，政府必须采取拓宽政治参与的渠道与形式，让广大农民参与其中，广泛听取他们的意见。政府各项决策只有充分体现广大农民群众的意志，维护和实现他们的切身利益，才能有效地消除或化解农村各种社会矛盾，促进社会的法治化进程。

由此可见，农民政治参与制度化既是贯彻科学发展观中执政为民的要求，又是社会主义民主与法治建设的最高要求，是社会主义和谐社会所具有的内在价值。农民政治参与制度化是衡量社会主义和谐社会民主法治的重要标尺。

2. 农民政治参与制度化是促进社会公平正义的必然要求

公平正义是社会主义和谐社会的重要特征之一。公平正义是人类社会具有永恒价值的基本理念和维系社会正常秩序不可或缺的基本要素。当前，我国正处在社会转型时期，社会利益群体与阶层利益多元化日趋明朗，利益矛盾和冲突问题也愈加突出。公平正义主要是实现利益公平分配，而政治参与为其提供了更好的基础。农民政治参与制度化有助于优化利益协调与整合，是促进社会公平正义的必然要求。

公平正义意味着权利的平等、分配的合理、机会的均等和司法的公平，是社会主义和谐社会的本质要求和核心价值，是衡量一个社会文明与进步的重要标尺，是党执政兴国的根本目标，更是构建社会主义和谐社会的重要基石。从我国社会主义初级阶段的实际出发，高度重视农村经济社会发展过程中出现的新问题与新矛盾，准确把握和谐社会构建中农村新问题与矛盾的新特点，协调好广大农民的利益关系，注重维护和实现公平正义。这不仅是构建和谐社会的关键环节，而且是社会主义的本质要求。公平正义不仅关系到社会的和谐与稳定，而且也关

---

[1][法]卢梭：《社会契约论》[M].西安：陕西人民出版社 2005 年版，第 49 页。

系到广大农民对党和政府的信任与合作,关系到广大农民的基本权利,关系到人的全面发展和社会的全面进步。农民政治参与制度化的本质就是实现广大农民享有平等的政治参与权利,这是公平正义的应有之义。美国著名学者罗尔斯认为:"通过社会或国家的基本制度安排的调节,达到全体公民之基本权利和义务的公平正义分配,从而在现代民主政治国家的政治框架内,实现社会普遍的公平正义"。[1] "在一个健康的现代民主社会中,参与原则要求所有的公民都应有平等的权利来参与制定公民将要服从的法律的立宪过程和决定其结果。为此,宪法必须确保一种参与、影响政治过程的公平机会"[2]。

公平正义要求广大农民政治参与平等权利的实现,而农民平等地参与政治也将有利于社会的公平正义和整体和谐。第一,通过政治参与,可以为广大农民提供平等的政治表达机会,有序地反映和表达他们的利益诉求和政治意愿,这本身就是一种公平。第二,农民广泛的政治参与有利于体现和实现政府政策的正义性,有利于优化利益协调与整合,促进农民各项利益的公平分配。第三,政治参与是实现广大农民与政府互动的桥梁,促进政府行为的公开透明,实现权力在阳光下运行,缓解广大农民和政府之间的诸多矛盾。可见,农民政治参与制度化是社会主义和谐社会公平正义的必然要求。

3. 农民政治参与制度化是促进社会诚信友爱的重要基础

诚信友爱是社会主义和谐社会的重要特征之一。农民政治参与制度化,有利于实现广大农民对民主政治和国家权威的认同以及对社会的信任感,推动社会良性运行,促进全社会诚信友爱,是促进全社会诚信友爱的重要基础。

诚信友爱是中华民族的优良传统和最基本的道德规范之一,也是丰富的社会资源中人们共同拥有的价值观和道德准则。在很大程度上,构建社会主义和谐社会要依托讲信用、守信用、用信用的良好社会氛围和诚信环境。然而,在传统封建专制主义社会中,几乎没有任何政治参与的制度安排,广大农民被排斥在政治体系决策的系统之外,加上自给自足的自然条件下利益分化比较简单,我国广大农民往往缺乏竞争意识、权力意识、参与意识,缺少政治参与的内在动机和要求。他们大多安于天命,对政治体系也不信任,要么不闻不问,要么疏远和逃避,主动参与政治的愿望不强。面对现实政治,广大农民或三缄其口,或逆来顺受,整个社会的运行是以广大农民的被动接受为基调,销蚀了广大农民对民主政治和国家权威的认同以及对社会的信任。然而,现代政治发展,要求农民以制度化政治参与为主要途径、方式来行使自己作为国家公民的固有权利,以表达、维护和实现自身合法利

---

[1][美] 罗尔斯:《正义论》[M]. 何怀宏等译 . 北京:中国社会科学出版社 1988 年版,第 1 页。

[2][美] 罗尔斯:《正义论》[M]. 何怀宏等译 . 北京:中国社会科学出版社 1988 年版,第 211 页。

益。但是，现实中，广大农民为了表达、维护和实现自身的合法利益，采取上访的方式参与政治，而相关政府部门不是置之不理，就是久拖不决。这不仅激起广大农民的不满，引发冲突，还削弱了他们对民主政治和国家权威的认同以及对政府、社会的信任。2008年11月，甘肃省陇南事件中，多名农民担心当地行政中心搬迁后自身利益会遭受损失，便组织近千人到陇南市政府上访，但是没有任何领导出面解释、安抚。随后，愤怒的农民围堵市委大门并砸烧房屋，最终酿成多人受伤的惨剧。同时，农民利益矛盾得不到及时解决，也影响了农民之间良好人际关系的形成。

农民政治参与制度化是政治民主化的重要表现，有利于进一步培育广大农民的主体意识和政治认同感，提高广大农民的政治效能感，有利于实行政治监督，克服权力腐败和权力滥用等不良现象，形成良好的人际关系，进一步推动社会良性运行，促进社会诚信友爱。农民政治参与制度化，为形成一个全社会互帮互助、诚实守信，全体人民平等友爱、融洽相处的社会主义和谐社会奠定最为坚实的政治基础。

4. 农民政治参与制度化是促进社会充满活力的集中体现

充满活力是社会主义和谐社会的重要特征之一。社会充满活力不仅是社会进步、协调、和谐的基础和条件，也是社会不断变化发展的动力之源。构建社会主义和谐社会，就是要最广泛、最充分地调动一切积极因素，发挥各方面的创造活力，不断推动社会进步。政治参与制度化是保障广大农民政治、经济、文化等各项权益的重要途径，是促进社会充满活力的集中体现。

政治参与制度化能够为广大农民政治参与提供较多的制度空间，有效地保障广大农民政治、经济、文化等各项权益，调动广大农民的生产积极性。社会主义和谐社会的活力，主要体现在政治、经济、文化等方面。随着我国改革开放的进一步深入，社会发展水平得到了极大提升，广大农民生活水平的提高直接促进了政治参与的发展。广大农民的政治参与在参与数量、参与范围、参与程度、参与效果等方面均得到充分的提升。扩大农民政治参与被看作是社会现代化的主要内容，"它对一个国家或地区经济社会发展具有重要的推动作用"[1]。在经济领域，民主有利于创造更多的财富。农民通过制度化政治参与可以沟通自身与政府之间的信息交流，出台更多更好符合自身合法利益的决策，实现自身合法利益的需求，激发他们的创造热情，推动市场经济的进一步发展；在政治领域，农民通过制度化政治参与可以向政治系统输入信息和动力，加强政府推进经济增长政策的力量，

---

[1] 陈振明：《政治学》[M]. 北京：中国社会科学出版社1999年版，第364页。

同时，政治参与实践的锻炼也能够使他们更加关心政治、关心国家，注重自己或他人的利益和立场，提高政府决策的民主化、科学化，提高他们对政治体制的认同感，有助于民主政治文化的形成和持续发展；在文化领域，政治参与能使广大农民切实地认识到信息、个人知识及教育水平的重要价值，促使他们更多地去提高自身政治素质，收集社会信息，更好地行使自己参与政治的权利。

总之，这一切都有利于社会充满活力的体现，而社会充满活力又是社会主义和谐社会的题中应有之义。农民政治参与制度化，是促进社会主义和谐社会充满活力的集中体现。

5. 农民政治参与制度化是促进社会安定有序的重要条件

安定有序是社会主义和谐社会的重要特征之一。构建社会主义和谐社会必须妥善协调和解决各方面的利益关系，正确处理人民内部矛盾。农民政治参与制度化使广大农民在认可现存制度的前提下进行有序的政治参与，化解各类利益矛盾，维护好和实现好他们的利益要求，是促进社会安定有序的重要条件。

当前，我国正处在社会转型时期，利益的分化随着社会的发展和经济的增长进一步加深，利益冲突和利益失衡问题日趋严重，社会存在诸多不和谐的因素。如果公民利益表达渠道不畅通，政治参与诉求得不到有效满足，就会引发社会利益关系紧张，影响社会和谐稳定。目前，这类问题在农村非常突出。在农村，农民群体的利益有时是相互冲突和矛盾的，如农民在土地被强征、房屋被强拆、补偿标准不合理或被克扣、村官腐败以及当地企业给农村带来的环境污染等问题长期得不到解决的情况下，而不断地上访、群访和越级上访，甚至从静坐、扰乱国家机关正常工作，直至发展到暴力围攻政府、打砸抢烧、自焚抗争等恶性群体暴力事件，严重影响了社会的安定有序。2008年7月，在云南孟连事件中，由于当地胶农与当地政府利益发生冲突，胶农表达自身利益诉求的渠道不畅，导致矛盾逐渐升级，多次引发围攻、暴力冲突，当月19日上午，500多名胶农与当地民警发生冲突，造成人员伤亡和经济损失，严重影响了当地社会的安定有序。

农民政治参与制度化要求，党和政府决策部门面对广大农民不同的利益诉求，畅通政治参与的渠道，开创新的制度化途径，充分发扬民主，通过沟通与协商，解决由于利益冲突带来的矛盾与问题，满足广大农民的政治参与愿望和利益诉求，是促进社会主义和谐社会安定有序的重要条件。

（二）农民政治参与制度化是构建和谐社会的重要途径

构建社会主义和谐社会是一项艰巨而又复杂的系统工程，在经济全球化、政治民主化、文化多元化的背景下，平等、民主、自由、参与、责任等现代意识日益深入人心。农民政治参与制度化的目的在于积极引导广大农民合法、有序、理性地参与政治。直面构建社会主义和谐社会的现实，我们迫切需要加快农民政治参与制度化建设，进一步扩大农民广泛、合法、有序、理性的政治参与，是构建社会主义和谐社会的重要途径。

1. 农民政治参与制度化能够扩大农民政治认同与支持 奠定社会和谐基础

公民是否参与政治，本身就是对一个国家制度效能的检验。好的制度能够激发公民对其的认同、遵守，并通过有序政治参与来体现，反之，就会走向反面。政治学意义上的正当性，不仅指公权力的产生和行使符合法律的规定，也特别指公权力运行得到公民广泛的认同与支持。农民政治参与本身就体现了广大农民对我国现有体制权威的认同与支持，说明我国现有的政治参与制度有足够的力量动员广大农民参与其中。农民政治参与制度化能够扩大农民的政治认同与支持，奠定社会和谐的基础。

近年来，农民面对自己合法利益的受损，首先想到的就是找政府部门，希望得到政府的支持，农民上访也体现了他们对政府权威的认同和信任。农民通过制度化政治参与还可以增强政治体系的传导与反馈能力，有利于政府制定正确的决策并及时协调、沟通，有效地解决农村各种潜在的利益矛盾。在我国封建社会，统治阶级垄断了一切政治资源，堵塞了农民政治参与的渠道，使广大农民远离政治权力的中心，政治传导和反馈渠道极为不畅，无法实现上通下达。封建统治阶级为了维护自身利益，只是站在各自立场上制定相关政策。因此，公权力的运行难免会缺失广大人民的认同与支持，社会的稳定程度是相当低下的，日积月累就会引发不可避免的社会政治动乱，这也是我国历代封建王朝更迭，形成循环怪圈的根本原因。

扩大农民有序政治参与，充分表达其政治意愿和利益诉求，有利于政府在进行决策时，获得比较准确的信息来源，及时发现和纠正决策中的失误，促使政府决策更加科学化、民主化。与此同时，农民的政治参与也为政府决策的顺利实施提供了保障，从而有效地协调各种社会矛盾，促进社会和谐发展。农民政治参与制度化的目的旨在引导广大农民合法、有序、理性地参与政治，能够进一步扩大农民的政治认同与支持，进一步奠定社会和谐的基础。目前，一些农村地区，地方政府在制定土地征用、房屋拆迁补偿标准以及乡镇招商引资等政策时，忽视广大农民的合理诉求，侵害了广大农民的合法利益，引起广大农民的强烈不满。尤其是上述政策在具体执行过程中，得不到广大农民的广泛认同与支持，一旦农民的合法利益受到侵害，就可能引发农民大规模的群体性事件。例如，2005年4月，浙江省东阳事件中画溪村村民为抗议工厂严重污染和警察发生冲突，导致数人死亡，上百人受伤的惨剧。

农民政治参与制度化使政府做出的各项决策不仅能够增强广大农民对现有政权正当性的认同与支持程度，而且还能够很好地解决社会矛盾与问题，维护广大农民的切身利益，为社会和谐奠定坚实的基础。

2. 农民政治参与制度化能够维护政治稳定 为社会和谐提供前提和保障

"政治稳定是指政治系统的各个部分、层次和要素之间保持相对的平衡与协调，政治运作呈现出一种良性和有序发展的状态。"[1] 政治参与制度化意味着政治体系有一套人们公认的利益实现和利益协调的规则和程序。农民依照制度进行政治参与，追求自身合法利益，农民的政治参与行为被纳入规范、合法的轨道，能够有效地维护政治稳定，为构建社会主义和谐社会提供前提和保障。

在社会发展过程中，影响政治稳定的因素比较复杂，政治参与是一个不容忽视的因素。美国著名政治学家塞缪尔·P·亨廷顿认为，"发展中国家公民政治参与的要求会随着利益的分化而增长，如果其政治体系无法给个人或团体的政治参与提供渠道，个人和社会群体的政治行为就有可能冲破社会秩序，给社会带来不稳定"[2]。当下，我国正处于经济和社会转型时期，不同社会阶层的各种利益诉求纷至沓来，各类社会矛盾层出不穷，各个阶层利益团体的博弈此起彼伏，政治参与业已成为人们表达、维护和实现自身合法利益的重要途径。随着农村改革和经济的进一步发展，在农民个人之间、农民与集体、农民与国家之间都存在着经常性的各种利益冲突，广大农民面对自身利益的不法侵害，更多的是通过政治参与，希望得到政府的支持，讨个"说法"。比如一些地方政府巧立名目，任意增加农民负担，土地征用、房屋拆迁中使广大农民的利益受到极大损害，有的农民为了维护自己的利益就通过上访、甚至围攻政府机关、自焚等一些非理性的参与行为表达自己的诉求，影响了政治稳定与社会和谐。2008 年云南孟连"7·19 事件"造成 2 名村民死亡，17 名村民、41 名警察、3 名干部受伤，9 辆执行公务车辆被砸。究其根本原因就在于，当地政府没能及时解决当地胶农与橡胶公司的利益纠纷，满足广大胶农的合理利益诉求，最后广大胶农的愤怒转化为对当地政府的不满，引发冲突。

民主是维护社会和政治稳定的途径，而政治参与制度化为广大农民提供利益表达的制度平台，通过与政府的协调、沟通，一定程度地缓和两者之间的矛盾，提高广大农民政治参与的理性程度，满足广大农民利益表达的诉求，有助于维护

[1] 杨晋川：《政治稳定与政治制度的完善》[J].《科学社会主义》1992 年第 6 期。

[2] [美] 塞缪尔·P·亨廷顿：《变化社会中的政治秩序》[M]. 王冠华等译. 北京：北京三联书店 1989 年版，第 56 页。

政治稳定,为构建社会主义和谐社会提供制度保障和前提条件。

3. 农民政治参与制度化能够形成有力的社会监督 促进社会和谐

官僚主义和政治腐败是政治社会的痼疾,加强政府自身监督和扩大社会监督是其治理的主要方法。政治参与是一种广泛而有力的社会监督。在扩大社会监督方面,公民政治参与是一个十分有效的途径。对此,列宁指出,如果我们要与官僚主义作斗争,就必须吸引广大人民群众参与政治活动。毛泽东也曾经指出:"只有让人民来监督政府,政府才不敢懈怠。只有人人起来负责,才不会人亡政息。"[1]公民政治参与能够对危害现有秩序的行为自觉地进行揭发、抵制,对官僚主义、政治腐败等进行有效地社会监督。公民政治参与监督的力量在于它的广泛性,它犹如一张恢恢法网,把不良的政治行为置于阳光之下,极大地降低公权力的滥用与腐败,使其更好地为人民服务。因此,农民政治参与制度化能够对国家公权力形成有力的社会监督,促进社会和谐。

农民政治参与制度化就是把广大农民的政治参与纳入规范、合法的渠道,使其更好地参与政治。当前,地方政府,尤其是有的乡镇政府行为失范、作风不良,一些农村干部贪污腐败、工作方法简单粗暴、对上级政策置若罔闻、阳奉阴违、对广大农民以官自居、态度蛮横等,引起农民的强烈不满与对抗。2008年12月,江西樟树市为发展地方经济,未经村民同意和上级主管部门审批,强行征用阁山镇渡桥村3000亩耕地,引发全村300多名失地村民持械聚集镇政府讨要说法的事件。2011年4月18日,江苏邳州在太阳能光伏项目开建中,绕过村民代表大会,忽视村民意见,造成不良影响。当地不满征地的村民中有20多名女性被政府工作人员抓去,并强制在当地各个村落和小区游街示众,其中更有多名女性被强行往口中灌入大粪,进行人身侮辱。这不仅侵害了广大农民的权益,而且损害了党和政府在广大农民心目中的威信,危及农村社会稳定和谐。

治理公权力的滥用与腐败,仅有法律制度而无广大公民政治参与的约束力,肯定是不够的。任何制度的实施,都需要一定的制度环境,而公民政治参与就是遏制官僚主义和政治腐败的必要环境条件。要解决农村各种矛盾,必须加强农民政治参与制度化建设,畅通广大农民政治参与的渠道,让更多的农民参与到社会监督之中,让权力在阳光下良性运行,有助于促进社会和谐。

4. 农民政治参与制度化是公共政策合法性的有力保障

公共政策是政党、政府等社会公权部门为实现一定历史时期的政治、经济、文化、社会目标而制定的调节社会关系、规范社会生活的准则与指南。它的制定和

[1] 黄炎培:《八十年来》[M].北京:文史资料出版社1982年版,第149页。

实施涉及广大人民群众的切身利益,受到人们的广泛关注。因此,公共政策的合法性问题,是衡量一个社会是否和谐稳定的重要标尺。农民政治参与制度化有助于扩大农民对制定公共政策的影响,是其合法性的有力保障。

农民通过制度化政治参与渠道表达利益诉求,为决策部门输入规范的、有序的信息,有助于决策者了解农民的意见和愿望,集中农民的意见和建议,使公共政策能够获得广大农民的接受和支持,防止决策失误。即使决策有误,也可以通过广大农民持续的制度化政治参与予以及时发现、修正。在农民参与公共政策的制定过程中,通过他们对政策的理解和执行政策主动性的提高,这是公共政策合法性的有力保障。"在当代中国,各利益结构的需要大多是由政府加以体察和认定的,并将其某些合理的利益需要转变为公共政策。"即使在"社会主义条件下,直接的决策者们也并不能始终保证忠实地反映人民群众的利益"[1]。可以看出,我国公共政策制定与实施过程明显存在合法性缺失的危机。究其原因在于,在公共政策制定过程中,利益相关的群体没有相应地参与和利益表达的机会,不能充分表达自己的利益诉求。在公共政策的实施过程中,又存在着政策制定者单方面推动政策实施的倾向,政策的实施对象仍然没有参与互动的能力和条件;在公共政策的反馈系统中,大多数人也没有相应的参与渠道去反映自己的意见,更没有能力在政策贯彻实施过程中,对公共政策进行必要的修正。现实凸显不论公共政策合理与否,人们大多是被动地接受和执行,很少有机会参与公共政策的制定之中。

一些公共政策在制定、实施、反馈、修正诸多环节中,缺失了广大民众的参与,使公共政策缺失了最基本的"合法性",更谈不上符合社会主义和谐社会的基本要求。在农村,情况更是如此,广大农民更多的是执行上级的决策,而很少有机会参与决策的制定之中。比如在一些农村地区,不尊重农民生产经营自主权,农民种什么作物,怎么种,种多少等基本上都是乡镇政府和村干部领导说了算。到了农作物收获的季节,有的农产品出现大面积滞销,损害了农民的利益,引起农民的强烈不满。农民对此嘲讽道,最会种田的农民不会种田了,最不会种田的干部却成了种田的"行家里手"。又比如,在当今城市化和工业化进程中,农民土地征用、房屋拆迁补偿标准均由上级领导说了算,忽视农民的知情权、参与权、表达权和监督权,结果许多农民因为补偿不合理等原因,与当地政府发生直接对抗,甚至有的农民以身自焚,抗议强权。扩大农民有序政治参与可以改变公共政策的制定者与广大农民在信息占有方面不对称的现状,保证广大农民对经济社会发展重大决策的话语权,充分实现法律赋予他们的知情权、参与权、表达权和监督权;使广大农

[1] 胡伟:《政府过程》[M]. 杭州:浙江人民出版社 1998 年版,第 192 页。

民有效地参与到公共政策的制定、实施、反馈和修正的各个环节,以更好地维护广大农民切身的合法利益,得到广大农民的认同,提高公共政策的合法性,促进社会和谐。

可见,农民政治参与制度化,不仅可以扩大广大农民群众对制定与自身利益攸关的公共政策的影响,而且也可以极大地给予公共政策合法性以有力的保障。

5. 农民政治参与制度化能够为农民提供参与渠道 起到"安全阀"的作用

政治参与制度化,可以为个人或团体宣泄不满情绪、表达利益诉求和参与愿望,维护自身合法利益提供畅通的参与渠道,为社会起到"安全阀"的作用。同样,农民政治参与制度化能够为广大农民提供参与渠道,对社会稳定也能够起到"安全阀"的作用。

在封建社会里,由于广大农民远离政治权力中心,基本上没有政治参与的渠道,农民政治参与的愿望无法表达,利益诉求难以满足。当他们与政府矛盾白热化的时候,他们只有铤而走险,揭竿而起,折木为兵,走上与政权对抗的道路,引发社会动乱和朝代更迭。现代社会也是如此,当一个国家公民政治参与需求增加时,"如果其政治体系无法给个人或团体的政治参与提供渠道,个人和社会群体的政治行为就可能冲破社会秩序,给社会带来不稳定"[1]。农民政治参与制度化的目的是在针对日益扩大的农民政治参与,为他们宣泄自己的不满情绪,表达自身的参与愿望和利益诉求,促使政府维护和实现好他们的切身利益等,提供正常的、合法的、多样的、畅通的政治参与渠道,这无异于为社会的稳定安装了一个安全阀门。因此,农民政治参与制度化,为广大农民提供畅通的政治参与渠道,对社会稳定起到"安全阀"的作用。

政治系统通过这个"安全阀门",及时体察民情民意,采取积极措施,对利益受到不法侵害的农民给予必要的补偿和安抚,使矛盾和问题得到很好的解决,就可能避免影响社会稳定的恶性事件的发生。当前,一些农民在土地征用、房屋拆迁以及农村环境污染事件中合法利益受到了侵害,而又缺失畅通的参与渠道去维护自身合法利益,引发了大量的群体性事件,有的甚至围攻政府机关或者自焚抗争,给社会稳定造成了恶劣的影响。由于政治参与渠道不通畅,不少农民认为"找村长不如找政府,找政府不如堵公路上铁路",动辄封桥堵路,冲击党政机关,妨碍公共秩序和安全,造成大量人员伤亡和经济损失的严重后果,严重影响了社会和谐与稳定。

正视现实,农民制度化政治参与的"安全阀"作用在维护广大农民利益和

---

[1][美]塞缪尔·P·亨廷顿:《变革社会的政治秩序》[M].北京:华夏出版社1998年版,第56页。

社会稳定方面，无疑显得十分重要。农民政治参与制度化，能够为广大农民利益诉求提供畅通的参与渠道，满足自身合法利益的诉求，对社会起到"安全阀"的作用。

6. 农民政治参与制度化能够为农民个人全面发展提供条件形成和谐环境

政治参与制度化旨在实现广大农民平等参与的权利，为其广泛、合法、有序、理性地参与政治提供畅通的渠道。这不仅有利于农民思想现代性的培育，而且为农民个人全面发展提供了条件，形成了和谐环境。

现代性是现代化社会中个人所最常具有的一套认知态度、思想观念、价值取向及行为模式。农民思想的现代性主要包括主体意识、平等意识、权利意识、法律意识等诸多方面。在传统农业社会，由于生产力水平十分低下，社会结构相当单一，政治制度化程度不高，农民几乎没有什么政治参与的渠道。另外，农民整日为生计奔波，温饱问题都难以解决，根本无暇过问政治，也无力过问政治。这极大地制约了农民的政治参与，遏制了农民思想现代性的生成。20世纪80年代初，改革开放最早在我国农村广大地区拉开了帷幕，广大农民积极参与社会经济改革实践之中。这不仅增强了他们的主体意识、平等意识、权利意识、法律意识等，而且增强了他们在经济活动中的自主性和进取精神。广大农民从自身经济利益出发，积极参与政治，维护和实现自己的各项权益。而农村经济的发展，广大农民的物质生活和精神文化生活的进一步改善，又为农民的政治参与创造了良好的物质和文化条件，使他们的政治参与愿望和利益诉求能够成为现实。

广大农民在自己创造的村民自治中，学会自我管理、自我教育、自我服务，从而创造了和谐农村和自己的幸福生活。同时，农民政治参与制度化为农民提供更多的政治参与渠道，也是提高农民的政治参与能力和政治素质的有效途径。第一，农民政治参与实践让更多的农民认识到政治参与是一种不可让与的权利和一种不容逃避的责任，提升了他们的权利意识和主体意识，进一步增强了他们的民主观念和参政能力。第二，农民政治参与实践使广大农民抛弃传统文化中对政治参与疏忽的理念，积极合法、有序、理性地参与政治。总之，"政治参与有益于社会，使民主更富有意义，使政府更加负责；政治参与也有益于个人——它使个人成为一个有道德的人，一个尽责的社会公民"[1]。因此，农民政治参与制度化为农民个人的全面发展提供条件，形成和谐的社会环境是不可或缺的。

综上所述，构建社会主义和谐社会是全国各族人民在党的领导下进行的一项

[1]［美］塞缪尔·P·亨廷顿，纳尔逊《难以抉择——发展中国家的政治参与》[M]. 王晓寿、吴志华、项继权译. 北京：华夏出版社1989年版，第20页。

崭新的伟大工程,是一个长期的历史进程,而农民政治参与制度化是一个渐进的发展过程,是构建社会主义和谐社会的重要内容和途径,两者相辅相成,相互统一。因此,在马克思主义政治参与理论和实践指导下,我们不仅要在扩大农民政治参与中构建社会主义和谐社会,也要在构建社会主义和谐社会中加强农民政治参与制度化,进一步推进我国社会主义民主政治建设的健康发展和社会和谐与稳定。

第二章　农民政治参与及制度化的历史与现实考量

公民政治参与制度是在其特定的社会历史条件和时代背景下生成的。在不同国家或同一国家的不同历史发展阶段,公民政治参与的心态、意识、行为方式、目标模式以及参与价值取向等并不完全相同,由此形成政治参与制度的差异性。在社会主义和谐社会构建进程中,我国农民政治参与及其制度化有其特定的对象和历史背景。追溯新中国成立以来我国农民政治参与及其制度化的发展历程,进一步深入考察、分析和谐社会构建中我国农民政治参与制度化的建设,是准确把握我国农民政治参与制度化特点及其规律,实现农民政治参与及其制度化建设科学发展的必然要求。

一、农民政治参与及其制度化的历史回顾

在我国总人口中,农民占绝对大多数,怎样从制度上保证广大农民的政治参与或当家作主的各项权益,不仅是维护社会公平正义,落实社会主义民主政治的根本要求,而且也是实现国家安定团结与社会和谐发展的根本需要。因此,我们必须首先认真梳理新中国成立以来农民政治参与及其制度化的历史发展脉络,对于准确把握农民政治参与制度化的特点及其规律,实现农民政治参与制度化的科学发展具有十分重要的意义。

(一)改革开放前　农民政治参与制度化的曲折探索

新中国成立到实行改革开放这段时期,农民政治参与制度化经历了一段曲折的探索历程。从1949年新中国成立开始,到1956年社会主义三大改造基本完成,是农民政治参与制度化体制初步建立与实践的时期;从1956年底到1966年5月,是农民政治参与制度化曲折发展时期;1966年5月开始的十年"文化大革命",是

农民政治参与制度化遭到严重破坏，农民政治参与实践进入了一段畸形发展时期。

1. 农民政治参与制度化体制的初步创立与实践

自1949年新中国成立，到1956年社会主义三大改造基本完成，是我国农民政治参与制度化体制初步建立与实践的重要时期。纵观我国历史，广大农民基本上长期处于政治生活的边缘状态，而社会主义制度的确立，为我国广大农民政治参与提供了重要的制度基础。

新中国成立之初，广大农民通过人民代表大会、农民协会、合作社等行使政治参与权利，民主选举、民主管理和民主决策曾一度在广大农村红火起来。当时，我国政府在农村面临的最紧迫的任务就是迅速恢复和发展日益凋敝的农村经济，确保城市居民和干部队伍的粮食供给，并赢得广大农民对新政权的拥护与支持，实现社会安定。当时，农村首要的政治任务就是落实广大农民对土地的渴求。1950年6月，国家颁布实施了《中华人民共和国土地改革法》。"土地改革是一场激烈的阶级斗争，必须放手发动广大农民群众，由广大农民群众自觉行动起来，没收地主阶级的土地，分配给无地少地的农民，土地改革才能彻底实现。"[1] 土地改革的基本目的就是废除旧的封建地主土地所有制，建立新的农民土地所有制。在土地改革的过程中，为了实现艰巨的土地改革任务，政府通过建立农会组织，以推进土地改革的广泛开展。农会组织成为当时广大农民群众政治参与的主要载体。只有实行广泛的民主政策，才能把广大农民群众动员起来积极参加土地改革。为了动员广大农民群众，农民协会中的负责人也均通过广大农民群众普遍选举的方式产生。广大农民通过农民协会这一组织，积极参与村中重大问题的管理与决策，如划分成分、分配土地等都由农民协会参与和决定，使土地改革取得了很好的成效。如湖南衡山县的农村土地改革从1950年9月开始，到1953年春天结束，仅用了不到四年的时间。在土地改革中，农民协会没收和征收地主的土地共计44.82万亩，分给无地或者少地的雇农、贫农。雇农从土改前的人均0.029亩增加到土改后的1.40亩，贫农从土改前的人均0.25亩增至1.36亩，地主从土改前的人平6.57亩减为土改后的1.17亩。[2] 可见，广大农民积极参与的热情是推进土地改革工作顺利完成的主要动力。

在这场轰轰烈烈的土地改革运动中，一些大地主的土地被没收，封建地主作

---

[1]《中国共产党社会主义时期文献资料选编（一）》(1949—1954)[C]. 北京：中共中央党校出版社1987年版，第126页。

[2] 参见于建嵘：《岳村政治——转型期中国乡村政治结构的变迁》[M]. 北京：商务印书馆2011年版，第227页。

为剥削阶级在我国广大农村被彻底消灭，贫农、雇农成为最大的受益者。他们不仅无偿分得了土地和财产，免除了各种债务，并获得了较高的政治地位，而且在党和政府的支持下，他们高涨的政治参与热情也是前所未有的。在土地改革过程中，贫、雇农的表现十分积极，并走上了农村的政治舞台，成为乡村中新的主权阶层。但是它们并不是我国农村社会中自然发展的结果，而是在我们党领导下的各级政府和农村工作组强力支持和动员的结果。同时，因为这些新的主权阶层没有雄厚的经济基础作为后盾，没有显赫的家庭背景，没有较高的文化水平，也没有丰富的管理公共事业的经验，所以他们的参与行为必须与上级党委和政府机构的要求保持一致。贫、雇农成为新的主权阶层的原因就在于：一是在封建地主阶级被打倒后，农村出现了暂时的权力真空，贫、雇农作为新的主权阶层自然也就填补了这一真空；二是各级党委和政府组织机构的强有力支持与动员。在实际生活中，贫、雇农忠实地执行党委和政府组织的各项方针、政策，密切了农村与国家之间的联系。另外，在广大农村，农会、青年团、妇联、民兵等党领导的群团组织把广大农民也纳入了各种政治参与的队伍。土改中，我们党充分发扬在革命斗争中形成的优良传统，"放手发动群众"组织的选举，不仅起到了应有的作用，而且在民主方面也达到了相当的高度，极大地调动了广大农民的生产生活的积极性。可惜的是，在完成土改之后，我们党最终并没有把农民协会纳入到国家现代化进程中来，而是将其迅速解散，以其他各种政权组织取而代之。

土改顺利进行的同时，由于我国工业化体系建设的迫切需求，急需农业为工业化建设提供大量资金积累。然而，面对众多分散的私人占有土地的农民，如何有效地提取农业剩余，满足工业化建设的需求，我国开始在广大农村地区实行了合作化运动。合作化运动一直持续到1958年人民公社化运动之前才告结束。在合作化运动中，广大农民通过参与社员大会讨论决定互助组、合作社，高级社组建的重大事项。从1953年开始，各级党委和政府一边发展互助组，一边积极引导广大农民将互助组转为初级农业生产合作社（简称初级社）。初级社作为一个比较健全的生产组织，设有社长、副社长、会计员及生产、宣传和劳动管理委员等职位构成管理委员会。管理委员会成员均通过社员大会民主选举产生。初级社实行田地归农户个人所有，土地随人入社，评产分红，农具、耕牛私有私养公用，有的折价入社，有的由合作社付租金，分期偿还。初级社的分红一般按不同的比例分配到各农户。社员参加集体劳动，推行农活定额管理，由作业组或个人承包干活，按劳动评工计分，凭劳动工分参加社内年底分钱分粮。再以湖南衡山县为例，到1956年，全县初级社发展到了1 504个，入社达93 221户，占衡山县总农户的62.86%。1955年冬季，全县开始将初级社转为高级社。到1957年初，衡山县高级社发展到

964 个,入社农户14.25 万户,占农户总数的96.5%。1957 年底,全县高级社发展到977 个,入社农户占农户总数的97.6%,入社人口占总农业人口的94.5%。[1] 从全国范围来看,到1956 年底,全国入社农户占总农户的96.3%,5 亿多农民在党的领导下通过合作化,走上了社会主义道路。

从初级社开始,事实上,农村的经济组织已经具备了一定的政治参与功能。特别是在高级社发展阶段,农村集体经济组织基本上掌握了主要的生产和生活资料。尽管在农民入社过程中,有些农民是迫于政府的强制,但是当时相关的政策不仅规定了农民自愿入社的原则,而且在合作社成立以后也强调坚持民主办社的原则,以确保农民参与民主管理的权利。然而,在后期"高潮赶高潮"的口号声中,高级社的"入社自愿,退社自由"早已被抛到九霄云外,乡里一声令下,农民不想入也得入,否则,就会被打入"另册"。

社会主义制度的建立,为广大农民政治参与提供了一定的制度空间,进一步促进了农民政治参与。1953 年,广大农民群众珍惜来之不易的政治参与权利,积极参与全国第一次普选,以普遍、平等、直接、无记名的方式,选举产生了各级人民代表大会的代表。据统计,"在全国区、乡基层选举中,参加投票的选民有2.78 亿人,占登记选民总数的85.88%"[2]。然而,好景不长,在1957 年反"右"扩大化之后,"左"的错误日益盛行,经济上的急于求成,导致了在农村掀起了"大跃进"和人民公社化运动。尽管人民公社制度赋予了广大农民通过社员大会或社员代表大会参与公共事务管理的权利,但是实际上公社中少数干部掌握着公共事务的权力,公社社员只能被动地服从公社干部的安排,不可能产生政治参与的主动性与积极性。绝大多数农民参与政治活动只是为了响应党委和上级政府的号召,被动地卷入大规模的、急风骤雨式的群众运动之中。广大农民的政治参与也就成为了领导干部实现某一目标的工具。这一时期,广大农民的政治参与只是一种以革命为主题的动员型参与。

2. 农民政治参与制度化的曲折发展

1956 年9 月党的"八大"以后,到1966 年5 月,是农民政治参与制度化曲折发展时期。新中国成立之初,政治参与制度化建设是一项崭新的开创性的事业。我国农民政治参与制度化是在传统因素的影响和现实问题胶着状态下进行的。这决定了农民政治参与制度化的发展历程必定是艰难曲折的。尤其是,1956 年之后,由于主客观方面的原因,我国民主政治建设出现了一系列的失误,农民政治参与

[1] 参见于建嵘:《岳村政治——转型期中国乡村政治结构的变迁》[M]. 北京:商务印书馆2011 年版,第236—238 页。

[2] 《全国基层选举胜利完成》[N]. 人民日报1954-06-21。

制度化处于曲折发展时期。当时，广大农民政治参与的主要内容是人民公社的治理。人民公社是建立在"一大二公"和"党、政、军、民、学统一"原则基础之上的，是一种全能主义治理模式，事无巨细地负责农村的政治、经济、文化和社会管理等各项事务。人民公社的管理机关分别是公社、生产大队和生产队的管理委员会(简称管委会)履行乡政府职权。各管委会分别由主任、副主任和委员，大队长、副大队长和委员，生产队长、副队长和委员等成员组成。按照当时人民公社的条例规定，各管委会的成员必须通过社员大会或者社员代表大会选举产生，每届任期两年，可以连选连任。但是，在实际操作中，大多数管委会主要成员，都是由人民公社党委领导选拔、培养、任命，社员大会或者社员代表大会的选举也就成为了一种过场。尽管人民公社的条例强调"民主办社"，以建立健全"社员代表大会""社员大会"等各项农民政治参与制度，但在党的"一元化"领导体制和"以阶级斗争为纲"路线的支配下，农民政治参与制度没有很好地得到贯彻落实，"民主办社"也就大多流于形式，广大农民只能响应政府号召被动地卷入各种"斗私批修"或"政治大批判"等群众运动之中。如"大鸣、大放运动"、"反右派斗争""反右倾机会主义运动"、"四清运动"，等等。

3. 农民政治参与制度化畸型发展时期

由于国际国内因素的影响，党内最高领导人又过高地估计了国内"阶级斗争"的严峻性，错误地制定了以"阶级斗争"为纲的政治路线，导致了长期大规模、无序的群众运动。另外，由于社会主义法制不够完善，致使这种大规模、无序的群众运动，完全失控，1966年5月开始，演变为"文化大革命"的十年浩劫。大规模、无序的群众运动此起彼伏，广大农民在这场群众运动中，也表现出高昂的政治参与热情。"文化大革命"期间，全国几乎一半以上的农民被迫卷入了这项"史无前例"的无序群众运动之中。在各种规模浩大的政治参与运动中，绝大多数农民背红宝书、跳忠字舞、看样板戏等成为了当时人们表达自己政治立场的重要方式。这些政治参与实践不仅没有增强他们的公民意识和民主意识，反而增加了他们个人迷信和"愚忠"等封建思想意识；不仅没有提高广大农民政治参与的热情，反而使广大农民在频繁的政治运动中产生了被愚弄、被欺骗、被摆布的心理，以至于对政治产生了一种不信任感和冷漠感，这种影响在广大农民心理上投下的阴影至今尚未散尽。同样，广大农民这些政治参与实践不仅没有进一步促进我国政治体制更加民主、开放，反而出现了"文化大革命"期间肆意践踏法律，打砸抢的封建法西斯专政的做法。可见，这一时期我国农民政治参与的实践只是一味地迎合政府政治上的需要，远离了农民个人利益的诉求，不仅忽视了农村社会生产力的发展，导致农村经济停滞，甚至倒退，而且也破坏了真正的民主，给国家和民族带来了空前的浩劫。

在大规模、无序的群众运动中,广大农民的民主权利不仅受到损害,而且在十年浩劫之中,我国人民代表大会制度也遭到了严重破坏。从1966年"文化大革命"开始,一直到1975年,全国人民代表大会及其常委会在八年零六个月的时间里未能照常举行过一次会议,人民代表大会基本上处于瘫痪状态。国家政权组织不再按照人民代表大会制度的要求设置。公检法部门被砸烂,只保留了国务院,地方人民代表大会消失得无影无踪。农民政治参与制度遭到严重破坏,农民政治参制度化进入了一段畸形发展时期。

纵观新中国成立之后至改革开放之前我国农民政治参与制度化历史的发展过程,起初,我们党为了巩固新生的政权,在农村广泛采用"革命式的动员参与",积极鼓励和发动广大农民参与政治,逐步发起了土改、合作化运动和人民公社化运动,保证广大农民参与民主管理,农民政治参与制度化进入初步创立与实践时期。但在"文化大革命"时随着所谓的政治斗争尖锐化和阶级斗争扩大化,农民政治参与只是一味地迎合政府政治上的需要,而远离了自身利益需求,农民政治参与制度遭到严重破坏,农民政治参与呈现被动参与的特点。秉承千年"顺民""臣民"传统观念,广大农民的政治参与往往是响应上级领导的意志和忠实地执行上级政府的命令,很少有人为了维护自身利益和权利而主动参政议政,呈现出非理性的、被动动员参与的特征。整个社会呈无序化与暴力化,法律遭受践踏,人权和民主也无从谈起,农民政治参制度化进入了一段畸形发展时期。这不仅挫伤了广大农民的政治参与积极性,而且对今天广大农民的政治参与也产生了不良的影响,历史的教训是十分深刻的。

(二)改革开放后 农民政治参与制度化的复归与发展

1978年12月,党的十一届三中全会的胜利召开,拉开了我国改革开放的帷幕,从此,社会主义民主政治建设逐步走向民主化、法制化、制度化。广大农民不仅可以通过乡镇人民代表大会、村民自治、农村基层党内民主等主要渠道参与农村基层政治生活,而且还可以通过人民代表大会、社会团体、信访组织、大众传播媒介等各种政治参与渠道参与国家的政治、经济、文化和社会事务的管理。这些政治参与渠道为广大农民行使其政治参与权利提供了更加便利的途径。这一时期,我国农民政治参与制度化进入了一个复归与顺利发展时期。

农民占我国总人口中的绝对大多数,他们的政治参与状况决定着我国整个社会的基本面貌,决定着我国政治参与的程度与水平,也直接影响着我国社会主义民主政治建设的总体进程。党的十一届三中全会的召开实现了我国历史性的变革。这次大会是对长期以来在党和国家政治生活中存在的主观主义、个人崇拜、"以阶级斗争为纲"等错误观念的拨乱反正，实现了党和国家工作重点由以"阶级斗争"为中心向以"经济建设"为中心的转移，制定了一系列调动广大农民政治参与积极性与主动性的相关制度，为广大农民提供了更多可靠的政治参与制度保证。从此，我国农民政治参与重新回归正常的发展轨道，并不断地向前顺利推进。

我国改革最早是从农村拉开序幕的，农村家庭联产承包责任制的实施极大地冲击了原人民公社化的管理体制，使其出现了诸多不适应。新的经济体制不仅弱化了村级组织对生产资料的控制能力，而且也弱化了它的动员能力和社会调控能力。因此，在新的经济体制下，通过村级组织渗入农村社会的国家权力遭遇了严峻挑战。由于人民公社管理体制逐步解体，生产大队被架空，农村基层社会管理和公共事务无人问津，农村社会治安形势恶化，再通过群众运动来整顿村级组织的办法已显得愈来愈不凑效。新形势下，如何探索新的农村基层管理体制，已经成为一个不容回避的问题。

20 世纪 70 年代末、80 年代初，各地农村所有"四类分子"被摘了帽，彻底摒弃了困扰我国多年的"唯成分论"。我们党对历史错误的反思和纠正为新时期农民政治参与制度化的健康发展铺平了道路。改革开放以后，我国农村经济建设取得了长足发展，农民生活水平有了显著提高，促进了农民政治参与的发展。一方面，农村经济发展和广大农民生活条件的进一步改善，使广大农民从以往整日为温饱和生计奔波操劳的生存境遇中摆脱出来，可以把较多的时间和注意力转移到国家的政治生活、社会公共生活以及公民的政治责任等目标上来，提高了农民政治参与层次；另一方面，经济的迅速发展也带动了科学技术的迅猛发展，使农民政治参与的"硬件"，即政治参与手段和方式等都有了较大改观，比如交通和通讯设施以及大众传媒的快速发展，不仅提高了他们政治沟通的水平，而且增强了他们获取各种各样政治信息的能力。新时期，在农民政治参与的一系列成果中，村民自治制度在广大农村的诞生最具代表性，是当代中国农民政治参与制度化的标志性成果。

20 世纪 70 年代末期到 80 年代初期的农村改革，首先从农村土地承包经营制度开始。家庭联产承包责任制度的建立，亟待有新的政治体制与之相适应。农村经济改革使广大农民获得了土地的生产经营自主权。生产关系的变革，对原来人民公社的"政社合一"的公社体制产生了巨大冲击。自从农村实行经济改革后，经受长期压抑的农民内心普遍存在一种"去集体化"的冲动。人民公社时期的"三级所有、队为基础"的管理体制逐步解体，农村基层社会管理权力出现了真空，农村村民自治制度应运而生，"乡政村治"的政治体制得以确立。"在农村实行包产到户，实际上已是以农户为基本核算单位，生产队事实上被瓦解，生产大队被架空的情况下，如何填补这时农村基层社会管理和公共事务可能出现的真空，成为各级党委和政府不得不考虑的问题。"[1] 当时，大多数农村地区许多工作无人过问，封建迷信、赌博、盗窃等现象十分突出，集体利益缺乏保障，公共设施破败落后，社会纠纷不断，尤其是农村社会治安形势恶化十分突出。为了尝试解决人民公社解体后农村的公共事务管理问题，1980 年广西壮族自治区宜州市南屏乡合寨村的村民创造性地创立了中国第一个村民委员会。几十年来，我国农村村民自治不仅建立了基本的制度体系，而且日益深入乡村各个角落，成为广大农民的政治参与实践和日常行为。党的十七大报告，把以村民自治作为主要内容的基层群众自治制度，纳入了中国特色社会主义政治制度的范畴，给予了村民自治高度的肯定。

第一，村民自治实践从自发产生到国家肯定、实施阶段。为了解决农村基层组织日益严重的瘫痪状态，维护农村社会治安秩序，1980 年广西宜州市南屏乡合寨村成立了"中国第一个村委会"，开创了我国村民自治的先河。合寨村是一个自然村，1980 年初，当地开始实行土地承包责任制，农村分田到户后，原先生产队的凝聚力和约束力逐渐减弱，合寨村许多公共事务无人问津，社会治安秩序十分混乱。合寨村六位原生产队队长经过商量决定成立一个管理村中公共事务的组织，协助当地政府维持社会治安、兴修和维护水利设施、保护集体林场、兴办公共福利事业等。他们把这个组织称为村民委员会。他们要求每户村民派出一名代表参加会议，采取民主投票的方式选举五名村委会成员，按照得票多少选出正副主任以及其他成员若干名。受合寨村的影响，1980 年底，邻村也都通过民主选举的形式成立了自己的村民委员会，并制定了村规民约。由于村民自治是出于广大农民自身需要而自发建立的组织，彰显了极大的民主性和有效性。自村民委员会成立后，"社会治安大有好转，全大队无偷盗、无赌博，无乱砍乱伐集体林木，无乱放鸡鸭糟蹋农作物，各项上交任务完成好，干群团结紧，好人好事不断涌现"[2]。村民委员会的民主选举和管理较好地满足了广大农民重建良好社会秩序的需求。尽管村民委员会成立的初衷主要是为了维护农村社会治安秩序，但它毕竟是中国农村自治组织的萌芽，是人民当家作主最直接的体现，彰显了我国民主政治走向民主化时代的潮流。

广西农民自发创立村民委员会的行动，得到了地方政府和中央政府高度重视与及时的制度支持。1982 年《中华人民共和国宪法》赋予了村民委员会以"基层群

[1] 罗平汉：《村民自治史》[M]. 福州：福建人民出版社 2006 年版，第 35 页。

[2] 罗平汉：《村民自治史》[M]. 福州：福建人民出版社 2006 年版，第 24 页。

众性自治组织"的重要地位。20 世纪80 年代中期以来，广大农民在村民选举中表现出极高的政治参与热情，各地农村的投票率一般在85% 以上。1983 年，中共中央、国务院联合发布了《关于实行政社分开建立乡政府的通知》，这一通知对各地农村促进村民委员会建立起到了直接的推动作用。1985 年，各地农村普遍废止了人民公社体制，建立了乡镇政府和村民委员会。但是，大多数乡镇政府和村民委员会只是把原来的基层组织改换了名称，"换汤不换药"，工作仍然没有摆脱旧体制的束缚。为了更好地实现农村基层管理体制的根本转变，规范村民自治的运行，1987 年11 月24 日全国人大常委会审议并通过了《中华人民共和国村民委员会组织法》（以下简称《村委会组织法》）。该组织法（试行）的审议和通过标志着我国农村以村民委员会选举为中心的村民自治在国家法律制度层面上的正式确立。从此以后，村民自治成为实现农民政治参与权利的重要制度载体。

第二，村民自治实践逐步迈入法制化、制度化阶段。1987 年11 月24 日，《村委会组织法》在第六届全国人大常委会第二十三次会议上顺利通过。该组织法是我国第一部根据宪法制定的较为具体规范的村民自治的基本法律。它确立了村民自治相关的村民选举制度、村民会议制度、村规民约三项基本制度。1988 年，国家民政部专门成立了基层政权建设司作为政府主管部门，通过试点，建立工作示范点，广泛开展培训；积极开展调查研究、理论探讨，及时总结村民民主选举的经验，对推动村民自治的实践起到了积极作用。

自1988 年起，历届国务院总理每年在全国人民代表大会上所做的《政府工作报告》，以及国家的每个五年规划中，都对贯彻《村委会组织法》，推进村民自治提出了明确的要求。进入20 世纪90 年代以来，农村村民自治发展十分迅速。1994年，国家民政部在总结各地经验的基础上，概括出村民自治权主要包括民主选举权、民主决策权、民主管理权和民主监督权，通常被简称为"四个民主权利"，体现了党和政府在农村基层民主建设中，以落实最基层广大人民群众民主权利作为突破口的特点。1998 年11 月4 日，第九届全国人民代表大会常务委员会第五次会议正式颁布通过了修订后的《村委会组织法》。修订后的《村委会组织法》对广大农村地区村民自治的健康发展奠定了坚实的制度保证。

"据1998 年4 月全国村民自治工作经验交流会介绍，全国农村普遍实行了三至四届村委会换届选举工作，选举的民主化、规范化程度不断提高。农村60% 以上的村委会建立了村民会议、村民代表会议和村务公开制度，制定了村民自治章程和村规民约。获得省级命名表彰的村民自治模范县市区的已近400 个。"[1] 这标

[1] 何泽中：《当代中国村民自治》[M]. 长沙：湖南大学出版社 2002 年版，第 48—49 页。

志着我国村民自治制度的基本建立。在村民自治实践的过程中,我国政府改革了选举制度,规定由农民直接选举产生村民委员会,村民委员会对广大农民负责,并接受其监督。村民自治中选举制度的改革,为广大农民政治参与提供了更加直接的渠道。"八亿农民实行自治,自我管理、自我教育、自我服务,真正当家作主,是一件很了不起的事情,历史上从没有过。几千年的封建社会,什么时候有过村民自治? 没有。"[1]1998 年修改过的《村委会组织法》于2010 年10 月28 日第十一届人大常委会第十七次会议再次修订并颁布实施,为村民自治制度的具体落实提供了基本的法律依据,标志着村民自治这一农民政治参与的重要制度载体被纳入了国家制度化轨道,并日益完备。

改革开放至今,随着人民公社的解体,农村家庭联产责任承包制在广大农村地区的推行,村民自治制度在农民政治参与实践探索的基础上应运而生。从此,广大农民政治参与逐步迈入制度化、规范化,进入了一个复归与顺利发展的时期。自20 世纪80 年代初期以来,我国进入社会转型时期,随着利益分化和利益关系的复杂,农民利益诉求和政治参与愿望不断增加,政治参与范围也日益扩大,农民政治参与及其制度化最大的变化主要呈现出与自身利益相结合的"主动式参与"的特征,各地农村村民委员会的产生就是很好的例证。但是,在农村土地征用、房屋拆迁以及地方政府招商引资决策、农村环境污染中,广大农民还不能有效地参与其中,其合法利益时常遭遇不法侵害,又凸显了我国农民政治参与制度化建设仍有很长的路要走。

二、和谐社会构建中农民政治参与的制度空间

在构建社会主义和谐社会中,农民政治参与必须具有一整套健全的、完备的制度体系,才能保障农民政治参与制度化的实现。要准确把握农民政治参与制度化的特点及其规律,必须了解社会主义和谐社会构建中农民政治参与的基本制度安排。目前我国现行的政治体制已经为农民政治参与提供了比较充分的制度空间。就农民政治参与的具体制度而言,主要有:人民代表大会制度、政治协商制度、信访制度、听证制度、民主恳谈会制度,以及司法途径的政治参与制度和最重要的农村村民自治制度,等等。其中人民代表大会制度、村民自治制度和信访制度是当前广大农民进行政治参与的主要制度载体。

(一)人民代表大会制度是农民政治参与的基本制度

人民代表大会制度是我国人民民主专政的政权组织形式,是我国的一项根本

---

[1]《彭真文选》[M]. 北京:人民出版社 1991 年版,第 608 页。

政治制度。全国人民代表大会是我国最高国家权力机关。它是以马克思主义的无产阶级专政和国家理论学说等科学理论为指导,建立在国家一切权力属于广大人民的现代民主理念基础之上,具有现代民主制度的特质,充分体现了社会主义国家人民当家作主的本质特征。它不仅是我国农民政治参与最重要的方式之一,而且是农民政治参与的一项基本制度。

1949年9月,中国人民政治协商会议第一次全体会议在北京胜利召开,会议通过了起临时宪法作用的《中国人民政治协商会议共同纲领》。并规定中华人民共和国的政治制度是人民代表大会制度。这是在我国人民代表大会制度创建史上极为重要的一页。1954年9月15—28日,第一届全国人民代表大会第一次会议胜利召开,大会通过了《中华人民共和国宪法》(以下简称《宪法》)。《宪法》明确规定:"中华人民共和国的一切权力属于人民,人民行使国家权力的机关是全国人民代表大会和地方各级人民代表大会。全国人民代表大会和地方各级人民代表大会都由民主选举产生,对人民负责,受人民监督。国家行政机关、审判机关、检察机关都由人民代表大会产生,对它负责,受它监督"[1]。人民代表大会制度最能体现真正的、广泛的民主,最便于广大人民行使国家权力。至此,人民代表大会制度在我国全面确立,并开始在我国广大人民群众的政治参与实践中发挥着愈来愈重要的作用。

我国人民代表大会制度的发展并不是一帆风顺的。自1954年人民代表大会制度的建立,1966年春,人民代表大会制度建设比较顺利,取得了一定的成绩。但是,在"文化大革命"时期,全国人民代表大会及其常委会在长达八年零六个月的时间里未能照常举行过一次会议,我国人民代表大会制度遭受了严重践踏,以至于我国人民代表大会制度名存实亡,广大人民群众政治参与实践缺失了重要的制度载体。"文化大革命"结束以后,我国政治社会生活的各个方面开始步入正常化,全国人民代表大会制度开始从中央到地方逐步得到恢复与发展。十一届三中全会确立的发展社会主义民主、健全社会主义法制的基本方针,为全国人民代表大会制度的健康发展指明了方向。从此,人民代表大会制度在我国重新驶入正确的轨道,获得了不断发展与完善。

人民代表大会制度是我国的一项根本政治制度,体现了我国人民民主专政制度的本质。我国《宪法》明文规定,我国人民代表大会具有至高无上的权力,不受其他国家机关的牵制,是广大人民群众行使政治权利的最高权力机关。在我国各省、自治区、直辖市等地方各级人民政府中设立的各级人民代表大会也是本级行

---

[1]《中华人民共和国宪法》(1954)第一章第二条。

政区域内的最高权力机关,它们与全国人民代表大会一起构成了国家的最高权力机关。"鉴于我国全国人民代表大会和地方各级人民代表大会在国家政治体系中的地位与作用,农民通过影响人民代表大会的渠道来实现政治参与必然会成为我国农民政治参与的重要途径。"[1] 当前我国广大农民通过各级人民代表大会进行政治参与实践的方式主要有如下三种:

首先,广大农民通过直接或者间接提名人大代表候选人的形式进行政治参与。《宪法》明确规定:"中华人民共和国年满十八周岁的公民,不分民族、种族、性别、职业、家庭出身、宗教信仰、教育程度、财产状况、居住期限,都有选举权和被选举权"[2]。"全国人民代表大会和地方各级人民代表大会都由民主选举产生,对人民负责,受人民监督"[3]。依据我国《选举法》的相关规定,县级以下人大代表候选人按照所在选区的提名,通过各政党和人民团体的单独或联合推荐而产生。因此,广大农民可以根据自己的实际地位,直接或间接地推举出自己信得过的代表参与各项政治活动,以实现自己参与政治和维护自身合法权益的目的。人大代表通过选举产生,是真正把广大农民与国家联系起来的制度桥梁与纽带,成为广大农民制度化政治参与的重要渠道。

其次,广大农民通过联系或者影响人大代表的方式进行政治参与。当前我国各级人民代表大会都是由各级人大代表组成的,各级人大代表作为国家权力机关的组成人员,是国家权力的直接行使者。各级人大代表必须代表广大人民群众的利益和意志,要对广大人民群众负责,并接受广大人民群众的监督。因此,广大农民不仅可以通过与人大代表的密切接触和联系来表达自己的政治意愿与利益诉求,还可以通过给人大代表提意见或建议,使广大农民所关心的问题成为每年"两会"代表的议案,并最终上升为国家的法律和法规,以更好地维护和实现其利益诉求。

最后,广大农民通过依法为人民代表大会立法提供参考性意见的方法进行政治参与。我国《宪法》明文规定,"全国人民代表大会和全国人民代表大会常务委员会行使国家立法权"。立法权是我国人民代表大会及其常务委员会最重要的职权之一,民主参与是立法必须遵循的一项重要原则。也就是说,在法律起草和讨论过程中,立法部门必须广泛了解社情民意,听取广大人民群众的意见和建议。对占我国人口绝大多数的农民而言,涉及农民和农村方面法律法规的起草与

---

[1] 蔡振亚、华创业:《浅析当前我国农民政治参与的制度支持》[J].《河南工程学院学报》(社科版) 2010 年第 4 期。

[2]《中华人民共和国宪法》(2004)第二章第三十四条。

[3]《中华人民共和国宪法》(2004)第一章第三条。

讨论,广大农民有权通过人大代表将其所关注和关心的一系列问题,提出自己的修改意见或者相关建议。

总之,在构建社会主义和谐社会中,人民代表大会制度为广大农民制度化政治参与提供了重要的渠道,是农民政治参与的一项基本制度。

(二)村民自治制度为农民政治参与提供了实践场所

我国村民基层自治制度是指,"农村基层人民群众自治,即村民通过村民自治组织依法参与与村民利益相关的村内事务,实现村民自我管理、自我教育和自我服务"[1]。村民自治是广大农民依法自主参与管理本村经济和社会事务的一项基层民主制度,是农村政治文明建设和构建社会主义和谐社会的重要基础环节。在各级党委和政府的领导下,我国广大农民依法通过民主选举、民主决策、民主管理和民主监督等制度内政治参与的形式来实现对本村共同事务的管理、服务与监督,以达到维护和实现本村广大农民的利益、实现有序政治参与的目的。历经几十年的不断探索与发展,我国农村基层民主政治建设逐步深化。如今村民自治制度已经成为农民政治参与制度化的一项行之有效的制度载体,为农民政治参与提供了十分重要的实践场所。

1. 村委会选举制度

村民自治的基础是村民通过民主的方式选举村民委员会,在相关法律的规范下,选举制度已经不断完善。选举权是我国《宪法》赋予每位公民的一项民主权利。在我国《宪法》规定的基础上,2010 年最新修订通过的《村委会组织法》第十三条对选民资格的认定上规定,"年满十八周岁的村民,不分民族、种族、性别、职业、家庭出身、宗教信仰、教育程度、财产状况、居住期限,都有选举权和被选举权"[2]。村民委员会的选举就是根据《宪法》、《选举法》、《村委会组织法》等相关法律的要求,由广大农民直接选举或罢免村委会干部。《村委会组织法》第十一条明文规定,村民委员会主任、副主任和委员,由村民直接选举产生。村民委员会成员每届任期三年,届满应当及时举行换届选举,其成员可以连选连任。《村委会组织法》制定的目的是保障村民实行自治,依法管理村务,发展农村基层民主,促进农村发展,其重点就是确保广大农民能够选择自己信得过的人,管理好村中的各项事务,保障其切身合法的利益。《村委会组织法》中还用了四条八款的内容具体规范了村民委员会的选举程序,不仅充分体现了民主选举的精神,而且更具可操作性,使广大农民能够选出管理村务的满意人选。该《村委会组织法》还对

---

[1] 徐勇:《中国农村村民自治》[M]. 武汉:华中师范大学出版社 1997 年版,第 3 页。

[2]《村委会组织法》(2010)第十三条。

选举规则作了明确规定,即由广大选民直接提名候选人,实行竞争性差额选举等。

随着直接选举的扩大和差额选举的实行,广大农民参与选举的积极性比较高涨。他们参与选举的热情比较高的原因在于两个方面:一方面,对村干部的选择与广大农民的切身利益有着更加直接的联系;另一方面,村民比较了解村干部和村民代表候选人的具体情况,比较容易做出自己的判断。因此,与乡(镇)、县(市)人大代表的选举相比较,广大农民更关心村干部和村民代表的选举,参与率也比较高。在广大农村实施村民自治制度以后,情况也是如此。当前在农民直接、差额、无记名投票的政治参与实践中,获得了一系列的成功经验与做法。比如采用以村民提名为主的候选人提名方式确定初步候选人;海选是农村部分地区在村民委员会选举中创造的一种很好的形式,它最早发源于吉林省梨树县北老壕村;20 世纪 80 年代末、90 年代初,公开竞选是村民自治实践中广大农民创造的民主选举的又一重要形式,它最早出现在辽宁、福建、黑龙江等地的农村地区。即在正式投票前候选人向选民们发表治村演说,接受村民质询,回答选民关心的问题,并向选民做出自己任职承诺和保证;有的农村地区还摸索出一套行之有效的组合选举方式;有的农村探索出"公推直选"的方式,在选举中设立秘密划票间,无记名投票,公开计票,现场公布选举结果;有的农村还针对选民外出务工增多的情况,采取现场电话联系或网络视频等方式让选民按照自己的意愿投上自己神圣的一票,等等。可见,村委会选举制度以及选举形式日臻完善。

2. 村民会议和村民代表会议制度

按照《村委会组织法》的规定,村民会议和村民代表会议是村民自治的最高权力机构,是村级民主决策的基本组织形式,是广大农民政治参与的重要渠道,是监督和制约村民委员会和村干部行为的重要组织保证,凡涉及村民利益的重大事项必须通过村民会议和村民代表会议讨论决定。

《村委会组织法》第二十二条明确规定,"召开村民会议,应当有本村十八周岁以上村民的过半数,或者本村三分之二以上的户的代表参加,村民会议所作出的决定应当经过与会过半数人员的通过。……召开村民会议根据需要可以邀请驻本村的企业、事业单位和群众组织派代表列席参加"[1]。村民会议按照大多数人的意见做出正确决策,决定村中重大事项和村民共同关心的问题,体现了农村所有成年农民所应该享有的政治权利,具有广泛的民主性。比如村民会议讨论决定"(一)本村享受误工补贴的人员以及补贴标准;(二)村集体经济所得收益的使用;(三)本村公益事业的兴办和筹资筹劳方案与建设承包方案;(四)土地承包

---

[1]《村委会组织法》(2010)第二十二条。

经营方案；（五）村集体经济项目的立项承包方案；（六）宅基地的使用方案；（七）征地补偿费的使用、分配方案；（八）以借贷、租赁或者其他方式处分村集体财产；（九）村民会议认为应当由村民会议讨论决定的涉及广大村民利益的其他事。"[1]

《村委会组织法》第二十五条明文规定，"人数较多或者居住分散的村，可以设立村民代表会议，讨论决定村民会议授权的事项。村民代表会议由村民委员会成员和村民代表组成，村民代表应当占村民代表会议组成人员的五分之四以上，妇女村民代表应当占村民代表会议组成人员的三分之一以上"[2]。《村委会组织法》规定，"村民委员会向村民会议负责并报告工作"，并且"涉及全村村民利益的问题，村民委员会必须提请村民会议讨论决定。"但是，由于农业生产季节性很强，农民忙闲不均，在农忙季节，要召开村民会议相当困难；实行家庭联产承包责任制后，村民们活动分散，劳动时间不统一，而且外出务工、经商的村民越来越多，很难经常召开村民会议。为了解决这个难题，农民创造了村民代表会议这一组织形式。通过定期或不定期地召开村民代表会议，代表村民议决村中大事，监督村民委员会工作，甚至行使撤换和补选村民委员会成员的权利，被人们形象地称之为"村中'小人大'"。1990年民政部要求各地在开展村民自治示范活动中应建立村民代表会议制度。随后，这一组织形式在全国迅速普及，并载入《村委会组织法》。《村委会组织法》规定，村民代表会议由村民按每五户至十五户推选一个代表，或由各村民小组推选若干代表组成。与召开村民会议比较，村民代表会议具有成员人数较少，相对比较集中，更易于村民委员会操作与掌握的优点。

村民代表会议不仅有利于当地政府将国家的意志有效地贯彻到村民各家各户，而且成为村民在村民自治中行使"四大民主权利"的核心。在广大农村，村民代表会议制度实施的好坏，对于遏制少数村干部的不良行为起到了积极有效的监督作用，并且成为实行村民自治制度发展好坏的决定因素。村民代表会议作为对村民会议制度的重要补充，已经成为广大农民政治参与的一种重要渠道。

3. 村务公开制度

《村委会组织法》中，对村民委员会实行村务公开制度做出了具体规定。所谓村务公开，就是凡是与村民利益密切相关或需要让村民知道的事情都应该公开，让村民了解，以利于村民实施对村务的管理和监督。村务公开主要包括政务公开、事务公开、财务公开诸多方面。

在民主监督中，对村级财务管理的监督最为重要，也是村民最为关心的一项。《村委会组织法》第三十条特别规定，村民委员会必须实行村务公开制度。村民

[1]《村委会组织法》（2010）第二十四条。
[2]《村委会组织法》（2010）第二十五条。

委员会办理本村的公共事务和公益事业所需要的费用,须经村民会议讨论决定,可以向本村村民或者经济组织筹集,收支账目应当按期公布,接受村民和本村经济组织的监督。村委会干部每年或者在年终,向村民或者村民代表报告工作,报告大家决定事项的完成情况,也是村民监督村委会干部的行为,使他们廉洁奉公,遵纪守法,全心全意为村民服务的重要形式。比如一些农村地区,从党员干部、村民代表中民主推选部分热心公益事业、立场公正的代表成立民主理财小组、集体经济审计小组、村级事务监事会等,并分别制定相关工作职责。仅以民主理财小组为例,村委会明确规定,村支书和村主任不能直接插手村中现金和账目,而是由民主理财小组监管,一名支部委员负责审批,五百元以上的开支须经村"两委"班子成员开会集体研究决定,重大开支和投资项目,须经村民代表大会表决通过。民主理财小组每季度对村里的收支情况都必须进行一次全面审核与把关,并予以张榜公布。他们通过"两组一会"对村民关注的敏感问题进行监督,收到了良好的效果。《村委会组织法》第三十条中还明文规定,村民委员会应当保证所有公布事项的真实性,并接受村民的查询。村民委员会不及时公布应当公布的事项或者公布的事项不真实的,村民有权向乡、民族乡、镇人民政府或县级人民政府以及有关上级主管部门反映,相关政府部门应当负责调查核实,责令公布;经相关部门查证确有违法行为的,有关人员应当依法承担相应的行政和法律责任。

可见,村民基层自治制度已经成为广大农民有序政治参与的一项行之有效的制度载体。它不仅得到我国宪法和相关法律制度的保障,而且也得到各级地方性政策法规和村民自治章程以及村规民约等各项法规方面的完善与支持。作为一项中国特色社会主义基层民主政治制度,村民自治制度已经成为我国广大农民制度化政治参与的一项十分重要的制度载体,为广大农民政治参与提供了重要的实践场所。

(三)信访制度是农民政治参与的一项权利救济制度

信访制度是关于信访活动行为规则的总称,是指公民、法人或者其他组织利用书信、电子邮件、电话、传真、走访等形式向各级人民政府反映情况,提出意见、建议或者投诉请求,依法应当由国家机关处理的一项制度。"在现代政治体制中,公民的政治参与已成为政治制度中不可缺少的环节,并被列入宪法的一项权利。"[1] 公民通过信访这一途径进行利益表达与诉求,是宪法赋予每位公民政治权利的具体制度体现。信访制度作为我国广大农民政治参与、民意表达和解决纠纷的一种特殊政治参与制度,有着悠久的历史渊源、深厚的社会根基和普遍的认

---

[1] 陶东明、陈明明:《当代中国政治参与》[M]. 杭州:浙江人民出版社 1998 年版,第133页。

知基础。由于信访简单易行，一般在农民合法权益遭遇不法侵害时，是农民经常采取的一种方式。实践证明，信访制度作为我国广大农民政治参与制度化的形式，是具有中国特色的、最基本的民意表达制度，是各级政府与广大农民相互联系的桥梁与纽带，在化解农村各种社会矛盾、稳定社会秩序等方面发挥着极其重要的作用，是农民政治参与的一项权利救济手段。

信访制度是我国公民政治参与的一项重要的制度化渠道。早在1951年，政务院颁布了《关于处理人民来信和接见人民工作的决定》，标志着信访制度在我国正式确立。1995年10月28日，国务院颁布了《信访条例》，标志着我国的信访工作步入了法制化、制度化轨道。信访制度下的政治接触是指广大农民接近干部，向他们反映情况、提出意见、建议或批评，以期改变领导干部的工作作风，影响或改变政府的决策与决定，维护和实现广大农民自身利益的政治参与形式。这是宪法赋予广大人民群众的一项权利。我国《宪法》第四十一条明确规定，公民对任何国家机关和国家工作人员，有提出批评、建议、申诉、控告和检举的权利。这是信访制度以及公民信访的重要法律依据。在我国，农民信访制度下的政治接触形式多样，如在接待日与政府工作人员面谈、通过信访的方式与政府官员接触、以座谈会的形式与国家工作人员沟通，甚至可以亲自到村委会、村党支部或乡镇政府等部门直接反映情况或提出建议等。

信访是制度化的政治接触渠道。当前比较普遍的信访方式是各级领导定期接待群众来信来访。有些地方还开通了"市长信箱"、"政府热线电话"等等。甚至有些地方领导把自己的联系方式通过电视、报纸、网络、广播等媒体对外公布，直接与广大民众在各种平台上展开广泛交流，信访工作取得了积极成效。信访制度作为一种特殊的权利救济制度，广大人民群众通过信访参与到国家管理的活动中，表达人民的利益诉求和心声，是维护人民的各项合法权益，实现广大人民群众主人翁地位的有效参与方式，也是现代政治文明的重要表现。首先，信访制度为广大老百姓，尤其是农民群体开启了一扇公正的窗口，对于维护合法权益、平衡广大农民心理，切实维护好广大农民的根本利益，为中国特色社会主义事业建设凝聚人心与力量奠定了坚实的基础。其次，信访是各级领导干部联系群众、了解社情民意的一项重要渠道，通过广大农民群众反映的问题、政府调查后予以解决，并出台相关保护广大农民利益的政策与措施，切实实现"为人民服务"的宗旨。第三，广大农民通过信访向有关国家机关部门反映的情况在一定程度上检验了党和政府政策制定的科学性、合理性以及政策执行的合法性。信访制度为政府决策在农村社会中实施情况的反馈信息提供了窗口。通过这些反馈信息，党和政府能够及时了解广大农民群众对政府决策的反应，以及贯彻落实的情况。我国从中央到地方都建立了信访机构,有专门从事信访工作的人员,他们直接面对农民群众,耐心细致地努力工作,解决了广大农民反映的实际困难和问题,一定程度上维护了广大农民的合法利益。

信访制度也受到历届党和国家领导人的高度重视,它在我国各级党政部门联系人民群众,加强科学决策和廉政建设等各项工作中,均起到了十分重要的作用。新修订的《信访条例》于2005年5月1日起颁布实施。新条例在总结经验的基础上,对信访制度进行了进一步修改和完善,真正体现了坚持以人为本、构建社会主义和谐社会的基本要求。实践证明,广大农民通过信访制度参与政治,既体现了他们对党和国家机关以及国家的信访工作人员的认同和信任,又提高了他们有序政治参与的积极性。信访制度不仅是社会主义民主政治的重要体现,而且作为参政议政的特殊管道,是广大农民维护和实现自身合法权益的一项十分重要的权利救济制度。

三、和谐社会构建中农民政治参与存在的主要矛盾[1]

我们通过对农民政治参与及其制度化发展历程的回顾,可以看出,在改革开放以后,随着我国经济社会的发展,农民政治参与及其制度化取得了长足进步。但是,我们还必须正视,在和谐社会构建中农民政治参与还存在着农民政治参与的客观存在与农民政治参与意识缺乏之间的矛盾、农民政治参与的正当性与农民非制度化政治参与之间的矛盾、农民政治参与渠道与农民参与制度缺失之间的矛盾、农民利益的整体性与农民政治参与的分散化之间的矛盾,影响了农民政治参与制度化的健康发展。

(一)政治参与的客观存在与参与意识缺乏之间的矛盾

农民作为一个庞大的弱势群体,自身利益经常遭遇来自不同方面的损害,他们试图表达、维护和实现自身合法利益的政治参与意愿客观存在。但是,当农民的合法利益遭受不法侵犯和损失的时候,由于缺乏政治参与意识,他们不能有效地行使参与权,以表达、维护和实现切身利益。这就在广大农民政治参与实践中形成了农民政治参与的客观存在与农民政治参与意识缺乏之间的矛盾。

改革开放以来,广大农民不仅经济状况和生活水平得到较大改观,而且社会地位也日渐提高。但是,随着社会主义市场经济的深入和城镇化、工业化进程的加速,部分农民各种各样的利益不断遭遇不法侵害。客观上,广大农民群体为了表达、维护和实现自身正当利益,有强烈的政治参与需求。但实际上,大多数农民在

---

[1] 参见张百顺:《当代中国农民政治参与中的矛盾及其化解》[J].《前沿》2010年第5期。

自己的合法利益受到侵害时,很少有人向相关的政府部门反映情况,提出自己的合理要求,维护自身正当的利益。例如,在对农民的一次调查中,问:"如果你对影响你生活的政策强烈不满时,你会怎样做?"回答"发发牢骚"的占48.2%,回答"没有怨言地接受政策"的占15.7%,回答"主动想办法解决"的占26.5%;问:"如果你认为领导的工作侵犯了你的合法权益,你会怎样做?"回答"找领导的领导"的占31.3%,回答"告上法院"的占23.5%,回答"给领导送礼,希望他改变决定"的占5.4%,回答"自认倒霉"的占28.9%。[1]在其他农村调查中,很多农民也表达了诸多类似的观点,"对上面政策不满意只有在背地里说说,没有别的办法"。可见,农民即使认识到自己合法的利益受到侵犯,客观上存在政治参与的需求,但理直气壮地伸张自己权益的人并不多,有34.3%的人选择了行贿或默默忍受、自认倒霉的方式,可见,部分农民的政治参与意识还不太强。

因此,随着改革开放和市场经济的纵深发展,广大农村存在诸多农民合法利益受到侵害的问题,由于农民缺乏政治参与意识,主体意识和权利意识淡漠,农民政治参与的客观存在与农民参与意识缺乏之间的矛盾就在所难免了。

(二)政治参与的正当性与非制度化政治参与之间的矛盾

在经济和社会转型时期,农民合法利益受损的事件时有发生。宪法和法律均明文规定,政治参与是公民的一项政治权利。农民作为国家的公民,有权利通过制度化政治参与渠道来表达、维护和实现自身的合法利益,农民的政治参与具有其正当性的一面。但是,在实际生活中,一些农民往往采取非制度化政治参与的形式,凸显了农民政治参与的正当性与农民非制度化政治参与之间的矛盾。

近年来,农民负担问题、农产品收购打白条问题、坑农骗农问题、征地拆迁补偿不合理问题以及农村环境污染等问题,在我国一些农村地区还十分突出。广大农民通过政治参与的方式表达自身利益,保护自己的利益是正常的,也是正当的。但问题是,在农民政治参与中,却有相当一部分农民是以不合法的政治参与形式进行的。比如行贿、越级上访、打击报复、群体性事件、攻击干部和执法人员、围攻冲击国家机关和政府部门,甚至以自焚抗议强权等。比如前文提到问及农民,如果领导的工作侵犯了他们的合法权益,他们会怎样做时,有5.4%的农民回答给领导送礼,希望领导改变决定。不可否认,上访是农民的一项政治权利,但关键问题是上访必须符合严格的制度和程序,越级上访则属于一种非制度化政治参与的形式。这些年,越级上访成为广大农民采用较多的参与方式。农民普遍抱有,"小

[1] 戴玉琴:《村民自治的政治文化基础——苏北农村个案分析》[M].北京:社会科学文献出版社2007年版,第152页。

闹小解决，大闹大解决，不闹不解决"的心理。甚至有些农民围攻执法人员，堵砸地方政府领导的车辆、焚烧地方政府办公大楼等。更突出的是，越级上访等非制度化政治参与事件在我国农村有上升蔓延的态势。"2001年—2003年，中国乡村社会转型与村民的非制度化政治参与课题组在对11个省14个村庄的调查与比较中发现，农民非制度化政治参与频率较高，14个村中都不同程度地存在上访、暴力、聚众闹事等情况。"[1] 从1995—2001年全国的统计数据看，集体上访的量（人次）已占到全国信访总量的（件、人次）的56.5%。[2] 尤其，近年来，由于我国农村各种不合理现象的发生，引起农民强烈不满，激发了农民的各种抗拒行为，甚至还出现了冲击政府部门，烧毁政府车辆，砸坏机关办公大楼等暴力事件。如2007年5月，广西博白县七个乡镇因当地计划生育工作人员粗暴执法，引发了围堵政府、袭击官员和警察，毁坏政府办公大楼、文件档案的"计生暴动"事件；2008年发生的贵州瓮安暴力事件，上演了万人火烧地方政府大楼、车辆的过激行为；2010年9月10日上午，江西宜黄县凤冈镇发生一起因强拆自焚事件，造成两人被烧成重伤，一人死亡；2011年1月5日，浙江永嘉县下白岩村村民朱智溪因征地纠纷持刀刺死村党支部书记朱新法，等等。

在广大农民维护自身正当利益的过程中，呈现出农民政治参与的正当性与农民非制度化政治参与之间的矛盾。这不仅影响国家政治稳定和社会和谐、动摇党的执政基础，而且严重危及国家和人民的生命财产安全，也凸显了如何把农民非制度化政治参与尽快引导到制度化政治参与轨道的迫切性。

（三）政治参与的渠道与政治参与制度缺失之间的矛盾

改革开放以来，随着农民思想观念的转变和市场经济的发展，一些农村地区农民的政治参与意识日渐觉醒，有比较高的政治参与热情。但政治参与渠道不畅、政治参与制度缺失，形成了农民政治参与的渠道与农民政治参与制度缺失之间的矛盾。

我国已经为广大农民的政治参与提供了诸如人民代表大会制度、中国共产党领导的多党合作和政治协商制度，基层群众自治制度、信访制度等许多基本政治制度空间，其中人民代表大会制度、村民自治制度以及信访制度是广大农民进行有序政治参与的主要制度载体。但这些制度在具体的操作实践中还存在这样或那样的偏颇，一些具体的制度还不够完善和健全。如人民代表大会制度的选举制度还不够完善、基层人大制度不健全、农民政治参与权利不平等、代表结构不合理，

---

[1] 房宁：《中国政治参与报告》（2011）[R]．北京：社会科学文献出版社2011年版，第125页。

[2] 陈晓莉：《政治文明视域中的农民政治参与》[M]．北京：中国社会科学出版社2007年版，第288页。

农民政治参与力量不足；现有的选举制度在选举实践中没有很好地得到落实，选举走过场等。有些地方在选举后没有建立起相应的村民议事制度、村务公开制度。基层群众民主自治的结构不合理，功能不健全，没有真正体现"民主自治"的原则。信访制度未能从根本上满足农民政治参与制度化的要求，多元信访组织体制不顺、职责错位、责重权轻、工作人员素质不高，导致基层信访机制效率低下。司法地方化倾向明显，行政干预司法公正。在农村城镇化过程中，一些地方政府为了当地的经济发展，在土地征用、房屋拆迁以及招商引资中侵犯了农民的合法权益，农民通过诉讼渠道，但一些法院受地方政府干预，导致司法不公，有的久拖不决，致使农民合法利益受损。随着农民利益意识和民主意识的增强，他们政治参与的积极性和热情也逐渐上升。但是，政治参与制度本身的不足以及某些地方政府对农民政治参与的认识不足，农村还不能形成农民有意愿就表达、有利害就诉求、有不满就得到倾诉与释放的制度机制。当农民的正当利益遭遇不法侵犯和损害时，由于缺乏足够的利益表达渠道，其利益难以得到有效表达、维护和实现，就会积聚起强烈的不满情绪，以致引发无序的政治参与，严重冲击政治稳定与社会和谐。

近年来，全国各地农民群体性事件时有发生，上访数量居高不下。因土地征用和房屋拆迁中补偿不合理、农村环境污染、农民生命财产受损、乡镇干部工作方法简单粗暴等引起的纠纷不断增加，部分农村基层干部由于对群众的困难疾苦漠不关心、对该类案件查处不力或敷衍塞责，导致不少地方出现群体性突发事件，影响农村社会的政治稳定和社会和谐。"……民众政治参与的扩张过快，政治体系的制度化水平却未相应提高。结果，政治体系不具有组织和疏导日益扩大的政治参与的机制和能力。这种'比例失调'是造成政治动乱的根本原因。"[1] 因此，在广大农民政治参与实践中，就形成了农民政治参与的渠道与农民政治参与制度缺失之间的矛盾。

（四）农民利益整体性与政治参与的分散化之间的矛盾

我国实行家庭联产承包责任制以后，广大农民又重新回到了传统的一家一户的经营方式，农民的生产经营活动处于分散状态，相互联系淡化，呈现出极大的"原子化"状态。但是，他们利益的整体性还是存在的。在现实生活中，农民政治参与呈现出农民利益的整体性与农民政治参与的分散化之间的矛盾。

在实际生活中，农民的个体利益往往与整体利益是一致的，表现出明显的整体性特点。比如在土地的分配使用、农产品价格、农用生产资料的价格、税收和农

---

[1]〔美〕塞缪尔·P·亨廷顿：《变革社会中的政治秩序》[M].北京：华夏出版社 1988 年版，第 5 页。

民负担等关系到广大农民基本利益的主要问题上，各地农民乃至全国农民都有着共同的利益诉求。随着改革开放和市场经济的发展，农民群体发生了很大的阶层分化和利益分化，但这种分化并没有改变农民利益上的整体性特点。土地、农产品和生产资料价格、收费、土地征用、农民负担和农村环境污染等问题仍然是他们必须共同面对的重要问题。我国农民群体利益的整体性，要远远超过我国其他任何职业群体。仅以工人为例，尽管他们在政治利益上存在着高度的一致性，但是由于他们所在的所有制和行业的差别，他们在具体的经济利益上表现出很大的差异性，远不如农民所表现出的利益整体性的特点。

尽管广大农民具有利益整体性的特点，但是农民政治参与却呈现高度分散化和个体化的特质。面对日常许多不法侵害，绝大多数农民都是通过个别或许多人聚合起来集体上访的形式，自发地进行政治参与，以维护自己或小团体的利益。"农民政治参与远没有超出适应外界制度所需要的层次，农民的政治行为只是为了实现个人的物质利益或社会利益，或者农民政治参与至多不超过实现地方集体利益这一层次。"[1] 所以，当农民合法利益受到侵害时，农民的各种各样的上访、投诉、行政诉讼等，莫不如此。即使有一些农民的集体行为，如集体上访等，也只是一部分农民，所反应的问题也只是一些很具体的局部性问题，基本上很少涉及事关全体农民利益的全局性问题。

虽然广大农民利益具有整体性的特点，但是当他们的利益受到不法侵害时，由于缺乏农民组织，只能以个人或小团体的形式参与政治。"孤立的个人由于没有很好地整合于群体或'小帮派'，一旦面对日益强大的全国政府，常常感到不知所措和无能为力。"[2] 缺少利益表达的农民组织，农民作为政治参与的主体就必然是一袋散落的马铃薯。这就注定了农民的呼声不能有效地输入政治系统之中，最终转化为有效的政治输出。因此，在农民政治参与实践中，呈现出农民利益的整体性与农民政治参与的分散化之间的矛盾。

综上所述，新中国成立之后，农民政治参与及其制度化的发展经历了从曲折探索到复归与健康发展的历程。在构建社会主义和谐社会中，我国政府为广大农民的政治参与提供了比较充足的制度空间。但是，在实际生活中，农民政治参与存在矛盾是不可避免的，极大地影响了广大农民的政治参与，致使农民较多地采用非制度化政治参与的方式，严重阻碍了广大农民政治参与制度化的健康发展。农

---

[1]［美］J. 米格代尔：《农民、政治与革命——第三世界政治与社会变革的压力》[M]. 北京：中央编译出版社 1996 年版，第 186 页。

[2]［美］塞缪尔•P•亨廷顿、纳尔逊《难以抉择——发展中国家的政治参与》[M]. 汪晓寿、吴志华、项继权译. 北京：华夏出版社 1989 年版，第 57 页。

民非制度化政治参与的扩大之势,给构建社会主义和谐社会提出了严峻的挑战。我们必须在深入分析农民政治参与中各种矛盾的基础上,准确把握农民政治参与制度化的特点及其规律,进一步剖析社会主义和谐社会构建中农民政治参与制度化的各种制约因素,才能更好地推进农民政治参与制度化,切实实现广大农民平等的政治参与权利,进一步促进广大农民合法、有序、理性地参与政治,更好地表达、维护和实现他们的切身合法利益,以促进社会主义民主政治建设和社会和谐与稳定。

第三章　和谐社会构建中农民政治参与制度化的制约因素

　　改革开放三十多年来，伴随我国农村社会经济政治的迅速发展，农民政治参与制度化水平明显提高，农民政治参与实践进入了一个崭新的发展时期。但是，在农民政治参与实践过程中，农民政治参与制度化受制于社会、经济、政治以及文化等层面的因素，在广大农民政治参与实践中仍存在各种矛盾与问题，制约着农民政治参与制度化的发展历程，影响社会和谐。在构建社会主义和谐社会进程中，深入探究我国农民政治参与制度化的各种制约因素，不仅是进一步提高农民政治参与制度化水平的重要环节，而且是我们党和政府有针对性地采取有效措施，最终实现农民政治参与制度化目标的必要步骤。

一、社会层面的制约因素

　　马克思主义经典作家认为，广大人民群众是政治参与的主体。我国《宪法》明确规定："中华人民共和国公民在法律面前一律平等"，"任何公民享有宪法和法律规定的权利"，"……依照法律规定，通过各种途径和形式，管理国家事务，管理经济和文化事业，管理社会事务。"[1] 但是，20 世纪 50 年代以后，我国在计划经济体制下形成的城乡二元体制，一定程度上限制了农民政治参与的平等权。"在社会治理中，通过户籍制度人为地将公民分为农业人口与非农业人口，并以此为依据确定政治身份，实施社会管理，分配社会资源，事实上形成了两个在政治、经济和社会权利上有着重大差别的社会等级。"[2] 这种城乡二元体制的刚性影响，使广大农民在政治体系中遭遇了各种不平等的待遇，严重排挤和限制了他们参与政府决策和利益表达的平等权利，制约了农民政治参与制度化水平的进一步提升。

---

[1]《中华人民共和国宪法》（2004）第一章第二条。

[2] 季建业：《农民权利论》[M]．北京：中国社会科学出版社 2008 年版，第 80 页。

（一）城乡二元体制造成农民主体、权利意识的缺乏

政治参与主体意识是指每一个公民以主人翁的态度和责任感积极参与到政治活动中来的意识。政治参与权利意识是指每一个公民不论存在多大差别，都具有同样的尊严和平等的政治参与权利，并按照法律规定行使自己的权利，依照法律规定，表达、维护和实现自身权益的意识。主体意识和权利意识是农民思想现代性的重要体现，政治参与制度化要求广大农民必须具备较好的主体意识和权利意识。

然而，城乡二元体制赋予了农民不平等的政治参与权利，使广大农民在政治体系中处于被边缘化的状态，造成农民主体意识、权利意识的缺失。他们误以为，政府和政治只与少数精英分子有关，与自己无关。占人口绝大多数的农民或许会认识到，或许不会认识到政府的活动是怎样影响他们的生活的。除了为减轻外部压迫而向政府偶尔提出一点请愿外，在大多数情况下，他们认为试图影响政府的活动是行不通的，因而也没有这种参与政治愿望。

究其根本原因就在于城乡二元体制赋予城乡居民不平等的选举权，使农民在政治参与中长期处于弱势地位，不能很好地通过制度化政治参与的途径、方式，充分表达、维护和实现自身利益诉求。1953 年我国颁布实施的《选举法》对农村与城市每一个代表所代表的人口数做了不同的规定，即自治州、县为4∶1；省、自治区为5∶1；全国为8∶1。1995 年修改通过的《选举法》统一把各级人民代表选举中的农村与城市每一个代表所代表的人数改为4∶1，即农村每一个代表所代表的人口数四倍于城市每一个代表所代表的人口数。"这就意味着农村人口的选举权只相当于城市人口的四分之一。这显然是在法律上设置了农村人口与城市人口的政治权利的不平等"。[1]

农民代表在全国人民代表大会的构成比例与其总人数是极为不相称的。从历届全国人大代表的构成来看，"第一届全国人大代表中共有农民代表63 人，占5.14%；第二届共有67 人，占5.46%；第三届共有209 人，占6.87%；第四届共有662 人，占22.9%；第五届有720 人，占20.59%；第六届有348 人，占11.7%；第七届与工人代表合占23%；第八届有280 人，占9.4%；第九届有240 人，占8%；第十届与工人代表共551 人，占18.46%。在十届全国政协2 238 名委员中，真正的农民委员只有1 人。"[2] 由于农民在政治参与权利上的不平等，使广大农民长期处于政治体系决

---

[1] 张帆：《取消对农民的歧视待遇——法学博士许志永的对话》[N].中国经济时报 2005-04-27。

[2] 刘智等著：《数据选举——人大代表选举统计研究》[C].中国社会科学出版社 2001 年版，第 339—374 页。

策的边缘,在立法层面也处于被动局面。事实上,社会各阶层或群体参与政府决策与立法的程度决定着其利益表达的程度。农民代表参与权的弱势化态势严重制约着农民向政治体系表达自己意见和建议的效果,即使有表达自己意见和建议的呼声,也难以引起公众的关注。尤其是,城乡居民在政治权利上的不平等成为一种刚性的制度安排,制度的惯性力量,使政治参与个体的行为方式和价值观念都受到了不同程度的影响。

可见,城乡二元体制致使广大农民在政治体系中长期处于被边缘化的状态,使大多数农民误以为政治参与与自己无关,而只是那些政治精英、领导干部和城里人的事情,导致了农民政治冷漠、主体意识、权利意识的缺乏,严重制约了农民政治参与制度化的健康发展。

(二)城乡二元体制削弱了农民政治参与的社会基础

自我国1958年颁布实施《中华人民共和国户口管理条例》起,全国人口就被人为地分为农业户口和非农业户口两大块,城乡二元户籍制度也人为地"制造"出两种不同身份的人群,由于身份不同,广大农民在占有社会资源方面处于弱势状态,严重削弱了农民政治参与的社会基础。

城乡二元体制就是指20世纪50年代以来我国通过一系列分割城乡、歧视农民的制度安排,人为地构建以城市为一元、以农村为另一元的城乡分割的制度体系。尤其是,其中的二元户籍制度人为地在农民和城里人之间划了一道不可逾越的身份鸿沟,造成了事实上"城里人"与"农民"两种不同身份等级。在教育、就业、医疗和社会保障诸多方面,他们被区别对待,不同身份等级对应不同的待遇。"刚性的待遇一旦固定下来,便形成一种巨大的惯性力量。一个人的待遇一旦固定,便很难逃脱自身的命运。"[1]

城乡二元体制作为国家的一项制度安排,城里人几乎垄断了教育资源、就业机会以及医疗和社会保障等的特权,限制了广大农民制度化政治参与能力的提升,同时也消解了农民参与政治决策、利益表达的社会基础。由于农民没有充分地利益表达,自身利益很容易被政策制定者所忽视,这严重影响了农民政治参与制度化的顺利发展。

(三)城乡二元体制侵蚀了农民政治参与的物质基础

马克思主义经典作家认为,经济基础决定上层建筑,政治参与作为上层建筑的重要组成部分,同样,经济基础也决定农民的政治参与。也就是说,农民政治参

---

[1] 同春芬:《转型时期中国农民的不平等待遇透析》[M].北京:社会科学文献出版社2006年版,第77页。

与必须具备较好的物质基础。然而,城乡二元体制造成了农民在经济发展中的弱
势地位,侵蚀了农民政治参与的物质基础,使广大农民难以承担政治参与的成本,
制约了农民政治参与制度化。

新中国成立初期,为了改变我国落后的面貌,尽快建立我国工业化体系,我国
政府走了一条依靠农业积累工业原始资本,优先发展重工业的倾斜式发展道路。
为了更好地保障我国计划经济体制和重工业的顺利发展,政府还采取了统购统
销、户籍制度等各项制度来确保城市和工业的优先发展。由于当时的资源配置制
度也是倾向于国家工业化和城市发展,广大农民把自己的资源源源不断地输送给
工业建设和城市居民,而他们自己却只能维持简单的社会再生产,生活极其贫困。
在二元体制之下,广大农民不可能享受平等的国民待遇,在长达几十年的时间里,
广大农民只能维持温饱的生活水平。国家通过工农业产品"剪刀差",针对性地对
农民进行了超经济剥夺。"从1952年到1986年是5823.74亿元,加上收缴的农业税
1 044.38亿元,两项合计6 868.12亿元,约占农民所创造价值的18.5%。"[1]"1979
年到1994年的16年间,政府通过工农产品剪刀差从农民那里占有了大约15 000
亿元的收入,同期农业税收总额1 775亿元,各项支农支出3 769亿元,政府通过
农村税费制度提取农业剩余约12 986亿元,农民平均每年的总负担高达811亿
元。"[2]在这种情况下,农业长期发展不起来,大多数农民长期处于贫困境地,目
前我国仍有3 900万人口没有彻底摆脱贫困。

城乡二元体制下,使广大农民不仅为我国工业化建设和城市发展做出了巨大
牺牲,而且使广大农民在教育事业、基础设施建设、医疗等方面也做了牺牲。在教
育和公共基础设施资金投入方面,农村教育事业和基础设施建设资金投入的大部
分是均由广大农民承担,而城市教育事业和基础设施建设基本上都由国家承担。
城市居民享有国家补贴的医疗保障体制,而广大农民群众却自己承担相当昂贵的
医疗费用。在城乡二元经济体制下,本来就生活在贫困境地中的农民陷入了更加贫
困之中,根本无力承担政治参与的高昂成本。"在这样的制度下,广大农民的利益
被统进了国家利益的汪洋大海,农民的利益表达也淹没在了国家统筹的刚性制度
中。"[3]塞缪尔·P·亨廷顿认为:"对许多穷人来说,最紧迫的问题是解决今天、
明天或下周的工作,食品以及医疗问题"[4]。他们日出而作,日落而息,整天忙于生

[1] 郭书田:《再论当今的中国农民问题》[J].《农业经济问题》1995年第19期。

[2] 徐冰:《城乡差距:世纪难题求解》[N].中国经济时报 2005-03-09。

[3] 李维昌:《农民利益表达及其机制构建研究》[D].云南大学 2003。

[4] [美]塞缪尔·P·亨廷顿,纳尔逊:《难以抉择——发展中国家的政治参与》[M].汪晓寿,吴志华,
项继权译.北京:华夏出版社 1989年版,第124页。

计，疲于温饱，即使他们有政治参与的诉求，也根本无力承担政治参与的高昂成本。改革开放三十多年来，尽管我国生产力获得了快速发展，广大人民群众的生活水平显著提高，国家综合实力明显提升，但从整体看，城乡经济发展水平还不均衡，农村经济发展明显滞后于城市。尤其是，在一些偏远的农村，农民尚未彻底解决温饱问题，他们还在为生计而劳碌奔波，既无力过问政治，也无闲暇过问政治。即使他们参与政治，也是消极被动的参与，应付了事。可见，城乡二元体制侵蚀了农民政治参与的物质基础，制约了农民政治参与制度化。

　　总之，在城乡二元体制下，由于农民政治参与权利的不平等使他们远离了政治体系中心，造成了农民缺乏主体意识、权利意识；由于身份等级不同，农民在占有社会资源方面处于弱势状态，严重消解了广大农民政治参与的社会基础；由于广大农民在经济发展中的弱势地位，又严重地侵蚀了农民政治参与的物质基础，使广大农民难以承担政治参与的成本，这有悖于社会主义和谐社会中公平正义的基本要求，制约了农民政治参与制度化。

二、经济层面的制约因素

　　马克思在历史唯物主义的基础上，揭示了对现实利益的诉求是广大人民群众政治参与的主要动机。列宁也十分重视物质条件对广大人民群众政治参与的积极作用。公民政治参与制度化属于国家上层建筑的重要组成部分，经济基础决定上层建筑，同样，经济基础也决定公民的政治参与。在影响农民政治参与制度化的诸多因素之中，经济因素是不容忽视的。正如马克思所指出的："权力决不能超出社会的经济结构以及由经济结构制约的社会的文化发展"[1]。西方学者的研究也同样表明，"社会经济地位高的人往往要比处于社会底层的人在政治上更为积极。这主要是因为社会经济地位高的人能够掌握更多的政治资源和影响力，同时也有更多的利益需要维护，也有更多的可能参与各种政治组织"[2]。理论研究表明公民政治参与的水平与经济发展的程度息息相关。

（一）公民政治参与的水平与经济发展的程度息息相关

　　马克思认为："物质生活的生产方式制约着整个社会生活、政治生活和精神生活的过程"[3]，"人们首先必须吃、喝、住、穿，然后才能从事政治、科学、艺术、宗

---

[1]《马克思恩格斯选集》第三卷 [M]. 北京：人民出版社 1995 年版，第 305 页。

[2] 孙关宏：《政治学概论》[M]. 上海：复旦大学出版社 2003 年版，第 285 页。

[3]《马克思恩格斯选集》第二卷 [M]. 北京：人民出版社 1995 年版，第 32 页。

教等等"[1]。"经济上的困扰很难使人成为政治生活的主人,也很难使人真正进入政治生活"[2]。现代西方一些学者也认为,一个国家的政治参与水平和程度与其经济发展程度息息相关,这一点已不足为奇。人们只有先解决了物质上的需求,才有可能将其关注的目光转向政治生活。经济发展水平愈高,政治参与的水平也愈高。一方面,经济发展为公民政治参与提供机会和条件;另一方面,经济发展引起利益分化,从而促使公民诉诸政治参与渠道来表达、维护并实现自身的利益。

1. 经济发展为公民政治参与提供机会和条件

经济基础决定上层建筑,政治参与作为上层建筑的组成部分,同样决定于经济基础,经济发展能够为公民更好地参与政治提供更多的机会和物质条件。

第一,经济发展了,人们不再为生计奔波,闲暇时间会增多,不仅关心与自身日常工作、生活相关的事情,还可能关心国家,关心政治,并通过制度化的政治参与渠道去维护和实现自身的各项权益。

在研究发展中国家公民政治参与问题中,塞缪尔·P·亨廷顿认为:"穷人通常很少参与,因为参与政治似乎与他们所关心的主要问题无关,也无助于解决他们的主要问题。对许多穷人来说,最紧迫的问题是解决今天、明天或下周的工作、食品以及医疗问题"[3]。"贫困本身就是动乱的障碍。那些朝不保夕的,吃了上顿没有下顿的穷人是没有闲心去关切什么社会变革的宏图大计的"[4]。美国学者科恩对此也持有相同的观点,他认为:"严重贫困的群众根本无法获知参加公共事务的足够信息,对公共事务进行有效的讨论"[5],"如果群众中大多无衣无食,或者疾病缠身,指望这样的群众实行真正的民主,那是幼稚的,使公民体力情况恶化并迫使他们主要或完全关心自己或家庭生存问题的经济条件,是不可能产生有生气的民主的。民主所要求的最低标准是无法确切指明的,他们随着时间、地点、社会性质的不同而有所不同。但基本要求是确定的;民主要求公民享有合理水平的经济福利"[6]。李普塞特在研究第二次世界大战后世界各国经济发展与政治发展的关系时也发现,"经济增长虽然只是民主化的因素之一,但显然是举足轻重的一部分。

[1]《马克思恩格斯选集》第四卷 [M]. 北京:人民出版社 1995 年版,第 776 页。

[2] 马振清:《中国公民政治社会化问题研究》[M]. 哈尔滨:黑龙江人民出版社 2001 年版,第 154 页。

[3] [美]塞缪尔·P·亨廷顿,纳尔逊:《难以抉择——发展中国家的政治参与》[M]. 汪晓寿,吴志华,项继权译. 北京:华夏出版社 1989 年版,第 124 页。

[4] [美]塞缪尔·P·亨廷顿:《变化社会中的政治秩序》[M]. 上海:上海人民出版社2008 年版,第 41 页。

[5][美]科恩:《论民主》[M]. 北京:商务印书馆1979 年版,第111 页。

[6][美]科恩:《论民主》[M]. 聂崇信、朱秀贤译. 北京:商务印书馆 1988 年版,第 110 页。

如果说我们还不能假定经济增长对鼓励政治多元化是机械的、决定性的,我们也应承认,国家如果能够提高公民生活水平和教育程度,便为民主结构打下了基础,使争取民主的努力制度化和合法化的可能性增加"[1]。可见,经济发展在公民政治参与制度化中起着十分重要的作用。

第二,经济发展能够带动交通和通讯网络的迅速发展,缩短了人与人之间的时空,为政治信息的传播和人们获取政治资源提供了必要的便捷工具,为人们政治参与提供更加有利的条件。马克思在《共产党宣言》中说:"中世纪的市民靠乡间小道需要几百年才能达到的联合,现代的无产者利用铁路只要几年就可以达到了"[2]。的确,如今经济发展带来公路、铁路、航空等交通工具的高速发展,实现了人们从相隔千里之外的异地可以朝发夕至;信息化时代,网络的迅猛发展也实现了信息以光速般地传播,以及人们掌握信息的便捷,都为人们政治参与提供了极大的便利。

第三,经济的迅速发展和人们物质生活水平的进一步提高,不仅可以增强人们的政治参与愿望和利益表达意识,也可以激发人们的政治参与热情和自觉的主人翁意识,学会关心国家的命运和政治前途。"随着经济水平的增长和教育的普及,农民的权利意识和利益意识逐步觉醒,他们在政治参与的过程中表现出了明确的目的性,敢于表达自身的意愿,维护合法的权益"[3]。如果党和政府能够根据实际建立广大农民政治参与的制度平台,那么农村中各种文化的、经济的或政治的精英就会以当选农民代表的身份,走上各种政治参与的舞台,通过制度化政治参与渠道当好广大农民的代言人,进一步推进农民政治参与制度化。

2. 经济发展引起利益分化 促使公民诉诸政治参与来表达、维护和实现自身利益

社会主义市场经济的发展一方面激发了人们公正、平等、参与、竞争等民主意识的生成;另一方面也凸显了经济不平等的现象,特别是出现了阶层分化和利益多元化,以及贫富差距逐渐拉大的现象。经济发展在促进人们物质利益在不断增长的同时,也会促进人们对物质利益的进一步欲求。然而,在现实生活中,利益的分化和利益矛盾的加剧,反过来又激励人们通过政治参与的方式与途径,以表达、争取和维护自身利益。随着我国社会主义市场经济体制的建立,经济发展引起了社会阶层的利益分化,为了维护和实现自身利益,人们必然要更多地诉诸

[1][美]马丁·李普塞特:《民主的再思考》[M].北京:社会科学文献出版社2000年版,第100页。

[2]《马克思恩格斯选集》第一卷[M].北京:人民出版社1995年版,第281页。

[3]徐勇、项继权:《村民自治进程中的乡村关系》[M].武汉:华中师范大学出版社2003年版,第210页。

政治参与。

改革开放前，我国的社会利益结构是建立在单一的公有制基础之上的，形成了以"平均主义"为典型特征的利益格局。在该利益格局之下，国家利益占有重要地位，集体利益和个人利益，尤其是个人利益受到压抑，人们政治参与的内在驱动力受到抑制。改革开放以来，我国逐步确立了以公有制为主体，多种经济成分共同发展的基本经济制度。公有制实现形式的多样化和各种非公有制经济的迅速发展，使各社会阶层的利益主体和利益需求呈现多样化的趋势，利益分化也日益加剧，促使人们政治参与的动机以及对政治体系的要求也愈来愈多元化。

市场经济的发展要求建立起不同于计划经济的分配制度。改革开放以来，我国确立了以按劳分配为主体，效率优先，兼顾公平的收入分配制度，鼓励一部分地区和一部分人先富裕起来，走共同富裕的道路。分配制度的变革承认不同利益主体之间的利益差别，多种分配方式打破了以往平均主义的利益分配格局，但是，由于再分配职能的缺陷限制了政府调节收入差距的能力，这些因素共同引发了社会阶层的利益分化。

政府职能的改变也使社会利益分化成为可能。市场经济体制的完善要求转变政府职能，建立以间接手段为主的宏观调控经济的体系。在高度集中的计划经济体制下，全能型的政府包办一切，大到国家资源的配置，小到企业的生产经营，甚至到个人生活的必需品。在这种状态下，人们的各种经济活动过多地依赖政府，利益驱动政治参与的作用难以发挥，相对独立的利益主体也难以形成。随着政府职能的转变，人们不再局限于依赖政府来实现自身的利益，而是抓住各种有利的机会去追求自身利益的最大化，从而拓展了获取利益的途径，加快了利益分化的趋势。

在计划经济体制向社会主义市场经济体制转变的过程中，各种体制、政策、法律、管理的完善需要一个长期的过程，因此，不可避免地会出现一些体制缺陷。部分利益主体，特别是，那些手中掌握对资源等控制权的少数人群，则利用政策漏洞或体制缺陷非法谋取个人利益，破坏市场经济条件下公平竞争的规则，也进一步加速了社会利益的分化。如在改革开放初期，许多人利用国家价格"双轨制"就淘得了第一桶金。

因此，社会主义市场经济发展所带来的利益重新分配与利益分化，凸显了社会成员在占有经济资源、社会资源等方面不平等的现象，加剧了人们利益之间的冲突。这促使不同利益群体在利益博弈中，难免诉诸政治参与，以维护和实现个人或者团体自身的利益诉求，政治参与制度化已迫在眉睫。

（二）经济发展中 农民利益受损引发社会的政治冲突

马克思主义经典作家认为，现实利益的诉求是广大人民群众政治参与的内驱力，同样，利益驱动也是农民政治参与的一个基本特征。人类一切社会活动的根本动因在于人们对利益的追求。马克思以为："人们奋斗所争取的一切，都同他们的利益有关"[1]。十一届三中全会以后，农村改革走在了全国的前列，农村经济发生了巨大变化，农民生活水平显著提高。但是，在20世纪90年代以来，农民负担过重、城镇化、工业化过程中，土地被大量征用、房屋被拆迁，而补偿标准又极不合理，实质上构成了对广大农民的又一次不公平的利益剥夺。另外，农村环境污染等使广大农民生命财产严重受损，引发社会的政治冲突。当前，大量农民非制度化政治参与的存在，究其根本原因就在于农民自身利益受到不法侵害，这严重制约了农民政治参与制度化。

1. 农民负担过重 引发社会的政治冲突

农民负担一般是指农民、村级组织、农民专业合作社依法承担的各类行政事业性费用和经营服务性费用以及农民按照法律法规所承担的村集体公益事业建设资金和劳务等。新中国成立至21世纪初，我国农村经历了农业税和后农业税两个时代。在农业税时代，农民显性负担过重。自2006年起，我国农村进入"后农业税时代"，但农民隐性负担仍然过重。农民负担过重，利益受损，引发社会的政治冲突。

自20世纪80年代，农村实行家庭联产承包责任制以来，农民负担的变动大体经历了三个阶段。第一阶段，是1983—1988年，农民人均纯收入年均增长12%，农民三项负担支出年均增幅为9.7%，农民负担的增幅低于收入增幅。第二阶段，是1989—1992年，仅三年间农民人均收入年均递增只有9.5%，但是农民人均三项负担支出年均递增为16.9%，农民负担处于高位运行。第三阶段，是1993年以后，由于法定负担得到一定程度的控制，农民负担增长过快的势头有所抑制，但仍然起落不定。可见，20世纪80年代以来，农民的负担不断加重，严重影响了农民生产的积极性，农民负担问题已经成为影响我国经济社会发展的关键因素。在取消农业税之前，"农民全年总负担约为1 400亿元，其中缴纳各种税费为1 143亿元，以资代劳款为80亿元，乱收费约200亿元。许多地方农民负担占到人均纯收入的10%以上，个别地方甚至高到20%左右，远远超过中央规定的5%以内的标准。"[2]

"九十年代初，因农民负担过重而引起的恶性案件相继被媒体曝光。1992年3月，

---

[1] 季建业：《农民权利论》[M]. 北京：中国社会科学出版社2008年版，第80页。

[2] http://blog.163.com/yujianrong@126/blog/static/21330976200611293314651/.

湖北省枝江县农民樊哲富因负担过重，上访省政府无结果后，在省委机关大院附近服毒自杀；同年5月，湖南省湘乡市农民潘群英因交不起教育集资款而被乡干部牵走一头猪后，投水自尽。据全国农民负担监督管理部门掌握的资料，1992年在吉林、湖北、湖南、四川、河北、河南、江苏、安徽和甘肃就分别发生17起因农民负担过重而逼死人命的恶性案件；1993年，全国因农民负担问题引发的逼死人命、殴打致残、较大规模干群冲突等重大恶性案件达30余起；1994年又发生9起因农民负担而引发的死人案件。"[1]

自2006年我国农村进入后农业税时代以来，农民负担加重的情况仍然存在，有的农村地区甚至还相当严重。比如有的领域集资、摊派仍在发生，特别是在农村基础设施建设中仍然存在乱集资、乱摊派问题；有的罚款根本就没有上级政策的依据，但有关部门仍在收取，行为很不规范；有的部门在为广大农民提供服务时变相乱收费，如有的农民没有浇地，也要被摊派缴纳水费、电费；有的地方政府征地和拆迁安置补偿不合理，甚至截留补偿款，损害农民权益的问题特别突出。就农民负担而言，以前比较普遍的说法是"头税轻，二税重，摊派是个无底洞"，如今"头税"、"二税"基本没有了，而涉及国家政府部门的摊派这个"无底洞"有的地方仍然存在，一些部门或行业为了获得部门私利，借"为人民服务"之名行"向农民伸手"之实，引起广大农民的强烈不满。

农民负担过重的实质是其合法利益受到了侵害。美国著名的农民专家詹姆斯·斯科特在其《农民的道义经济学：东南亚的反抗与生存》一书中认为，贫困本身不是农民反叛的原因，只有当农民的生存道德和社会公正感受到侵犯时，他们才会奋起反抗，甚至铤而走险。事实也的确如此，农民最注重的是基本的生存权利。目前农民负担过重的问题挑战了农民的基本生存权。农民强烈的经济上的剥夺感，使广大农民整体产生心理失衡，而"对自己生活状况不满的人，更可能倾向于选择非制度渠道并以较激烈的方式表达其不满"。

20世纪90年代以来，一些农村地区的群体性事件日益加剧，有些群体性事件爆发剧烈，影响极大。如1993年四川仁寿发生数千农民有组织地与县乡干部对峙的事件：1992年11月至1993年3月，四川省仁寿县政府强征213国道建设摊派款，该款项加上其他负担达人均100元，而该县农民的人均年纯收入才300元左右。谢安乡为了完成集资任务，动用警力协助收款，导致农民群起与征缴人员发生冲突，并波及其他乡镇，最后出现了数千农民在农民张德安的带领下与县乡干部对峙的局面。据统计，"从1993年到2006年，群体性事件从8 709起到了9万起，而

[1] 李茂岚：《中国农民负担问题研究》[M]. 太原：山西经济出版社1996年版，第98页。

2008、2009 年均超过 9 万起,且参与人数上万人的特大型群体性事件快速增加。"[1]

　　农民负担过重不仅影响了广大农民的增收和生活水平的进一步提高,也使农民不得不减少对农业的再投入,这既不利于农业长期、快速的发展,又在政治上降低了党和政府执政为民的威信,引发了社会的政治冲突,制约了农民政治参与制度化,影响社会的和谐与稳定。

　　2. 土地征用、房屋拆迁和农村环境污染中 农民利益受损引发社会的政治冲突

　　进入 21 世纪以后,国家取消了农业税,围绕农民负担的冲突有了一定程度的缓和。但是,随着经济的迅速发展,工业化、城镇化步伐的日益加快,农民大量的土地被征用、房屋被拆迁以及农村环境被污染,当地政府给予农民土地征用的补偿标准不合理、房屋拆迁中的违法拆迁、暴力拆迁以及农村环境污染,使广大农民合法利益受损严重,引起他们极大不满,引发社会的政治冲突。

　　近年来,国家采取了一系列惠农政策,特别是逐步取消农业税,在很大程度上减轻了农民负担,增加了广大农民的收入。但是,在经济迅速发展的背景下,各地城镇化、工业化进程加快,大量农民土地被开发商征用,而征地制度又存在诸多缺陷,农村基层政府与社会强势阶层"结盟",通过各种方式强制性地对农民的土地权益进行剥夺,获取巨额收益。非法征用土地正威胁着我国农民的土地权益,农民的生存空间也遭遇威胁。据美国密西根州立大学和中国人民大学 2010 年对我国 17 个省 1 564 户农户调查的数据显示,37% 的农村近年出现过农田非法征用的问题,60% 的农民没有得到合理的补偿。由于当地政府土地非法征用以及补偿标准不合理,失地农民获得的土地补偿费不足以创业,政府给农民又没有建立合理安置和社会保障制度,结果导致大量失地农民成为"三无人员",即无地可种、无正式工作、无社会保障的社会流民。比如山东省某镇政府以建设新农村的名义,决定在中心村规划兴建"商业一条街",强行对中心村南北大街东西两侧的 140 余户民房大拆大建。该镇政府不但没有对拆迁户进行妥善安置,还要将拆迁腾出的宅基地予以收回,再以每户 2.6 万元的价格对外出售,并要求购买宅基地的住户按照镇政府统一的标准,自己出资建造不低于两层的沿街楼房。这样一来,许多拆迁户只能靠借款、贷款买回自己的宅基地建房,老百姓不堪重负。又如,河南省商丘市平台镇政府从 2007 年 5 月开始借建设"商虞快速通道"之名,违规强占村民承包土地,高价卖给开发商从中余利,并在没有同村民签订拆迁安置补偿协议、补偿款没到位的情况下,强行拆除扒毁农民居住房屋。在农民的利益受到严重侵犯而

[1] 于建嵘:《守住社会稳定的底线——在北京律师协会的演讲》[J].《今日财富》2010 年第 3 期。

农民又无渠道表达利益诉求的情况下，他们心中的怨恨就会积聚起来，随时都有可能像火山喷发一样释放出来，引发社会的政治冲突。

在土地征用中，农民利益受损严重，引起农民强烈不满。尤其是地方政府在征地拆迁中，为了个人或部门利益，与民争利，不是依法拆迁，而是违法拆迁，甚至是野蛮拆迁，对一些所谓"钉子户"的做法，引起广大农民的强烈不满，引发社会的政治冲突，严重影响了农村社会的和谐与稳定。"2005年全国共发生因土地引起的群体性事件19 700起，占全部农村群体性事件的65%以上。土地问题已经成为农村社会冲突的焦点问题。"[1] 以甘肃陇南"11·17事件"为例，该事件起因于陇南市武都城区及东江镇拆迁村民担心陇南市行政中心搬迁后，其住房、土地利益及个人生计得不到保障。拆迁户多次找相关部门反映问题，但始终得不到满意的答复与解释。2008年11月17日，在村民集体上访过程中，事态演变为上千名村民参与的与当地政府部门间的暴力冲突，造成数十人受伤，党政部门100多间房屋、22台车辆被砸烧。

特别是，近两年因土地征用、房屋拆迁引起的农民致死、自焚事件连续见诸报端。2010年4月22日，四川省峨眉山市峨山镇保宁村7组，4名村民因征地补偿不合理，与警察发生对峙，最后4人集体自焚，他们头和手都烧得乌黑，现场惨不忍睹。2010年9月10日上午，江西宜黄县凤冈镇在拆迁期间发生一起抵抗强拆自焚事件，拆迁户三人被烧成重伤，其中一人救治无效，死亡。2010年山西省太原市晋源区"10·30"暴力拆迁，10余名手持棍棒的人员闯入民房对房屋主人实施殴打，致一死一伤。2011年5月13日江苏灌云县侍庄乡陆庄村村民陆增罗为抵抗强拆自焚身亡，妻子受伤。2011年5月22日，湖南株洲58岁的农民汪家正为抗强拆于自家楼上自焚重伤，场面惨烈。

近年来，农村环境污染也引起了广大农民的不满，引发冲突。如2010年湖南嘉禾250名儿童血铅超标的事件，当地政府急于发展当地经济，把周边省市地区淘汰的企业招至嘉禾，致使当地农村庄稼绝收，儿童血铅超标，引起广大农民的不满，诱发了大量农民哄抢企业财产和与当地政府发生对峙的冲突。又如有些农村地区，为了减轻城市环境污染，将城市生活垃圾强行向农村进行转移，这一做法引起了农民的强烈不满。2010年3月，广西桂林市临桂县政府不经当地四塘乡池头村全体村民同意，强行在该村征地修建垃圾填埋场，严重污染村民的饮用水源——漓江，威胁了村民和牲畜的生命安全，引发了多起当地村民与桂林市政府之间的冲突。有些农民无奈地说，我们农民刚刚过上一点好日子，难道又要被臭气熏天的垃

---

[1] 于建嵘：《农村群体性突发事件的预警与防治》[J].《中国乡村发现》2007年第1期。

圾毁掉吗? 2011 年5 月,河北省固安县东杨村、西陀村共有510 人体检,共有48 人被检出重金属超标,其中多名村民接连因重金属超标猝死,引发村民围堵邻近一家工厂的突发事件。2012 年3 月24 日,据中国之声《新闻纵横》报道,肥东新河造纸厂位于安徽省肥东县梁园镇新河村,据当地村民反映,该厂随意排放污水、废物,致使当地几十亩当家塘变成死水,恶臭刺鼻,而当地农田更是污染殆尽,几近绝收,给村民的生产生活造成极大影响,引起村民不满。一些地方政府只重视招商引资,发展当地经济,捞取政绩,置农民生命财产安全而不顾,成为引发农村社会冲突的导火索。

　　总之,农民负担过重以及在工业化和城镇化过程中,土地征用、房屋拆迁以及农村环境污染使广大农民生命财产受损已经成为引发农村社会冲突和矛盾的焦点。农民的利益诉求对政治体系的要求给政治稳定与社会和谐构成了现实的冲击与挑战,成为农民政治参与制度化的制约因素,这也是农民非制度化政治参与呈现扩大之势的根本原因。这一严峻现实迫切呼唤农民政治参与制度化,给予广大农民更多的政治参与权利,促进他们广泛、合法、理性、有序地参与政治,切实维护好、实现好、发展好广大农民的切身利益,促进社会和谐,已经成为当下时代发展的最强音。

三、政治层面的制约因素

　　我们作为社会主义国家,承认全体公民包括广大农民在内的普遍、平等的政治参与权利,并通过各种制度安排来确保公民政治参与权利的实现。目前在广大农民政治参与方面,我国已经建立了人民代表大会制度、村民自治制度、信访制度以及其他相关制度,为广大农民政治参与提供了比较充足的制度空间。但是,这些政治参与制度在具体实施和贯彻执行的具体实践中,还存在地方政治权力过分集中、政治参与制度还不完善、健全,以及一些地方政府行为失范和部分干部作风不良等问题,凸显了社会主义和谐社会中民主政治建设不足,从而制约了农民政治参与制度化。

(一)地方政府权力过分集中　阻塞政治参与渠道

　　权力导致腐败,绝对的权力导致绝对的腐败。改革开放以来,尽管我们党对政治权力过分集中的弊端进行了一系列改革,但是没有从根本上改变这一现状。正如邓小平同志所言:“主要的弊端就是官僚主义现象,权力过分集中的现象,家长制现象,干部领导职务终身制现象和形形色色的特权现象”[1]。而这当中,权力

---

[1]《邓小平文选》第二卷 [M]. 北京:人民出版社 1994 年版,第 327 页。

过分集中更为根本。政治权力过分集中，大多数决策都是领导说了算，农民很少参与到政府决策系统之中，只是被动地执行政策，在一定程度上造成了政治参与的障碍，阻塞了农民政治参与的渠道，降低了农民制度内政治参与的效能，从而直接制约着农民政治参与制度化。

地方政府权力过分集中，农民维护自身受损的利益难以实现，这就极大地削弱了农民政治参与的热情和效能，造成农民对政治参与的冷漠，甚至采取极端方式。仅以2009年6月5日发生在黑龙江省东宁县"6·5"强拆自焚事件为例。在此次拆迁的背后，由于地方政府权力过分集中，拆迁听证会光听不证，拆迁主管部门也同时扮演拆迁人的角色，地方政府利用手中的权力擅自伪造"拆迁人"所需的各种文件资料，再自己审查"申请资料"，自己给自己签发拆迁许可证书，最后再自己给自己仲裁，引起农民的不满，最终酿成"6·5"自焚事件。当时，维权的农民在地方得不到解决或遭到打击后，被逼无奈，向上级部门反映。可是，维权者得到的答复都是按信访条例规定回当地处理，这样非但问题得不到解决，反而回来后又遭到地方政府的打击报复，直至酿成惨案。"属地管理、分级负责"本来是使问题在基层得到更好地解决，却使地方政府觉得自己的权力更大了，甚至大到一手遮天，为所欲为，大到与法律挑战，与上级部门对抗，甚至凌驾其之上的严重局面。一些地方政府滥用权力，违法行政，违法征地、拆迁，欺压百姓。即使上级部门督办下来，地方政府要么写份假材料应付完事，要么久拖不办。地方政府权力过分集中不仅使国家的法律、政策、禁令显得十分苍白无力，而且阻塞农民政治参与渠道，引起不满的农民采取极端行为。

（二）政治参与制度不完善、健全 参与渠道不畅

制度是政治参与的重要保证，民主政治的发展一旦离开了刚性制度的规定，其发展的水平就会大打折扣。"在现代民主制国家，公民是在一定的制度环境下参与政治并依靠一整套健全的制度来保证实现其利益要求的，没有制度作保障的民主，只会导致无政府主义或社会政治动乱。"[1] 邓小平同志也曾经指出："制度是决定因素"[2]、"制度好可以使坏人无法任意横行，制度不好使好人无法充分做好事，甚至会走向反面"。[3] 虽然我国为广大农民提供了比较充足的制度空间，以保障政治参与渠道的通畅，但是，随着农村民主政治的进一步发展，"制度环境存在

[1] 陈晓莉：《政治文明视域中的农民政治参与》[M]. 北京：中国社会科学出版社2007年版，第179页。
[2]《邓小平文选》第二卷 [M]. 北京：人民出版社1994年版，第308页。
[3]《邓小平文选》第二卷 [M]. 北京：人民出版社1994年版，第333页。

着制度供给不足,制度不完备,制度不充分等现象"[1]。由于政治参与制度不完善,广大农民在通过制度化政治参与渠道难以表达、维护和实现自身利益诉求时,必然会选择非制度化政治参与方式来释放自己心理的不满。这严重阻碍了广大农民有效地进入国家政治生活的过程,直接导致了农民的政治冷漠,或促使广大农民寻求制度外政治参与,以实现其利益要求。非制度化政治参与的扩大之势,制约了农民政治参与制度化,直接影响着我国农村基层民主政治的发展和农村社会的和谐与稳定。

1. 人民代表大会制度中存在的不足

我国是人民民主专政的社会主义国家,人民代表大会制度是我国的根本政治制度,人民当家作主是我国民主政治的实质,它体现了最广泛的民主,是广大农民政治参与的重要制度基础。自1954年第一届全国人民代表大会召开以来,人民代表大会制度为我国农民政治参与制度化做出了巨大贡献。改革开放以来,人民代表大会制度在立法、监督等各方面日益发挥着重要作用,取得了显著的成绩。但近年来,随着改革开放的深入,社会主义市场经济体制的确立,我国在从传统农业社会向现代工业社会转变的过程中,利益日益呈现多元化。尤其是进入21世纪之后,我国的基层人民代表大会制度的制度设计还存在着一些不足,不能很好地满足时代发展和农民政治参与制度化的需求。

(1)代表结构不合理 农民政治参与力量不足

《宪法》第一章第二条明确规定:"中华人民共和国的一切权力属于人民;人民行使国家权力的机关是通过民主选举产生的国家和地方各级人民代表大会;人民享有依照法律规定,通过各种途径和形式,管理国家事务,管理经济和文化事业,管理社会事务的权利"[2]。各级人民代表大会及其常设机关是我国的权力机关,同时也是公民政治参与的重要渠道。但是,在现实生活中,农民代表在各级人大,尤其是在高级别的人民代表中所占比例不高,农民政治参与力量不足。这与农民占我国人口绝大多数的国情是不相符合的。

《宪法》第三十四条规定:"中华人民共和国年满十八周岁的公民,不分民族、种族、性别、职业、家庭出身、宗教信仰、教育程度、财产状况、居住期限,都有选举权和被选举权;但是依照法律被剥夺政治权利的人除外。"[3]可见,我国宪法对公民选举权的限制只有三项,即国籍、年龄、依法享有政治权利,除此之外没有其

---

[1] 方江山:《非制度政治参与——以转型期中国农民为对象分析》[M]. 北京:北京人民出版社2000年版,第71页。

[2]《中华人民共和国宪法》(2004)第二条。

[3]《中华人民共和国宪法》(2004)第二十四条。

他任何限制。这说明我国公民的选举权一贯坚持平等性和普遍性的原则，即每个公民都在平等的基础上参加选举和被选举，任何选民不得拥有特权，任何选民也不得受到任何歧视。正如《选举法》中规定的"每一个选民在一次选举中只有一个投票权"，即"一人、一票、一值"的原则：每一个选民在一次选举中只投一票，每张选票的价值和影响力是完全相等的。

但是，人民代表大会制度有关选举权的规定，限制了农民的政治参与。在广大农民享有的选举权和城镇居民享有的选举权上，《选举法》中对此的规定是不平等的。在1953年颁布实施的《选举法》中规定：在民族自治州、县的人民代表大会中，农村人口选出人大代表的比例是城市人口选出人大代表比例的四分之一，也就是说，在人大代表的选举上，农村人口的选举权只相当于城市人口的四分之一；在省、自治区的人民代表大会中，农村人口选出人大代表的比例是城市人口选出人大代表比例的五分之一；在全国人民代表大会中，农村人口选出人大代表的比例是城市人口选出人大代表比例的八分之一。这一比例规定一直沿用到1995年。1995年2月全国人大对《选举法》进行了第三次修订，将农村与城镇人口的比例关系由八倍改为四倍。也就是说，在人大代表的选举中，农村每一人口的选举权只相当于城市每一人口的四分之一，即城里人每选出一个代表需要四倍的农民才能同样选出一位农民代表，这本身就很不公平。即使按照这个标准，农民代表的实际名额还是远远低于他们所应获得的代表名额。

按农村每96万人选1名代表的规定，全国农村应选出全国人大代表815名，可实际上只有252名，甚至没有达到法定名额的三分之一。在地方选举中，这种情况更为严重，自1983年以来，省、市人民代表大会中的农民代表比例从未超过20%，这与我国农村人口总数悬殊太大。县、乡人大代表中农民代表的比例较高，但也远未达到法定比例。尤其是在每年近3 000名全国人大代表中，70%左右的代表是来自行政部门和企事业单位的领导，再除去来自军队和社会其他部门的精英，来自基层的人大代表比例是很低的。虽然在十七届三中全会上，党中央提出要逐步实现城乡按相同人口比例选举人大代表。但现实中，农民代表人数仍很少，农民在政治参与中依然处于弱势地位。农民代表严重不足致使广大农民在全社会的声音很微弱，必然导致其利益诉求在国家政治过程中经常被忽视或者受到不法侵害。此外，推选出的农民代表，大多又是农民中的精英分子，甚至部分农民代表已经不再从事农业生产，他们提出的利益诉求难免偏离普通农民的意愿。在人大代表结构中，农民代表所占比重少之又少，凸显农民政治参与的力量严重不足。

在制度设定上，农民没有依法平等地当选为各级人大代表，不能享受宪法和法律赋予的行使当家作主的权利，被政府决策和建议系统边缘化，政治参与力量严重不足,对于了解民意、表达民意,维护农民利益不能不说是一个严重的缺憾。将农民与其他主体"差别对待",不仅背离了社会主义民主的本质,而且极大地减弱了政治系统中应有的反映广大农民要求的声音。由于广大农民利益表达缺乏制度化的渠道,出现"参与膨胀"和"参与拥堵"的现象,这样,农民不得不采取非制度化政治参与的方式寻求维护和实现自身利益的途径。

(2)代表与选民之间缺乏联系 制约农民政治参与制度化

代议制理论是我国人民代表大会制度构建的理论基础,人大代表起着公民与政府之间进行信息沟通的桥梁与纽带作用。《中华人民共和国全国人民代表大会和地方各级人民代表大会代表法》第四条有明文规定:代表应当"与原选区选民或者原选举单位和人民群众保持密切联系,听取和反映他们的意见和要求,努力为人民服务"。可见,密切联系群众,倾听群众呼声,反映群众利益诉求,是基层人大代表法定的神圣职责。但是,在现实生活中,人大代表与选民(农民)沟通、联系匮乏,广大农民的利益愿望与诉求得不到及时有效的反映,严重制约了农民政治参与制度化健康发展。

对于选民来说,如果他们有问题、建议和意见理应首先向自己选出的代表反映,这是选民的权利,也是正常的民主程序。对于人民代表来说,应该经常深入群众实际生活,了解社情民意,接受群众来信来访,倾听群众呼声,反映群众意见,否则就是不称职,可能在下届人民代表选举中落选。我国宪法和相关法律也对人大代表联系选民制度做了明确规定,但是由于缺乏相关制度的保障,有些基层人大代表并没有真正履行其代表的职责,真正深入到原选区或选举单位听取和了解选民的意见与要求。另外,在人大选举过程中,一些上级部门不安排代表候选人与选民直接对话的机会,对候选人仅仅只是张贴或发布书面介绍,内容也只涉及姓名、年龄、职业等基本情况,对于候选人的道德、品行、参政能力和水平等方面的介绍缺乏透明度,更难以听或见到候选人本人对当选人大代表的见解和主张。这样,在直接选举中,农民选代表具有很大的盲目性,难以选出自己满意的人大代表去表达、争取和实现自己的利益诉求。根据一份权威调查报告显示,将近70%的选民对上一次人大代表的选举结果没有什么印象,也就是说,谁具备了代表农民的能力和素质,谁最终接受了农民的委托,这样一个本该与其理性之抉择密切相关的结果,而农民(选民)们根本就没有太大的印象。

因缺乏制度化的联系沟通,相当一部分的基层人大代表与广大农民缺乏联系,不能充分发挥及时吸纳、整合、回应农民政治参与要求的作用,广大农民正当的利益诉求得不到及时有效的反映,制约了农民政治参与制度化,甚至,有时会采取过激行为。比如2008年,在云南孟连"7·19"事件潜伏、露头、爆发的每个阶段,基层人大代表本应代表当地农民群体与政府进行及时沟通,化解矛盾,但直到事发时都没有一个代表身处现场帮助当地农民起到上传下达的作用。普通农民的意愿和呼声难以通过人大代表这种制度化渠道及时反映到乡镇人大,甚至全国人大,致使广大农民无法与国家权力机关之间进行良好的互动,本来可以通过人大代表可以缓解的矛盾迅速激化,引发了一场当地500多名农民与当地政府之间的严重冲突,造成两位胶农死亡,多人受伤的恶性群体事件。

2. 村民自治制度还存在一些缺陷

村民自治是中国特色社会主义的一项基本政治制度,是基层民主政治发展的有效途径。实践证明,它适合我国国情,具有旺盛的生命力,是当前广大农民制度化政治参与的主要制度载体,是现阶段广大农民政治参与最现实、最易行、最有效的方式。2010年10月,十一届全国人大常委会第十七次会议,对《村委会组织法》进行了进一步修改。这次修改进一步完善了村委会成员的选举和罢免程序,进一步完善了村民民主议事制度,进一步完善了农村的民主管理和民主监督制度,对健全村民自治制度,发展农村基层民主具有重要作用。但是,针对修改后的《村民委员会组织法》内容与以往它在实践中存在问题的比照,目前村民自治制度在给广大农民带来政治参与的便利,给农村带来发展的同时,还存在一些缺陷,制约了农民政治参与制度化。主要表现在:

(1)村民自治制度缺少完备的法律支撑

村民自治制度为我国广大农民的政治参与提供了重要的实践场所。然而,有关村民自治制度的法律主要有我国《宪法》和《村委会组织法》,法律支撑的力量显得十分单薄。针对村民自治实践中的新问题、新矛盾,凸显缺少完备的法律支撑,处理起来无法可依的局面,严重影响农民政治参与制度化。

首先,相关法律不健全、完善,村民自治制度缺少完备的法律支撑。一是我国的法律制度建设严重滞后于我国农民的政治参与实践。宪法和法律对农民政治参与的内容规定太少,对农民的政治参与定位以及政治参与权利保障的规定不明确、不具体。涉及广大农民民主决策、民主管理、民主监督的立法目前基本上还是空白。缺少乡镇以上农民政治参与的立法,目前农民政治参与的层次较低,主要是参与村级事务,缺乏对行政机关及其工作人员以及其他单位和个人侵害农民选举权利所应承担的法律责任的规定和农民权利保障与救济的规定;二是在村委会选举中,贿选时有发生,但如何处理贿选,《村委会组织法》中没有明确规定,其他法律中也很少涉及,司法监督无法发挥作用;三是针对惩治村干部贪污腐败的问题,也同样缺失相关法律法规的支撑。历届村干部都是通过广大村民选举出来的,理应更好地为村民服务。但村民自治实践中，一些村干部要么利用手中的权力，想方设法中饱私囊，要么不作为。国家专门制定了惩治公务员职务犯罪的相关法律法规，但苦于村干部不属于公务员系列，针对他们违法犯罪，缺失专门具体惩治的法律法规依据。

其次，已有的村民自治法律缺乏可操作性。如新修改通过的《村委会组织法》，其程序性规定仍然较少，有些条文比较笼统，不够细化。如第十二条规定：村委会选举，由村民选举委员会主持。村民选举委员会成员由村民会议或者各村民小组推选产生。该条与以往内容大致相同，对如何推选村民选举委员会成员，推选多少人，有什么具体程序等都没有详细的规定，这样，虽然相关法律有很多关于村民权利的规定，但因其缺乏具体的可操作性而使一些村民政治参与的权利得不到有效行使。

第三，关于法律责任主体以及违法后果的规定不明确。如新修改通过的《村委会组织法》第十七条规定："以暴力、威胁、欺骗、伪造选票、贿赂、虚报选举票数等不正当手段当选村民委员会成员的，当选无效。对以暴力、威胁、欺骗、伪造选票、贿赂、虚报选举票数等不正当手段，妨害村民行使选举权、被选举权，破坏村民委员会选举的行为，村民有权向乡、民族乡、镇的人民代表大会和人民政府或者县级人民代表大会常务委员会和人民政府及其有关主管部门举报，由乡级或者县级人民政府负责调查并依法处理。"本规定与1998年《村委会组织法》的第十五条内容相同，只是颠倒了一下顺序。新的《村委会组织法》只是明确规定了采用这种方法当选的结果无效，而对上述不法行为除规定由相关机关依法处理之外，仍没有明确规定依据什么法律、如何处理、具体承担什么责任等，从而缺失了对违法者必要的法律惩处。而根据我国《刑法》的有关规定，扰乱、破坏村民委员会选举的行为也不构成破坏选举罪。这样，在依法处罚不明确的同时，连最后《刑法》上的一点威慑力也消失殆尽，降低了《村委会组织法》的严肃性。

总之，在广大农民政治参与实践中，我国村民自治制度仍然缺少完备的法律支撑，制约了农民政治参与制度化。

（2）村民委员会的行政化倾向严重

新修改通过的《村委会组织法》的第五条明确规定："乡、民族乡、镇的人民政府对村民委员会的工作给予指导、支持和帮助，但是不得干预依法属于村民自治范围内的事项。村民委员会协助乡、民族乡、镇的人民政府开展工作"[1]。但是，在我国广大农村，乡、镇政府不能转变观念，干预村委会事务，影响村民自治，凸显

---

[1]《村委会组织法》（2010）第五条。

了村民委员会的行政化倾向严重。

按照《村委会组织法》之规定，村委会不是政府编制，而是村民"自我管理，自我教育，自我服务"的基层群众性自治组织。严格地说，村民自治是村民管理自己的事情，是村民自己管理自己，自己处理本村各项村务的一种社会管理方式，广大农民可以通过民主选举村委会，参加村民会议和村民代表会议，参与到农村各项事务管理中来。但是，"村民自治在其实际运行中产生了明显的行政化倾向，变身为'准政府机构'，承担着延伸国家行政权力和行使村民自治权力的双重功能"[1]。在乡村建设与乡村实际工作中，一方面，村民仍把村民自治权视为国家公权力，习惯于把"村"称为"行政村"，把村委会的组成人员称为"干部"，而村干部也以领导自居，给村委会行政化带来温床。另一方面，乡、镇政府经常以村民委员会的上级部门姿态出现，习惯于把村民委员会当作自己的下属机构或派出机构，对村民委员会任意下达工作任务和行政命令，把自身的各种管理事务转嫁给村民委员会，过多地干预村民自治事务，把村民委员会当成乡镇政府的"腿"。例如，一些乡、镇政府为了加强对农村的行政控制，在农村推行"村财乡管"或者"村财乡审"的制度，由乡、镇政府对村级财务进行审核或是由乡、镇政府对村级财务进行批准使用，增大了村民委员会对乡镇政权的依附性；"就人类天性之一般情况而言，对某人的生活有控制权，等于对其意志有控制权"[2]。村民委员会也是如此。由于乡、镇政府控制着农村社会的经济命脉，村民委员会不得不听命于乡、镇政府，把完成乡、镇政府下达的行政任务当成自己的主要工作，村民自治职能反而成了其辅助性的工作，有的村民委员会甚至根本不履行其自治职责，只唯上不为下，整天围着乡、镇政府转。尤其严重的是，一些村民委员会常常在农村征地、拆迁等问题上与乡、镇政府联手，从中谋取不当利益。

据相关调查，在工作中，绝大部分村民委员会的主要精力是用来完成乡镇政府所下达的各项行政事务，他们首先考虑的是向乡镇政府负责而不是向村民负责，严重弱化了村民自治的本质，与国家推行村民自治的本意相悖。甚至一些乡镇政府对于一些不听话的"村干部"，利用其手中的权力随意撤换或免职。例如，湖北省潜江市，一个多次被国家民政部命名表彰的全国村民自治模范市。"自1999年9月至2002年5月，在该市329名被村民选举产生的村主任中，被乡、镇组织及个人违规宣布停职、降职、改任他职、精简或免职的就达187名，占总数的57%，人员涉及该市16个乡、镇中的14个。另外，还有432名民选的村委会副主任、委员也遭遇了

[1] 彭大鹏：《村民自治的行政化与国家政权建设》[J].《北京行政学院学报》2009年第2期。
[2][美]汉密尔顿等：《联邦党人文集》[M].程逢如等译.北京：商务印书馆1980年版，第396页。

类似命运。而且, 这61名村委会主任、副主任、委员被非法撤换以后接替他们职务的无一是经过村民依法选举的, 而全部是由乡、镇党委、政府擅自指定、任命, 涉及269个村, 占全市329个村的81.8%。"[1] 这种现象在一些农村地区仍然普遍存在。

由于村民委员会的行政化, 广大农民的利益矛盾无法在基层的村或乡镇很好地得到解决, 客观上造成了广大农民对基层政权的失望或对抗, 大多农民往往通过非制度化政治参与的方式去维护自身的合法利益。

(3) 村民自治变成了村民委员会自治

《村委会组织法》明确规定, 村民自治的主体是全体村民, 而不是村民委员会。村民委员会只是村民行使自治权的组织形式之一, 除了村民委员会之外还有村民会议和村民代表大会。但是, 在实际生活中, 村民自治权被异化为村民委员会的自治权, 阻滞了广大农民政治参与权利的实现。

根据《村委会组织法》的规定, 村民委员会, 是村民自治常设工作机构和执行机构, 涉及全体村民切身利益的事项, 村民委员会都必须提请村民会议或村民代表大会讨论决定, 村民委员会对村民会议或村民代表大会负责并报告工作。但是, 由于《村委会组织法》将负责召集村民大会或村民代表大会的权力赋予了村民委员会, 有些地方的村民委员会为了摆脱村民会议或者村民代表大会的监督, 几乎长期不召开村民大会或村民代表大会。即使召开也很不规范, 在涉及全体村民利益的事项上, 认为村民会议和村民代表大会可有可无, 甚至视其为工作上的障碍, 凌驾于村民会议和村民代表大会之上, 不听取村民的意见, 擅自决定村务重大事项。甚至, 有的村委会主任独断专权和贪污。还有极少数村委会主任纠结黑恶势力, 对村民进行威胁、恐吓以达到实现自己私利的目的。这就造成了村民委员会集村务管理权和监督权于一身, 农村事务的决策与管理往往由村民委员会的成员说了算, 广大村民除了参加三年一次的选举外, 基本没有参与村务的机会, 很难对村民委员会进行有效监督, 严重影响了农民政治参与制度化的健康发展。

因此, 在实践中村民自治不能真正体现"民主自治"的原则。村民的自治权利实际上就被异化为村民委员会的自治权, 村民自治也就变成了村民委员会的自治。原本作为农民最现实、最理想的政治参与渠道也难以免处于尴尬之境况, 这严重偏离了村民自治的宗旨。农民为了解决难题, 常常选择上访或者过激行为, 导致村民自治权在农村社会运行中失范, 阻碍了农民政治参与制度化。

3. 信访制度没有从根本上满足农民政治参与制度化的要求

---

[1] 李凡:《中国基层民主发展报告 (2002)》[R]. 西安: 西北大学出版社2003年版, 第381页。

　　信访是公民为了反映自己的某种愿望和要求,以信件或者上访等形式与不同政府部门所进行的接触活动。它有助于反映社情民意,表达和维护公众,尤其是农民的合法利益诉求。它不仅是农民政治参与的重要渠道之一,而且也是农民权利救济的一种重要方式。但是,在现实生活中,信访制度的缺陷与弊端一定程度上挫伤了农民政治参与的效能感,没有从根本上满足农民政治参与的要求,制约了农民政治参与制度化的健康发展。当前信访制度存在的主要问题是:

　　(1)信访部门自身的定位不明确

　　在从事信访工作的人员中,一些基层干部民主意识差,脱离群众,忘记自己是人民公仆,不能很好地践行"情为民所系、权为民所用、利为民所谋"的要求,总是习惯地颠倒信访工作的目标,对于广大农民反映的意见以及涉及广大农民的各种问题,他们均视之为损害领导和政府部门的形象,对一些"刁民"施加压力甚至打击报复,堵塞农民正常上访渠道。甚至在一些地方政府部门,对农民的上访冷漠、冷淡,"门难进、脸难看、事难办,反映问题不耐烦",经常把维护自身合法权益的农民拒之门外。正因为如此,一些农民只好采取越级上访或一些非制度化政治参与方式表达自身的利益诉求。即使一些地方干部受理农民的来信来访,也不是到基层政府去寻找问题的原因,而是一味地袒护基层政府,责怪农民是"刁民",农民反映的利益问题不仅没有得到圆满的解决,而且导致了农民与地方政府之间的关系越来越紧张,最终引发冲突,严重影响社会和谐稳定。事实上,这样做不仅没有很好地维护中央到地方各级政府的权威和形象,反而还引起广大农民的不满,人为地制造了农民与政府之间的紧张关系,成为引发农民群体性事件的导火索。《中国之声》报道:2011年5月8日深圳市住房和建设局为了维护深圳市的稳定,更好地迎接2011年8月在深圳举办的第26届世界大学生运动会,下发文件中明文规定,农民工群体上访讨薪将追究其刑事责任。这一个较为普遍的事例,表明了某些政府部门自身的定位不明确,他们总是把政府的"面子"、"权威"与广大人民切实的利益需求对立起来,而不是秉承党的根本宗旨,更好地为人民服务,以更好地树立和维护好政府的"面子"、"权威"形象。

　　(2)信访渠道不畅,职责不清

　　新形势下,信访渠道不通畅是信访工作中的一个突出问题。具体表现在:一些政府部门公布的相关信息不清晰,使得信访者存在一定的模糊认识和思想偏差。比如有的农民不了解信访的具体程序,不清楚应该采取什么程序向上级部门反映问题,结果一信多投、盲目上访、无序上访、重复上访的现象普遍存在。另外,一些信访人提出的信访事项得不到相关部门及时地信息反馈,使信访演变为走访、重复上访、越级上访,违规上访,严重扰乱了社会秩序。有些信访部门对信访人反映的问题推搪塞责或者截访堵访,最后使矛盾激化,引发冲突,影响社会和谐稳定。同时,信访机构各部门职责不清,导致信访人向哪个部门诉说都有其道理,信访部门也可以"不在我们的职责范围"为理由拒绝信访人的合理要求。即使有些信访者的诉求有幸被受理了,由于信访整个系统缺乏统一协调机制,信访者一个问题可能同时找了几个机构,得到的却是不同的答复和解决方案,有的甚至互相矛盾。

(3)信访功能错位,责重权轻

信访制度的两大功能是政治沟通与权利救济。当前我国信访制度的处境是,这两个功能都没有很好的发挥。在政治沟通上,信访制度陷入了既提供政治合法性又削弱政治合法性的悖论之中;在权利救济上,信访制度有时又陷入无能为力的尴尬境地,究其原因就在于信访功能错位,责重权轻。

首先,信访制度作为群众路线的实现形式,无疑给国家政权带来了巨大的政治合法性。但是,信访制度受到"官本位"思想的严重影响,各级信访部门在没有任何监督下对信访案件层层转办,久拖不决,只有引起高层领导注意后,方可得以解决,导致许多上访者的不满以及党的权威和合法性的流失。

其次,在权利救济上,信访制度陷入了实施权利救济和削弱法律权威的悖论之中。一方面,信访制度从建立之日起,就具有权利救济的功能。它不仅起到了为广大农民排忧解难的作用,而且在促进社会安定团结方面也发挥了重要作用;另一方面,由于信访制度的党政处理化模式常常使行政权力干预司法活动,信访制度并没有按照法治的要求找到自己作为司法救济补充角色的定位,实际上,信访救济仍然扮演着解决社会矛盾主渠道的角色,因此又削弱了法律的权威。

在社会实践中,由于信访方式简单方便,成本低,它不仅"成了老百姓最后一种救济方式,而且被视为优于其他行政救济甚至国家司法救济的最后一根救命稻草"[1]。信访机构既然要承担如此重大的责任,就必须拥有相应的职权来维系其机制的正常运行。可是,在制度设计上,我国信访机构不具有行政的职能和权力,缺少独立处理问题的权限,甚至也不属于单独序列的国家机构,所以,它只能承担"上传下转"的程序性功能,不可能去解决本应由负有一定职责的国家机关办理的社会事务,使信访部门处于两难境地。因此,虽然信访工作责任重大,但是失去了行政权力的依托,缺乏权威性和约束力,对农民来信来访反映的问题难以有效解决,使其工作长期处于被动状态。

按照1995年国务院颁布实施的《信访条例》,信访机构的职责是"转达和转

[1] 赵凌:《中国信访制度实行50多年 已经走到制度变迁关口》[N].《南方周末》2004-11-04。

办"，信访机构并没有被赋予更具有价值的实际权力。2005年新修订通过的《信访条例》扩大了信访机构的权限，增加了一些"实权"，如开展调查研究，及时向本级人民政府提出完善政策与改进工作的建议等。但这些"实权"并没有彻底改变信访机构的权力状况与地位。面对农民的海量上访，大多数情况下，信访机构仍继续扮演着"只挂号不看病"的角色。正如人们所形容的那样"信访工作什么都管，又什么都管不了；什么都不能不管，又什么也都可以不管"。另外，信访部门更无足够的人力和财力，对信访事项一般处理的方法就是"转办"，农民千里迢迢进省城上访，问题往往又被转回去，从省里到市里再到县里、乡里，转了一圈又回到事发的原点，问题根本不能得到很好的解决。可见，信访机构责重权轻，严重影响广大农民政治参与制度化。

（三）基层政府行为失范与作风不良　阻碍政治参与制度化

"一个具体的政府过程，要经过以下几个基本的环节：利益表达、利益综合、政策制定、政策执行等。"[1] 农村基层干部作为国家政策的执行者，同时又面对广大农民，其执政能力和执政水平如何，极大地影响农民政治参与制度化的健康发展。目前一些基层政府行为失范与部分基层干部作风不良等往往导致广大农民自身正当利益受到不法侵害，被迫采取非制度化政治参与渠道，表达、争取和维护自身利益，引发政府与农民之间的冲突，阻碍农民政治参与制度化。

当前，我国一些基层政府在政策制定和执行环节上存在着行为失范和干部作风不良的现象，是导致广大农民非制度化政治参与的直接原因。第一，基层政府行为失范，阻碍农民政治参与制度化。目前，一些基层政府行为失范频繁，严重阻碍了广大农民政治参与渠道的顺畅，是引发农民非制度化政治参与的导火索。一些基层政府在政策制定和执行过程中，严重脱离广大农民群众，民主性不强、透明度不高，所制定的相关政策背离广大农民的实际利益诉求，甚至凸显出一些基层政府部门的自利性，与民争利。比如，近年来，一些基层政府在制定土地征用、房屋拆迁以及招商引资政策时，与广大农民联系不够紧密，致使所制定的政策侵害了一些农民的合法利益，引发突发事件。又如，一些地方政府为了集体和本部门的利益，置当地农民利益诉求的呼声于不顾，牺牲广大农民的正当利益。对此强烈不满的农民对地方政府的信任感有减弱趋势，有的产生逆反心理，有的越级上访，有的甚至爆发群体冲突。通过非制度化政治参与的渠道来维护自身合法利益，成为一些农民最后万般无奈的选择。在2008年云南孟连"7·19"事件中，事发前当地胶农把他们的愿望和利益诉求曾多次向乡、县、市、省有关部门反映，但都

---

[1] 朱光磊：《当代中国政府过程》[M]．天津：天津人民出版社1977年版，第26页。

毫无结果，最终酿成了震惊全国的群体性事件；2010年9月27日，四川省宜宾市宜宾县下食堂村20余位村民对当地政府把400余万元征地补偿款换成代金券不满，在农民集体上访中，相关部门不仅不做解释安抚工作，却动用警力追截，对参与事件的部分农民施暴，而引发暴力冲突。

据"中国之声"2011年5月10日《新闻纵横》报道，在河南省平顶山市，农民史某占用耕地刚盖不久的12间房屋被拆毁。政府的理由很简单，就是为了保护基本农田。可是，不久平顶山市政府却把这块耕地转给了房地产开发商开发，引起人们的强烈不满。另外，一些基层政府还以"维稳"名义对组织上访的主要成员，采取"办学习班""挂牌""罚款""抄家"、"关押"等专制手段予以打击。这一做法不仅违背了我国《宪法》和《信访条例》的相关规定，而且还激起了当地民怨，成为引发群体性事件的导火索。

第二，部分基层干部作风不良，阻碍农民政治参与制度化。一些基层政府工作人员，素质不高，民主意识不强，对相关国家政策、法规的认识、贯彻与执行严重不到位，甚至有少数基层干部官僚主义、形式主义作风严重，工作方法简单粗暴，对待农民的态度蛮横恶劣，把一些参与利益诉求的农民称为"刁民"、"暴民"，不愿倾听他们的呼声。甚至有些基层政府部门不仅不能有效地满足广大农民的利益诉求，而且还肆意增加农民负担，侵害广大农民的合法权益，激起农民强烈的不满情绪，最终导致非制度化政治参与呈现扩大之势。2008年，贵州瓮安、云南孟连、甘肃陇南等群体性事件后，2009年，又相继发生了多起冲击党政和公安机关的恶性事件。尽管群体性事件频发有其偶然性，但究其根本原因在于，农民利益诉求经常遭遇体制性迟钝，难以及时得到有效满足。农民合理诉求的表达、反馈渠道不畅，长期得不到相关政府部门的有效回应，以致于干群关系紧张，矛盾持续累积，最终冲突和对抗爆发不可避免。以甘肃陇南"11·17"事件为例，在11月17日那天，上访聚集的农民就是想见见市委主要领导，听听对行政中心搬迁是什么样的考虑，如何保障他们将来的生活。但是相关领导官僚主义作风严重，迟迟不肯出面与群众对话、协商、解释、疏导，最后忍无可忍的农民采取了过激行为。又如，贵州瓮安"6·28"事件表面的、直接的导火索是女中学生的死因争议，但背后深层次原因是当地在矿产资源开发中，侵犯农民利益的事情屡有发生，而在处置矛盾纠纷的过程中，一些干部工作方法简单粗暴，甚至随意动用警力，致使矛盾激化。一些地方官员素质不高，民主意识不强，也是不容忽视的原因。2011年8月，福建长乐市古槐镇龙田村村民在多次到省、市环保部门反映村子附近的新仲申机械公司污染环境，导致200多名村民出现身体不适，未果。当地村民三次打砸该公司。在事件引起媒体关注后，该市环保局长爆出雷人言语"你也不要打我电话，一打就打局长,局长很不值钱是不是! 你随便一个群众就打我电话"。这样的事情并非个案,在不少地方,农民跟政府打交道"门难进、脸难看、事难办、反映问题不耐烦"的现象比较普遍。部分基层干部作风不良加剧了干群矛盾,激起了农民的反抗意识和急躁情绪,导致农民非制度化政治参与行为不断升级,严重影响社会和谐与稳定。

基层政府行为失范与部分基层干部作风不良,引起广大农民群众的极大不满,严重削弱了广大农民对地方政府和基层干部的信任。在正义难以伸张的情况下,一些农民就会对政治参与制度不认同,萌发了把事情闹大,以引起上级有关部门关注的心理。最终,政府行为失范与部分基层干部作风不良成为引发恶性和大规模群体性事件的火药桶。

四、文化层面的制约因素

开政治文化研究之先河的美国政治学家加里布埃尔·A·阿尔蒙德指出:"政治文化是一个民族在特定时期流行的一套政治态度、信仰和感情……这个政治文化是由本民族的历史和现在社会、经济、政治活动所形成。人们在过去的经历中形成的态度类型对未来的政治行为有着重要的强制作用,政治文化影响各个担任政治角色者的行为、他们的政治要求内容和法律的反映"[1]。由此可见,政治文化是一个复杂的观念体系,是公民政治参与的社会思想基础。它不仅反映着一个民族、一个国家客观的政治历史与现实,伴随着人类政治文明和社会历史的发展而演进,而且还和其他文化形态一样,以观念的方式支配着人们的各种政治行为。也就是说,一个民族、一个国家有什么样的政治文化,那么它的公民就会产生什么样的政治参与行为。它以一种无形的力量深深影响着公民的政治行为。因此,公民政治参与制度化的实现依赖于政治文化的发展。

我国传统政治文化属于依附型的臣民文化,这种政治文化有其积极的一面,当然也有许多消极的方面。它对农村民主政治建设的消极影响成为制约当前农民政治参与制度化的一个重要因素。

(一)传统政治文化对农民政治参与制度化的困扰

传统政治文化具有相对的稳定性。"政治文化是社会成员在前代的政治文化以及特定政治环境的双重影响下,经过长期的心理积淀而形成的一种心理定势。这种心理定势一旦形成,便不易改变"[2]。正如李慎之先生所言:"文化传统是传

[1][美]加里布埃尔·A·阿尔蒙德:《比较政治学》[M].曹沛霖等译.上海:上海译文出版社1987年版,第29页。

[2]杨光斌:《政治学导论》[M].北京:中国人民大学出版社2000年版,第64页。

统文化的核心,它的影响几乎贯穿于一切传统文化之中,它支配着中国人的行为、思想以至灵魂。它是不变的,或者是极难变的。"[1] 虽然传统政治文化饱经政治运动和制度变迁的涤荡,但是它对人们的影响仍未褪尽。我国传统政治文化中不乏精华,但是占据主流的文化糟粕所带来的,如依附、盲从、畏权、清官意识等消极思想一直残留在人们头脑之中。对广大人民,尤其是广大农民的政治参与心理和行为的消极影响极大,困扰了农民政治参与制度化。

1. 传统政治文化对农民政治参与心理的影响

第一,农民普遍存在政治冷漠现象。一般来说,可以从政治态度和政治行为两个向度来界定政治冷漠。"作为一种政治态度,它指的是公民对政治活动的冷淡和对政治问题的漠视;作为一种政治行为,它指的是公民对政治参与的疏远和逃避。"[2] 政治冷漠的主要表现:政治参与的缺失,政治认知的贫乏,政治情感的淡漠及政治态度的消极。几千年来,农民一直被专制统治者排斥在政治活动之外,几乎一切政治活动均由官家包办,农民大众只有俯首贴耳当朝廷顺民的义务。即便是朝廷取士亦无非是那些名门望族和那些读书人的专利,与农民毫无干系。几千年的教化、奴化和历朝历代封建专制的高压政策、恐怖统治,广大农民几乎到了"谈政色变"的程度。时至今日,提起党派一词,许多农民首先想到的多半仍然是那些负面的记忆,可见传统政治文化的影响之深。几千年的教化,加上一些血淋淋的记忆、教训迫使广大农民远离是非,远离政治,铸成了普通百姓的千年"政治冷漠症"。可怕的是,特定的政治文化一旦形成,就具有相当的稳定性、持久性与深刻性,它不会随着历朝历代的更迭而改变,也不会随着新制度的建立而自动消逝。它会在广大人民的思维方式、行为心理和行为方式中执著地存活下来,成为人们心中活的潜规则。这种内心中的活的潜规则严重地影响广大农民的政治参与行为。根据20世纪90年代末的调查资料表明,大多数农民开始以理性化的态度来看待政府和政府的政策,有"高达82.69%的村民对待政府有关经营方面的指令表示'表面上听,实际上不听'或者'根本不理'"[3]。

第二,传统政治文化中的"清官期盼"心理严重制约政治参与。在封建专制社会,普通百姓面对着强大的封建统治机器,他们感到无力进入政治体系,难以影响政治过程,只好幻想、期盼清官给他们做主,以表达、维护和实现其自身利益。我国传统政治文化中的"清官期盼"思想严重制约农民的政治参与。

[1] 李慎之:《论中国文化传统与现代化》[J]. 载《战略与管理》2000年第4期。

[2] 冯涛:《论政治冷漠的涵义、原因和作用》[J]. 载《湖北第二师范学院学报》2008年第9期。

[3] 于建嵘:《岳村政治:转型期中国乡村政治结构的变迁》[M]. 北京:商务印书馆2001年版,第387页。

"传统中国自古以来就是强凌弱、富欺贫、贵压贱,人民处于社会底层,他们最孱弱、最无助,常把生的希望寄予神灵。"[1] 因此,如果出现惠民利民、为民请愿与为民做主的清官,足以令普通百姓感恩戴德、感激涕零。在中国历史上,历朝历代皆有清官,他们惠政于民,恩泽一方,载入史册,名垂不朽,成为人治政治理想的表征。而不能把握自己命运的老百姓,遇事总喜欢把自己的命运交给官吏,即自己的"父母官"手中。生活于水深火热之中的百姓只能向往清官,崇拜清官,渴求清官为其做主。在漫长的政治文化传承中,"清官期盼"逐渐变成一般人普遍具有的政治意识。一个社会里,"人们对清官越是向往和依赖,人民政治自主意识和独立人格就越发萎缩,其权威人格就愈牢固,最终作了君主政治的驯服人民"[2]。当前普遍存在的越级上访、进京上访中的大多数农民基本上就持有这种"清官期盼"的情结。

事实上,"清官期盼"的心理就是臣民文化的典型体现,遏制了广大农民的主体意识、权利意识的生成,严重制约了农民政治参与制度化。

2. 传统政治文化对农民政治参与行为的负面影响

由于传统政治文化的根深蒂固,以至于它的消极影响在人们今天的政治生活中仍然难以避免。在推翻了封建主义的统治,取得新民主主义革命的胜利之后,马克思主义理论已经成为我国主流意识形态。但是,传统政治文化的遗毒并未随着封建专制制度的寿终正寝而销声匿迹,对广大农民的政治参与行为仍有一定的负面影响。

传统政治文化的积淀、人们历史的记忆和亲身或他人的经历,严重抑制了人们民主观念、民主意识的形成与发展,阻碍了政治参与的健康发展。改革开放以来,我国一直在有序地推进着渐进式的政治体制的改革,民主政治建设取得了长足发展,可是离社会主义民主现代化的要求仍然相距甚远。特别是,农民作为弱势群体,在社会转型时期,为了维护自身的各项权利而展开的政治参与行为,表现出层次低下和无序的特点。

第一,农民政治参与的层次比较低。农民远离权力的中心,横向看,农民政治参与的层次是低下的;从纵向看,农民政治参与的层级更为低下。据相关调查数据显示,94.6% 的村民参与了村民委员会的选举,这个数据与国家民政部公布的全国层面的数据基本相符,它表明村民对村委会选举的参与率是非常高的。然而,也有数据显示,与村民委员会选举相比,参与县(乡)人大代表选举的人数与热情

[1] 葛荃:《中国政治文化教程》[M]. 北京:高等教育出版社 2006 年版,第 209 页。
[2] 徐久刚等:《中国民主政治研究》[M]. 北京:人民出版社 2006 年版,第 137 页。

都不高, 47.8% 的村民参与了镇人大代表的选举, 仅有27.2% 的村民参与了市人大代表的选举。可见, 村民更多的是参与低层次的村委会选举。另外, 从全国人民代表大会农民代表的比例也可以得到印证, "第七届时农民与工人代表合占23%; 第八届时280 人, 占9.4%; 第九届240 人, 占8%" [1]; "第十届时农民与工人代表合占18.46%, 为551 人" [2]。由此可见, 农民代表所占的份额与其占中国人口80% 多的事实极不相称。"在相当长一段时间里, 农民的问题并不是作为农民本身的问题, 而是当它影响到另外一些利益集团并且涉及全局时才被重视。尤其是, 改革开放以来, 有利于农民的政策和制度变革, 是在农民和农村的问题已经变得不可承受, 不解决就不足以解决全体问题时且决策层中的有识之士认识到问题的严重性时, 才被提出来。" [3] 因此, 农民远离国家政治权力中心, 导致农民的政治参与层次被限制在较低的村民自治层次范围内, 很难进入国家决策的高层次范围。

第二, 农民的无序政治参与行为突出。在政治生活中, 政治文化是一种无形的力量, 在很大程度上, 它对农民政治参与的行为具有潜移默化的影响。新中国成立以来, 尽管我国政治制度发生了巨大的变化, 但是传统政治文化中许多旧观念、旧思想仍旧根深蒂固地束缚着广大农民, 小农意识导致他们政治上的冷漠和疏远。在实际生活中, 一旦农民的切身利益受到不法侵害又无法通过正常渠道获得及时合理地解决时, 或忍气吞声, 或采取过激行为。"在没有天然的保卫者的情况下, 被排除的阶级的利益总是处于被忽视的危险中。即使看到, 也是用和直接有关的人们不同的眼光去看的。" [4] 农民作为弱势群体, 经济、政治、社会地位比较低, 话语权自然就显得十分微弱。既然正常的政治参与渠道, 无法维护他们的自身利益, 动静不大又难以引起上级政府部门的关注, 致使近些年来一些农民无序政治参与行为大大增加。主要表现有: 越级上访、集体上访、群体性事件、围攻政府机关暴力抗争, 甚至自焚请愿等等, 不一而足。

(二) 农民整体自身素质不高　政治参与效能较低

随着现代政治文明的进步, 政治参与制度化的实践对政治参与主体的知识素质的要求和政治参与方式的要求也越来越高, 但是, 我国农民整体自身素质不高, 政治参与效能较低, 严重制约了农民政治参与制度化。

"政治效能感(political efficacy) 是指个体对自己能否影响政治活动的能力的

---

[1] 刘智等:《数据选举——人大代表选举统计研究》[C]. 中国社会科学出版社, 2001 年, 339 页~374 页。

[2] http://news.china.com/zh_cn/domestic/945/20030228/11421189.html。

[3] 盛洪:《让农民自己代表农民自己》[N].《经济观察报》2003-01-27。

[4] [英] 密尔:《代议制政府》[M]. 汪瑄译. 北京: 商务印书馆 1982 年版, 第 100 页。

信念或信心。"[1]那么, 政治参与效能是指公民对自己在政治参与过程中的影响力的看法, 政治参与效能是公民参与政治活动, 对自己政治参与行为影响力的评价, 在很大程度上影响参与者的行为。如果公民政治参与效能高, 他们就会对自己的国家、国家的象征、国家制度等产生强烈的归属感和认同, 积极参与各种政治活动, 如选举、投票、集会、发表政治意见等。反之, 公民就会低估国家政府的权威和合法性, 对政党和政治制度持不认同的态度, 对政治活动漠不关心, 将自己置于政治过程之外, 影响政治参与制度化水平的提高。因此, 公民受教育程度的高低不仅影响政治参与效能, 而且影响政治参与水平与质量, 决定着公民政治参与制度化的健康发展。

马克思主义经典作家非常重视科学文化的发展水平对广大人民群众政治参与的积极影响作用。西方大量调查也表明, 公民受教育程度对其政治参与行为有较大程度地影响, 公民受教育程度低, 综合素质就难以提高, 直接影响其政治参与的能力与行为。随着现代政治文明的发展, 政府决策、制度运行、社会管理与监督等过程愈来愈复杂, 相应地, 公民有效政治参与对参与主体的自身素质的要求也越来越高。公民文化素质直接影响公民政治参与效能与水平的高低, 决定着公民政治参与制度化的发展。然而, 当前我国农民整体自身素质不高, 政治参与效能较低, 严重制约了农民政治参与制度化。

"受过良好教育的公民因为有健全的认知技巧, 学历高的公民政治关心程度也高, 这在某种程度上强化着教育与政治参与的关系。"[2]公民文化水平越高越有利于其增强政治权利意识和政治参与的兴趣, 从而提高其政治参与能力, 同时也有利于其法治意识、理性处事和表达思想的能力, 提高公民政治参与效能, 以实现政治参与制度化。相反, 参与主体受教育程度低, 在政治参与中就可能处于不利地位, 他们难以把握和有效利用现有的较为复杂的政治参与形式, 影响政治参与制度化的实现。正如列宁指出: "文盲是站在政治之外的, 必须先教他们识字。不识字就不可能有政治。不识字只能有流言蜚语、传闻偏见, 而没有政治"[3]。可见, 文盲必然一片黑暗, 他们岂止是站在政治之外, 文盲站在一切文明之外, 更别提政治参与制度化了。

西方学者调查研究结果也同样表明, 政治参与与公民受教育程度之间呈现出一种成正比的关系。关于这一点, 美国著名政治学家阿尔蒙德、维巴曾考查美国、英国、意大利、德国、墨西哥等五国公民政治参与行为调查研究后, 得出一个

---

[1] 王敏:《政治态度: 涵义、成因与研究走向》[J].《政治学》2001年第3期。

[2] 王浦劬:《政治学基础》[M]. 北京: 北京大学出版社1996年版, 第222页。

[3]《列宁全集》第四十二卷[M]. 北京: 人民出版社1987年版, 第200页。

结论:"在通常所调查的性别、居住地、职业、收入、年龄等人口统计学变量中,看来都不如教育变量更能决定政治态度,这五国的任何一国中,正是那些受过教育的人,最有可能坚持参与的规范,而可能较少主张个人在其地方共同体有积极参与的责任的,则是那些只受过小学教育或更低的人。"[1] 文化程度高的人在参与政治时会更多地凭理性而不是凭感情行事,在对参与方式的选择上会注重合法性和有效性,对促进政治参与制度化健康发展大有裨益。

改革开放以来,我国教育事业有了长足发展,取得了显著成绩,农民受教育程度有了明显提升。但是,大量统计资料表明,我国绝大多数农民文化水平不高。根据第五次全国人口普查统计资料显示,在我国农村人口中,初中以上文化程度的人口占总人口的39.1%,远低于城市人口的65.4%的水平,小学文化程度的为42.8%,15岁以上人口中文盲率达到8.3%,分别高于城市的23.8%和4%的水平,农村劳动力中受过专业技能培训的仅占9%,农民整体文化素质明显偏低。我国农村地区,经济贫困带来了农村整体教育水平落后,农民整体文化素质水平不高,参与意识不明确,政治认知水平低,缺乏政治参与必要的知识与技能,不能正确认识政治参与的目的、责任以及个人的权利和义务,很难进行理性的选择,往往容易降低农民政治参与效能,限制农民政治参与能力的提高,制约农民政治参与制度化。

总之,高度的政治文明与高素质的人密切联系。当下我国农民的自身素质与社会主义民主政治建设以及政治参与制度化的要求还有很大的差距。进一步推进社会主义民主政治建设,实现农民政治参与制度化,必须打破农民自身素质比较低的瓶颈。

(三)农民的组织化程度低　制约政治参与制度化

现代社会是一个组织化的社会,通过公民组织参与政治、影响政治体系决策是现代民主国家政治参与的普遍现象。组织是指由两个或两个以上的人组成的有特定目标和一定资源并保持某种权责结构的一种群体。它的最大特点是组织中的成员有着共同的利益追求。它有助于克服个人政治参与的无力与无序的状态,维护和实现自身利益、缓冲政治参与中存在的冲突、培养农民的维权意识,锻炼农民参与实践能力,为公民政治参与提供一种制度化、组织化途径。但目前我国农民缺乏真正代表自身利益的群众性组织,农民政治参与处于一种无组织的游离状态、政治参与呈非理性、无序化,造成农民政治参与冷漠等,严重制约农民政治参与制度化。

1. 公民组织对我国政治参与制度化的影响与作用

---

[1][美]加布里埃尔·A·阿尔蒙德、维巴:《公民文化》[M].北京:华夏出版社1989年版,第201页。

现代政治实践证明,一个阶层或群体利益表达力度和有效性往往取决于自身的组织化程度。组织可以为一个阶层或群体提供政治参与的依靠力量、活动平台、参与技能训练的机会。组织是通向权力之路,政治参与作为公民的一项权利,与组织化程度的高低有着密切关系。在我国现阶段,充分发挥社会组织的利益整合功能,对于解决我国政治参与中存在的问题,促进我国政治参与制度化具有重要的理论价值和现实意义。

（1）公民组织化有利于克服个体参与的无力与无序状态 更好地维护和实现自身利益

根据系统论原理,组织能够把个体的力量进行优化组合,产生积极效应,其整体合力远远大于个体力量简单相加之和。托克维尔认为,"在民主国家里,全体公民都是独立的,但又是软弱无力的。他们几乎不能单凭自己的力量去做一番事业,其中的任何人都不能强迫他人来帮助自己。因此,他们如不学会自动地互助,就将全都陷入无能为力的状态"[1]。公民组织的优势就在于使分散的个体意志整合起来,形成比个体大得多的影响与压力,对政府的决策造成有效的推动。社会组织或公民团体作为政治参与主体的一个重要部分,它可以将分散的、单个的政治参与聚合起来,遴选、集中组织成员的各种利益和诉求,然后把整合后的利益要求,通过特定渠道输入给相关政府部门。这不仅可以克服个人政治参与的无力与无序状态,而且对政府决策系统给予更加有力的影响。这样,政府部门能够及时、准确和全面地了解民情民意,在政策的制定和实施过程中就会充分考虑和满足社会公众的参与愿望与利益诉求。公民组织化的政治参与不仅克服了个体政治参与的无力和无序状态,而且使公众权益的维护有了合法的代表,弥补了我国政治参与制度不完善,避免社会公众大量非制度化政治参与的出现,有效地维护和实现自身利益。然而,在现代社会中,个体的力量是非常有限的,个体的不满、怨愤情绪,究其原因在于其正当合法的权益受到不法侵害,而个体的力量又无力捍卫。一旦这种情绪累积到一定程度时,就可能酿成群体性事件,那么一直逆来顺受的"顺民"就会变成"暴民",影响社会和谐。托克维尔甚至认为,在民主已势不可挡地来临的时代背景下,"要是人类打算文明下去或走向文明,那就要使结社的艺术随着身份平等的扩大而正比地发展和完善"[2]。

因此,缺乏较高的社会经济地位和社会资源的个人在涉入组织以后,在共同

---

[1]［法］托克维尔:《论美国的民主》（下卷）[M].董果良译.北京:商务印书馆2009年版,第636—637页。

[2]［法］托克维尔:《论美国的民主》（下卷）[M].董果良译.北京:商务印书馆2009年版,第640页。

利益和目标的推动下，统一行动，整合力量，掌握话语权，促进高水平的政治参与，对政治决策系统施加更加有力的影响，有助于克服个人政治参与的无力与无序状态，维护和实现自身利益。

（2）公民组织化有利于缓冲政治参与中存在的冲突

在公民政治参与中，组织化程度低的社会集团在同高度组织化的社会集团博弈时常常处于不利地位。我国农民人数上的优势是最为宝贵的资源，组织起来的农民将对国家政策产生强有力的影响，反之，导致农民参与国家政治生活能力的降低。正如J·米格代尔所言："农民分化得越厉害，农民就越难以作为一个阶级对国家政策产生影响，就越是难以从国家得到应有的回报"[1]。甚至可能引发参与中的冲突。作为社会公众与政府桥梁作用的公民组织可以较好地吸纳、整合、表达社会公众的利益诉求，有利于缓冲政治参与中存在的冲突。

组织有利于把分散的公民组织起来，吸纳、整合组织成员的不同利益诉求，形成民意表达渠道，大大降低公民与政府对话的成本。公民的参与愿望和利益诉求就比较容易通过有序化的组织渠道输入政治系统，避免了公民与政府面对面的接触，更好地缓冲和调解公民与政府之间的冲突。这样，既有效又有序地保护了个人的合法利益，又防止和消除了由于个人的正当权益受到侵害而产生的不满、怨愤情绪而引起群体性事件。即使在政治参与中，多数人的利益诉求在得不到有效满足的情况下，组织中的成员也只会把怨气与不满，发泄给代表自己利益的组织，而不会直接迁怒于政府，避免了个体与政府之间直接的冲突。如果农民不能通过顺畅的渠道表达自身利益诉求，没有反映他们利益的组织，就可能出现农民利益的无序表达和政府决策的偏失，引发冲突事件。但是，农民自组织的建立和完善，为整合农民的利益诉求，疏导农民的不满情绪以及在政府和农民之间形成桥梁和纽带奠定了组织基础，避免了农民无序行为对社会和农民自身的损害。可见，农民组织与政府并不是天然的对立关系，而是相互制约、相互依赖的关系。实践证明，那些农民组织较发达的地方，加上农民组织领导人理性的引导，很少有因农民自身的原因而引发的恶性群体事件。因此，公民组织化有助于缓冲政治参与中存在的冲突。

（3）公民组织化有利于培育公民政治参与意识 提高参与能力

公民组织化可以使公民从分散的"原子化状态"进入团体性的"组织化状态"，公民在组织中学会合作、宽容，养成理性分析问题的习惯，提高自我管理、自

---

[1] [美]J·米格代尔：《农民、政治与革命——第三世界政治与社会变革的压力》[M]. 李玉琪、袁宁译. 北京：中央编译出版社1996年版，第187页。

我教育和自我服务的能力。同时，与个体参与的公民相比较，组织起来的公民可以聚集巨大的力量，参与政治系统的政策制定与执行，监督政府权力的运作，与政府开展接触、对话、谈判、协调公民与政府之间的关系，从而实现和维护公民利益的目的。公民通过大量、广泛地加入各类组织，不仅可以维护自身正当利益，而且能在政治参与实践中，逐渐培育政治参与意识，提升公民政治认知能力，锻炼公民政治参与能力。虽然不是公民直接参政，但参与实践对公民的参政能力、民主观念的锻炼也大有裨益。因此，公民组织化有助于培育公民政治参与意识，提高政治参与能力。

2. 农民缺乏真正代表自身利益的组织 制约政治参与制度化

农民组织主要是"由农民自发组织的，或者是农民在政府的推动和支持下组织的，但参与主体主要由农民构成，是为了更好地实现农民的政治、经济利益或完成某种社会保障功能而组建的民间社团"[1]。我国农民选择非制度化政治参与的重要原因，是缺乏一个能够切实整合农民利益，代表农民利益，维护农民利益的组织。农民利益在遭遇不法侵害时，常常求助于家庭、亲戚、朋友，或者求助于其他一些生活境况更好而又会帮助他们的人，很少求助于某个组织来维护自身利益，甚至有的铤而走险，采取极端行为。可见，农民缺乏代表自身利益的组织，制约了农民政治参与制度化。

在政治参与中，农民的力量不是取决于农民人数的多少，而是取决于农民组织程度的高低。在现实生活中，农民利益的整体性与农民政治参与的分散化之间的矛盾表明，农民是分散的，要么是一盘散沙，要么是单打独斗，政治参与中几乎没有组织性。农民处于无组织的游离状态使其组织化程度较低，自身力量非常弱小。

马克思、恩格斯最早提出"人民自治"的思想，我国宪法也规定公民有结社的自由。但由于各种原因，我国的政策限制各类社团组织的发展，导致我国社会组织的发展比较滞后，农民组织的发展更是处在低层次的状态，与社会政治经济发展水平不相适应。在我国，几乎所有阶层都拥有自己的全国性组织，如工会、青联、妇联、科协和社联、文联、工商联等，甚至还有那些喜欢养花养鸟协会，而唯独九亿农民，却没有代表自己利益的专门组织。新中国成立之初，尽管在农村各地成立了农会，但作为一种"政社一体"的组织，随着土地改革顺利完成以及各级地方政权组织的确立，也逐渐结束了自己的政治使命。现阶段，村民委员会作为村民自治性

---

[1] 程同顺：《农民组织与政治发展——再论中国农民的组织化》[M]．天津：天津人民出版社2006年版，第21页。

组织，表达广大农民利益的作用还十分有限。农民组织化程度低使农民缺乏一个真正能够代表自身利益的组织，缺乏表达自身利益的平台，以致于在中央和地方各级政府的决策中难以很好地反映他们自身的利益诉求。据统计，我国农村有近2.5亿农户，但参加农业合作组织的农户仅有2 363万户，仅占全国总农户数的9.8%。可以说，组织化程度低是导致农民成为政治参与中最大弱势群体的重要原因。

农民组织化程度低给农民利益表达带来诸多不利。一方面，农民面对市场经济的激烈竞争时常常处于弱势地位，承担市场风险能力较差；另一方面，农民自身利益难以通过制度化政治参与途径，得到有效保护。对此，马克思早在《路易·波拿巴的雾月十八日》一文中就有过一段经典论述，他认为法国农民由于彼此间没有形成组织，尽管他们的个人利益具有同一性，但也无法通过他们自己的名义来保护自己的利益。他说："小农人数众多，他们的生活条件相同，但是彼此间并没有发生多种多样的关系。他们的生产方式不是使他们相互交往，而是使他们相互隔离。每一个农户差不多都是自给自足的，都是直接生产自己的大部分消费品，因而他们取得生活资料多半是靠与自然交换，而不是靠与社会交往。"[1] 于是，"法国国民的广大群众，便是由一些同名数相加形成的，好像一袋马铃薯是由袋中的一个个马铃薯所集成的那样。……而各个小农彼此间只存在地域的联系，他们利益的同一性并不使他们彼此间形成共同关系，形成全国性的联系，形成政治组织……。因此，他们不能以自己的名义来保护自己的阶级利益，无论是通过议会或通过国会。他们不能代表自己，一定要别人来代表他们"[2]。我国农民的现状，也大抵如此。农民组织作为广大农民利益的整合和表达组织，是与政府沟通协商的桥梁与纽带，可以提高其话语权，增强其利益表达的能力，更好地代表农民利益通过正当渠道向相关政府部门进行沟通协商，维护广大农民的切身利益。当前，由于广大农民缺乏代言自己利益的组织，一旦"原子化"农民的利益受到来自市场或政府政策以及政府官员的外来非法侵害时，"在某种程度上，农民家庭现在离群孤立，一个个单独地站在国家权力机构面前"[3]，就显得孤单力薄，无法通过制度化政治参与渠道维护自己的利益，他们要么沉默，要么铤而走险，政治参与呈现出无组织的游离状态。这也是他们经常采取非制度化政治参与方式的主要原因。

因为我国尚缺少一个充分反映和真正代表亿万农民的组织，缺少一种利益平衡的政治组织结构体系，这是许多损害农民阶层利益的法律、政策轻易出台的重要原因之一，也是导致农民政治参与冷漠化的重要原因。这种政治冷漠不仅使农

---

[1]《马克思恩格斯选集》第一卷 [M]．北京：人民出版社 1995 年版，第 677 页。

[2]《马克思恩格斯选集》第一卷 [M]．北京：人民出版社 1995 年版，第 678 页。

[3] 黄宗智：《长江三角洲小农家庭与乡村发展》[M]．北京：中华书局 1992 年版，第 322 页。

民政治参与积极性不高,而且还造成农民对国家政治的漠视甚至对立情绪。这是近年来农民在利益遭遇侵害时,要么就集体沉默、逆来顺受,要么就剧烈爆发为群体性事件不可忽视的原因。由于缺乏真正代表自身利益的组织,当前我国农民政治参与处于无组织的游离状态、政治参与呈非理性无序化、造成农民政治参与冷漠等,严重制约了农民政治参与制度化。

总之,在社会主义和谐社会构建过程中,社会、经济、政治以及文化等层面的因素不仅严重制约了农民政治参与制度化的健康发展,而且凸显了构建社会主义和谐社会的紧迫性。当前农民非制度化政治参与扩大的严峻现实,突出了农民政治参与制度和农民政治素质存在问题的严重性。直面现实,在社会主义和谐社会构建进程中,推进农民政治参与制度化已经成为当今时代最迫切的呼唤。

第四章 和谐社会构建中农民政治参与制度化的基本思路

农民政治参与制度化主要包括两层含义：一是把广大农民政治参与的合理要求以合法的、农民认同的法律、制度规范确定下来，并使之逐步完善的过程；二是通过提高农民自身政治素质，促进农民政治参与的制度意识由刚性的外部约束内化为广大农民个体内心固有的自觉意识和行为的过程。在构建社会主义和谐社会进程中，农民政治参与制度化的基本目标就是要实现农民广泛、合法、理性、有序的政治参与。因此，我们必须遵循农民政治参与制度化的基本原则，紧紧围绕中国特色社会主义政治参与制度的建立、完善以及政治参与制度的内化、社会化等方面，共同推进我国农民政治参与制度化建设。

一、农民政治参与制度化的基本目标

在构建社会主义和谐社会进程中，实现农民政治参与制度化，我们必须首先明确它的基本目标，并以此作为农民政治参与实践的指南。广大农民作为我国政治参与的主体，农民政治参与制度化旨在实现他们广泛、合法、理性、有序的政治参与基本目标。

（一）广泛的政治参与

马克思主义经典作家认为，广大人民群众是政治参与的主体。全社会各阶层广泛地参与政治亦是政治现代化的重要内容。因此，实现农民广泛的政治参与是我国农民政治参与制度化的基本目标之一。

政治参与制度化是扩大公民有序政治参与的根本保证。农民政治参与制度化不仅是农民的政治参与意识和政治参与活动不断增长的过程，而且是农民广泛参与政治的过程。主要表现在三个方面：第一，在政治过程中，广大农民享有政治体系中表达自己利益诉求的平等的政治参与权利。如果广大农民缺失平等的参与权利和足够的参与渠道，以表达自身政治参与的愿望和利益诉求，就不能称之为广泛的政治参与。这与广大人民群众是政治参与主体的民主本意以及《宪法》的根本要求是相悖的；第二，广大农民能够运用多种政治参与方式和渠道将切身的利益诉求输入政治权力中心，尤其是负责制定与农民权益相关政策的决策中枢，充分表达广大农民自身利益的诉求；第三，农民政治参与的范围要广。纵向看，广大农民不仅参与地方事务，而且积极参与全国范围内的政治过程；横向看，广大农民不仅参与行政系统的行政过程，而且参与立法系统和司法系统的政治过程。广大农民不仅参与影响政策制定的过程，而且还积极参与影响政策的执行、反馈、修正等各个环节。然而，目前我国农民政治参与的现实与理想目标还有很大的差距。农民政治参与的层次仅被限制在低层次的村民自治范围内，还很难进入国家决策的高层次范围。

　　总之，凡是有政治权力运作的地方，均应该要求广大农民能够参与其中，这不仅是社会主义和谐社会中公平正义的必然要求，而且是我国农民政治参与制度化的基本目标之一。

（二）合法的政治参与

　　马克思、恩格斯认为，法制是切实实现无产阶级和广大劳动人民顺利参与政治的重要制度保障。因此，在政治参与实践中，实现广大农民合法的政治参与是我国农民政治参与制度化的目标之一。

　　所谓合法的政治参与是指政治参与主体在法律、规范的范围内参与政治过程，表达、维护和实现自身利益需要的行为。具体表现为，政治参与主体遵循现行国家的各项政治制度和法律法规，采取合法的政治参与途径和方式。一个国家的基本政治制度和法律法规是其存在和良性运行的制度保证，也是广大公民必须遵守的行为规范和政治参与的主要渠道。尤其是，一个国家的法律法规的强制性，是规范和引导广大公民进行合法政治参与的重要制度保障。公民只有正确利用被政治制度和法律法规许可了的合法参与渠道，才能切实提高广大公民的政治参与效能感。目前，由于我国政治参与制度依然还不够完善、健全，阻碍了广大农民有效地参与政治。在很大程度上，一些农民为了实现自身利益诉求，而寻求制度外的政治参与方式，甚至有的铤而走险。这一严峻的现实迫切呼唤农民政治参与制度化，以促进广大农民合法的政治参与。

　　因此，实现广大农民合法的政治参与，既是社会主义和谐社会中民主法治的必然要求，又是我国农民政治参与制度化的基本目标之一。

（三）理性的政治参与

理性是指人们能够认识事物的本质，考虑问题、处理事情不冲动，不凭感情做事情，能够理智地控制个人行为的能力。那么，理性的政治参与就是指政治参与主体的行为要冷静、理智、合情、合理。实现农民理性的政治参与是我国农民政治参与制度化的基本目标之一。

公民出于对客观政治过程的判断、出于公民责任感，出于对自己的权利和义务的认知，出于对社会主义民主政治建设的考量，而自觉地、主动地、适度地进行利益表达，参与政治活动。并能够与自身实实在在的利益联系起来，知道如何通过政治参与的渠道、途径表达、保护和实现自身的利益诉求。否则，任何不理性的政治参与行为，不仅会导致政治系统不能完整、准确地了解参与主体的意愿，而且可能导致政治参与主体耗费大量的社会成本，甚至引发社会动荡。因此，制度化政治参与只有在一个稳定和有序的社会环境中才能得以实现，稳定和有序的社会环境使公民的利益表达和实现走在冷静而又理性的轨道之上，而不是转向非理性的政治参与轨道。只有这样，政治参与的制度才能得到政治参与主体真正地遵循，反过来也有利于社会和谐与稳定。

由此可见，实现广大农民理性的政治参与，既是社会主义和谐社会中安定有序的客观要求，也是我国农民政治参与制度化的基本目标之一。

（四）有序的政治参与

"有序"是指公民政治参与要在国家现行的制度和法律的框架之下进行，依据宪法和法律行使自己的权利，并逐步纳入制度化、规范化、程序化的轨道。公民有序政治参与是一系列具体制度、法律、程序和规则被政治参与主客体双方遵从或服从的结果。实现农民有序的政治参与是我国农民政治参与制度化的基本目标之一。

在现代民主国家，宪法规定公民享有自由的权利，享受国家、社会、组织所提供和保障的权利，同时享有履行遵守规则、维护社会稳定有序的义务。"有序政治参与就是政治参与主体要依照有关的法律法规有秩序地参与政治"[1]，即制度范围内的、合法的、有节制的政治参与。公民通过有序的政治参与，正常地、合法地、多渠道地进行利益表达，能够及时、有效地化解人民内部矛盾，满足广大人民的利益诉求，维护政治稳定和社会和谐。随着政治民主化程度的日益提高，政治参与的有效性越来越取决于其有序化的程度。有序的政治参与就是程序化政治参与，

---

[1] 王维国：《公民有序政治参与的途径》[M]. 北京：人民出版社 2007 年版，第 179 页。

按照程序参与而不是按照领导者的意图进入政治过程,是有序政治参与的基本要求。在现实政治中,有序的政治参与主要表现为:一方面,公民必须遵循一定的程序,按照法律规范的方式、渠道和程序参与政治,公民的参与不存在政治参与渠道拥挤、不畅和排他的现象,也不存在公民寻求制度外政治参与的方式和渠道参与政治的现象。"有序"是公民文明的政治参与意识转变为文明的政治参与行为的具体要求。另一方面,有序的政治参与是坚持党的领导下的政治参与,是法治化的政治参与,是与我国社会历史条件下相容的渐进式、高起点的政治参与。由于农村主观和客观原因,目前在农村推进农民有序的政治参与还面临着诸多困难。

可见,实现广大农民有序政治参与,也是社会主义和谐社会中安定有序的客观要求和我国农民政治参与制度化的基本目标之一。

二、农民政治参与制度化的基本原则

实现农民政治参与制度化广泛、合法、理性、有序的政治参与目标,我们必须坚持党的领导、维护政治稳定、注重公平正义、崇尚法律至上、有序渐进的五项基本原则。

(一)坚持党的领导

列宁在继承和发展马克思、恩格斯政治参与理论时,不仅强调广大人民是政治参与的主体,而且十分重视执政党在人民政治参与实践中的领导地位。中国共产党是中国工人阶级的先锋队,也是中国人民和中华民族的先锋队,是中国特色社会主义事业的领导核心。"在中国这样的大国,要把几亿人口的思想和力量统一起来建设社会主义,没有一个由具有高度觉悟性、纪律性、和自我牺牲精神的党员组成的能够真正代表和团结人民群众的党,没有这样一个党的统一领导,是不可能设想的,那就只会四分五裂,一事无成。"[1]胡锦涛总书记在中国共产党建党90周年讲话中也再次强调,"办好中国的事情,关键在党"[2]。因此,在构建社会主义和谐社会进程中,农民政治参与制度化要求我们必须坚持党的领导。

"从根本上说,没有党的领导,就没有现代中国的一切"[3]。关于党的领导与农民政治参与的关系问题,江泽民总书记在党的十六大报告中就明确指出:"共产党执政就是领导和支持人民当家作主,最广泛地动员和组织人民群众依法管理国

---

[1]《邓小平文选》第二卷[M].北京:人民出版社1994年版,第341—342页。

[2]http://cpc.people.com.cn/GB/64093/64094/15053924.html.

[3]《邓小平文选》第二卷[M].北京:人民出版社1994年版,第266页。

家和社会事务,管理经济和文化事业,维护和实现人民群众的根本利益"[1]。在党的十七大报告中,胡锦涛总书记进一步指出:"要坚持党总揽全局、协调各方的领导核心作用,提高党科学执政、民主执政、依法执政的水平,保证党领导人民有效治理国家;坚持国家一切权力属于人民,从各个层次、各个领域扩大公民有序政治参与,最广泛地动员和组织人民依法管理国家事务和社会事务、管理经济和文化事业"[2]。公民政治参与作为我国社会主义民主政治建设的重要组成部分,我们必须坚持党的领导、人民当家作主和依法治国三者的有机统一。

中国共产党的领导是我国《宪法》所规定的基本原则,是人民当家作主,实现基层群众有序政治参与的重要保证。在中国特色社会主义政治文明建设过程中,要坚持在党的领导下,依照宪法、法律的规定,有序地扩大农民政治参与,使其制度化、规范化和程序化。如果没有党的对农民政治参与的引导与规范就难以确保其政治参与方向的正确性,这一点已被我国社会主义革命和建设的实践所证明,也是人类社会政治发展规律的一项基本要求。我国各项政治制度的建立和完善,是在中国共产党的领导下进行的,正是因为有了党的正确领导,我们才能从根本上保证广大人民当家作主的权利。

在当代中国,中国共产党从最广大人民的根本利益出发,遵循政治参与发展的一般规律,为社会各阶层构筑了中国特色社会主义的政治参与制度体系。在党的领导下,广大农民依据政治参与制度体系的要求,积极参与管理国家和社会事务,影响政府决策,表达和维护自己的合法权益。实践也证明,在农村,一些重大的非制度化政治参与事件发生之后,正是由于各级党委的高度重视,为非制度化政治参与事件的处置指明正确的方向,最后使得群体性事件得以顺利平息,相关问题得以逐步解决,满足了广大农民的利益诉求。可见,坚持中国共产党的领导是农民政治参与制度化的根本保证。尤其在社会转型时期,各种社会关系和政治力量相互冲突,要想协调好不同利益群体关系、保持社会和谐稳定,必须坚持和加强党的领导。

坚持中国共产党的领导是农民政治参与制度化强有力的保证,只有坚持中国共产党的领导,才能让广大农民的政治参与获得更好的生存和发展空间,才能保证其政治参与过程中中国特色社会主义政治方向不改变,才能更好地实现好、维护好、发展好广大农民的切身利益。可以说,坚持中国共产党的领导是农民政治参与制度化建设的最大政治优势。

[1]《江泽民文选》第三卷 [M]. 北京:人民出版社 2006 年版,第 553 页。

[2] 胡锦涛:《高举中国特色社会主义伟大旗帜　为夺取全面建设小康社会新胜利而奋斗》[N].《人民日报》2007-10-25。

（二）维护政治稳定

政治稳定是一个国家全体社会成员共同追求的社会目标。它能够促使有秩序、有步骤地建立和完善政治参与机制，满足人们不断增强的政治参与愿望与利益诉求。维护政治稳定，也是实现公民政治参与制度化的前提与基础。然而，政治参与是一柄双刃剑，它既可能为政治体系的良性运行提供动力支持，也可能给政治体系的运行带来"参与危机"，甚至"参与爆炸"，导致现行政治体系的崩溃，引发政治不稳定。因此，在构建社会主义和谐社会进程中，农民政治参与制度化要求我们必须坚持维护政治稳定的参与原则。

美国著名政治学家塞缪尔·P·亨廷顿认为："在政治制度化程度比较高的条件下，一个社会的政治稳定与该社会的政治参与成正比；反之，在政治制度化程度比较低的条件下，一个社会的政治稳定与该社会的政治参与成反比"[1]。也就是说，一个社会的政治体系对社会利益变动和冲突的疏导与协调能力的强弱，关键要看政治参与的制度化和程序化的水平与程度。同时，政治参与制度化只有在一个稳定有序的社会中才能够得以顺利实现。因为一个社会政治稳定可以促使公民政治参与走在理性的轨道之上，而不是采取感情冲动的非理性参与行为。这样，反过来还有利于推进社会和谐和政治稳定。而一个政治稳定有序社会的实现，不仅需要发挥法治调解机制的核心作用，而且更加依赖政治体制改革的渐进推进。否则，政治体系的稳定就会难以实现，社会秩序的稳定也难以得到保障。此时，如果扩大公民政治参与，就可能进一步对政治体系构成冲击，从而造成社会失序，影响政治稳定，进而形成恶性循环。这与公民政治参与制度化的初衷是背道而驰的。因此，政治参与只有在政治稳定有序的社会中才能获得健康发展。

我们党历来十分重视政治稳定。新中国成立之后，毛泽东同志就系统地论述了社会主义社会的矛盾，阐述了解决人民内部矛盾的一系列方针、原则，把正确处理人民内部矛盾作为国家政治稳定的中心工作。改革开放以后，邓小平同志反复强调："中国的问题，压倒一切的是需要稳定。没有稳定的环境，什么都搞不成，已经取得的成果也会失掉"[2]。"民主是我们的目标，但国家必须保持稳定"[3]。这里的"稳定"主要是指"政治稳定"。党的十六大把"坚持稳定压倒一切的方针，正确处理改革发展稳定的关系"列为建设中国特色社会主义的基本经验之一，强调"稳

[1][美]塞缪尔·P·亨廷顿：《变化社会中的政治秩序》[M]．王冠华等译．北京：三联书店1989年版，第51页。

[2]《邓小平文选》第三卷[M]．北京：人民出版社1993年版，第284页。

[3]《邓小平文选》第三卷[M]．北京：人民出版社1993年版，第285页。

定是改革和发展的前提"。党的十七大再次强调:"社会稳定是人民群众的共同心愿,是改革发展的重要前提"[1]。我国历届中央领导集体关于政治稳定的重要论述对于我们今天深刻认识在农民政治参与制度化中,维护政治稳定的必要性、重要性具有十分重大的指导意义。

近年来,随着社会主义市场经济的不断深入与发展,人民内部矛盾集中表现为利益关系、利益矛盾和利益纠纷,物质利益成为各种矛盾的核心内容。社会经济成分、利益关系和分配方式日益呈现多元化,非制度化政治参与凸显扩大之势,影响社会政治稳定。因此,在构建社会主义和谐社会进程中,农民政治参与制度化要求我们必须坚持维护政治稳定的政治参与原则。

(三)注重公平正义

政治参与是体现公民权利的最重要的一个方面,在构建社会主义和谐社会进程中,农民政治参与制度化要求我们必须坚持公民权利公平正义的政治参与原则。

权利是社会中公民资格的具体体现,包括公民的权利和责任。政治参与是其公民权利中最重要的组成部分,是指公民为了维护自身的权益,通过投票、上访、诉讼等各种途径参与政治生活,试图影响政府决策,表达自身利益诉求,维护自己切身利益的行为。我国《宪法》对公民政治参与权利做了明确规定:"中华人民共和国的一切权力属于人民;人民依照法律规定,通过各种途径和形式,管理国家事务,管理经济和文化事业,管理社会事务"[2]。美国著名学者罗尔斯在其《正义论》一书中强调:"作为公平的正义是社会制度的首要价值,正像真理是思想体系的首要价值一样"[3]。同样,公平正义也是社会主义制度的首要价值。党的十六届六中全会通过的《中共中央关于构建社会主义和谐社会若干重大问题的决定》强调,要通过加强制度建设,保障社会公平正义。"社会公正必须纳入到社会制度的视野中去才能得到有效和合理的解决。"[4]因此,在构建社会主义和谐社会进程中,农民政治参与制度化要求我们必须坚持公民权利公平正义的原则。

公平正义是社会主义和谐社会的基本特征。所谓公平正义,就是社会各群体

[1] 胡锦涛:《高举中国特色社会主义伟大旗帜　为夺取全面建设小康社会新胜利而奋斗》[N].《人民日报》2007-10-25。

[2]《中华人民共和国宪法》(2004)第一章第二条。

[3] [美] 罗尔斯:《正义论》[M].何怀宏等译.北京:中国社会科学出版社1988年版,第1页。

[4] 刘再春:《社会公正与制度的哲学思考》[J].《内蒙古农业大学学报》(社会科学版)2004年第4期。

的利益关系得到妥善协调，人民内部矛盾和其他社会矛盾都得到正确处理，社会公平和正义得到切实维护与实现。因此，公平正义要求我们必须坚持公民权利公平正义原则，去建立和完善政治参与制度。目前我国仍然是城乡二元分割的社会结构，人为地造成了城乡居民社会经济地位的不平等，农民从一出生就成了"二等公民"，与户籍制度挂钩的教育制度、医疗制度、社会保障制度、就业制度等从一开始就把农民置于一种弱势地位，农民权利没有得到公平和正义制度的体现与维护。尤其在农民政治参与中，由于政治参与制度的不完善、健全，农民在政治参与中长期处于弱势地位。这是广大农民合法利益经常遭遇不法侵害的根本原因。近年来，一些地方群体性事件频繁发生的重要原因之一，就是一些党员干部无视广大农民权利公平正义的原则，置他们的利益诉求于不顾造成的。

　　因此，在社会主义和谐社会构建中，加强农民政治参与制度化建设，我们必须全面贯彻落实科学发展观的要求，坚持以人为本，注重农民权利公平正义的原则，把维护广大农民的根本利益作为我们一切工作的出发点和落脚点，以推进构建社会主义和谐社会的伟大进程。

（四）崇尚法律至上

　　所谓法律至上，就是指在一个社会中，法律居于至高无上的地位，拥有崇高的威望，得到人们普遍的遵守和广泛的认同，法律在调控人们社会生活方面发挥基础和主导的作用，其他社会规范均在法律的范围内制定和发挥作用。社会主义民主和社会主义法制是不可分割的一个整体，扩大公民有序政治参与必须有制度化、程序化的支持。因此，在社会主义和谐社会进程中，农民政治参与制度化要求我们必须坚持法律至上的政治参与原则。

　　尊重宪法和法律在对公民政治参与权利所作的界定方面，不仅有宪法的根本性规定，而且也有一般法律的具体规定，我们必须坚持法律至上的政治参与原则。首先，《宪法》是我国的根本大法，是中国共产党执政兴国、带领全国各族人民建设中国特色社会主义现代化事业的重要保证，具有最高的权威和最大的法律效力。我国《宪法》明确规定，人民有权依照法律规定，通过各种途径和形式，管理国家事务，管理经济和文化事业，管理社会事务。我们必须坚持以《宪法》作为公民政治参与制度化的最强大的武器，同时在政治参与制度化中积极维护《宪法》至高无上的尊严和权威。其次，我国社会主义法律体系是一个有机统一的整体，任何法律、法规、规章都不得同宪法相抵触。因此，有关公民政治参与的一般法律、法规、章程，要维护宪法至高无上的尊严和权威。这要求我们务必在宪法规定的范围内，制定和实施与政治参与相关的一般法律、法规、章程，绝不允许与宪法相抵触,甚至超越宪法,同时严格执行法律面前人人平等。

近年来,许多农民以法律所赋予的各种权利为诉求武器,来挑战其要抗争的对象。由于一些地方政府在处理农民政治参与事件中,无视我国宪法至高无上的权威性,存在有法不依、违法行政的现象。甚至一些地方政府制定与我国宪法精神相违背的"土政策"、"土法规",严重限制农民政治参与的权利,致使农民参与无门,而引发农民大规模的上访或者恶性群体事件。这样只能造成政府法律制度权威的流失,使广大农民对我国相关法律制度失去信任。因此,在构建社会主义和谐社会进程中,坚持法律至上的政治参与原则,是农民政治参与制度化必须坚持的一条重要原则。

(五)坚持有序渐进

在经济社会转型时期,我国利益分化和社会分层现象日益凸显,人们政治参与的愿望与诉求日益强烈。但是,我国政治制度化程度还不高,还不能适应人们急剧扩大的政治参与要求。因此,在构建社会主义和谐社会进程中,农民政治参与制度化要求我们必须坚持有序渐进的政治参与原则。

"有序"是指政治参与要在国家现行的制度和法律框架下进行,依据宪法和法律行使自己的权利,并逐步纳入制度化、规范化、程序化的轨道。农民政治参与制度化要兼顾我国社会发展的吸纳能力以及农民自身素质的实际情况,促进农民有序政治参与。一方面,扩大农民有序政治参与的增长速度与规模必须与社会发展的基本步调保持一致,不能因为参与过热而超过社会的承载力,以致对社会稳定造成巨大冲击,进而影响政治稳定乃至严重破坏整个社会的稳定以及人民生活的安定;另一方面,扩大农民有序政治参与还要与农民自身素质相吻合,否则,同样可能给社会和谐与稳定带来不利因素。因此,只有把广大农民政治参与的诉求、我国社会发展实际情况以及农民自身素质三者有机结合起来,在日益完善参与渠道和保障制度供给的基础上,有计划、有步骤地将扩大农民有序政治参与融入到国家政治生活之中,切忌急于求成,盲目扩大。

我国还是一个经济文化比较落后,公民政治知识相对匮乏、公民政治素质总体偏低的国家。这些现实状况决定了我国扩大公民有序政治参与也将是一个渐进的过程。农民政治参与制度化要求我们必须提高农民政治素质和文化素养,让他们具有现代民主政治的基本意识。然而,传统农民向现代农民的转变不是一蹴而就的过程,而是一个渐进的、长期的过程。尤其是在大力提高广大农民文化素质的同时,培育农民的公民意识、法律意识、主体意识、权利意识等现代民主政治意识,不断增强广大农民的政治参与能力更是一个长期而渐进的过程。农民政治参与制度化需要政府治理理念和治理方式的转变,而旧有思维方式和由其支配的行为模式将可能在比较长的时期内保持其相当大的惯性,对农民政治参与制度化起到阻碍作用。农民政治参与制度化作为一项制度创新,必须经过长期而又复杂的实践过程,不仅要在理论上进行论证,更重要的是,要在实践中不断检验和完善,这也是一个长期、渐进的过程。

农民政治参与制度化必须立足于我国的基本国情。正如党的十七大报告中所指出:"我国仍处于并将长期处于社会主义初级阶段的基本国情没有变,人民日益增长的物质文化需要同落后的社会生产之间的矛盾这一主要矛盾没有变"[1]。这一判断是对我国现状的历史性定位,也决定了我国农民政治参与制度化长期性、渐进性的过程。改革开放以前,我们在政治参与实践中走过一些弯路,与我们党和广大人民群众对推进政治参与期望值过高,忽视我国推进政治参与制度化的长期性、渐进性不无关系。

在当前我国历史、社会、思想文化等各种条件限制下,扩大农民有序政治参与只能在党的领导下,有步骤、有秩序地进行。任何企图超越我国现阶段社会、经济、文化和道德发展水平,不顾历史条件的制约,想在短期内实现农民政治参与跨越式发展的想法和做法,都是不切合实际的。只有从我国社会主义初级阶段这个最大的实际出发,充分认识农民政治参与发展的长期性和渐进性,才能切实有效地扩大农民有序政治参与。

三、农民政治参与制度化的主要途径

我们从社会、经济、政治、文化等层面,全面、详尽地分析了社会主义和谐社会构建中农民政治参与制度化的制约因素,那么,我们应该围绕农民政治参与制度化的基本目标,坚持党的领导、维护政治稳定、注重公平正义、崇尚法律至上、坚持有序渐进五项政治参与的基本原则,相应地从以上各个方面的原因探索农民政治参与制度化的有效途径,进一步健全、完善我国政治参与制度,大力提高农民自身政治素质,以促进我国农民政治参与制度化。

(一)尽快实行果式权力结构　为政治参与制度化提供政治保障

政治参与是公民基于对政党及其制度的认同,并在此基础上进入政治系统之中,试图影响其决策的过程。否则,宪法就会被束之高阁,法律如同一纸空文,公民将不会按照现存的制度体系参与政治,广泛、合法、理性、有序的政治参与目

---

[1] 胡锦涛:《高举中国特色社会主义伟大旗帜　为夺取全面建设小康社会新胜利而奋斗》[R]. 北京:人民出版社2007年版,第14页。

标就会落空。果式权力结构作为一种从上至下与从下至上"双向运行"的权力结构，为农民政治参与制度化提供有力的政治制度保障。

"任何国家系统都是建立在某些权力结构之上的。而权力结构的类型，仅划分为树结构、果结构、树—果结构、果—树结构四大类型。所谓树结构，就是指其中任何（有权力关系的）两点（即两个构成元素）之间的联结方式是从上至下的权力'单向运行'（即系统论中的开口型联结方式），所谓果结构，就是指其中任何（有权力关系的）两点（即两个构成元素）之间的联结方式是从上至下与从下至上相结合的权力'双向运行'（即系统论中的闭合型联结方式）；所谓树—果结构（指它的上层是树结构，下层是果结构）及果—树结构（指它的上层是果结构，而下层是树结构）。"[1] 四种权力结构类型的存在，是人类社会最基本的社会存在形式，决定着人们最基本的社会意识。如树结构类型的存在，就决定了人们"官本位"、"唯上"、"巴结领导"等意识的存在，典型地表现为民主的缺失。果结构类型的确立，可以从最根本或绝大多数地消除"官本位"、"唯上"、"巴结领导"等意识，确立和发扬"求真"、"求实"、"民主"等意识。由于我们的社会是建立在树结构体制之上，还没有彻底消除我国宗法专制社会的消极影响。在现实生活中，诸如：政府权力过于集中、腐败、贫富差距拉大等现象还不同程度地存在，究其根源就在于现实存在的树结构体制之上。要想解决以上问题，只有尽快对树结构进行类型的转换，如转换成树—果结构体制、果—树结构体制，最终实现向果结构体制的过渡。

党的十六大以来，我国社会主义民主政治建设取得长足发展。以胡锦涛为总书记的新一代中央领导集体，根据新形势新任务对党的建设提出的新要求，把推进党内民主建设作为保持和发展党的先进性的一项根本性建设，积极促进党内民主建设，在理论和实践上取得了重大进展。在基层群众自治方面，我们发展基层民主，保障广大人民群众享有更多更切实的民主权利。尤其是在农村，村民自治制度的推广与普及，广大农民不仅能够积极参与村委会的选举，而且也可以参与县、乡两级人大代表的选举。这彰显了我们国家的权力结构正逐步在实现向果式结构权力类型的顺利转变。只有最终实现民主式果结构权力，才能消除树结构权力对人们"权力的剥削"，使广大农民享有平等的政治参与权力，将给和谐社会构建中农民政治参与制度化提供有力的政治保障。

（二）平衡利益制度机制　消除农民政治参与制度化的制度障碍

马克思主义经典作家认为，对现实利益的诉求是广大人民政治参与的内驱

[1] 尹光志、熊传动：《简评〈权力结构论〉》[J].《今日财富（金融发展与监管）》2010 年第 5 期。

力。城乡二元结构作为我国传统的利益机制,是农民政治参与制度化的主要障碍。在传统二元社会结构中,农民丧失了最基本的国民待遇,遭遇广泛的制度性歧视,成为政治与经济上的"双重"弱势群体。当前我国二元结构下的一些旧的制度机制,如户籍制度、教育制度、社会保障制度、就业制度等,已经严重地束缚了弱势群体的政治参与权。这也是造成农民非制度化政治参与扩大化的最主要原因。因此,在构建社会主义和谐社会进程中,把农民非制度政治参与引导到制度化政治参与的轨道,必须坚持公平正义的参与原则,平衡利益制度机制,彻底改革城乡二元结构,走出城乡分治格局,给予广大农民平等的政治参与权利,消除农民政治参与制度化的制度桎梏。

1.平衡经济利益制度机制 增强农民政治参与制度化的物质基础

平衡经济利益机制,旨在改革城乡二元经济结构,改变广大农民经济弱势的地位,增强农民政治参与制度化的物质基础。

在传统二元经济结构中,我国实行了偏斜式的重工业发展模式,国家把建设投资的重点放在工业上,以追求经济高速增长为主要目标的重工业偏斜发展战略。一方面,这一战略使得我国产业的形成脱离了劳动力剩余与资金短缺的客观实际,向着资本密集型而不是劳动力密集型的方向发展。非农部门就业增长缓慢,难以吸收更多的农村剩余劳动力就业。因此,只好关闭城市的大门,把农村人口排斥在外,用严格的户籍制度限制广大农民向城市流动;另一方面,国家为了积累工业原始资本,通过工农业产品价格的"剪刀差"、统购统销等方法,实现农业积累向工业建设领域和城市领域的转移。农民经济利益受到严重侵害,长期处在贫困状态,削弱了广大农民政治参与制度化的物质基础。

一般来说,现代化国家的发展要经历三个不同的阶段:一是在工业化的初级阶段,农业支持工业,农业为工业化提供原始资本积累;二是在工业化的中级阶段,农业与工业平行发展;三是在工业化的高级阶段,城市应该支持农村,工业应该反哺农业,最终实现城乡统筹发展。改革开放三十多年来,我国经济社会发展已经进入了城市支持农村,工业反哺农业,实现城乡统筹发展的工业化高级阶段。在社会主义和谐社会构建中,我们应该改革城乡二元经济结构,平衡经济利益制度机制,增强农民政治参与制度化的物质基础。具体地说,一是加大工业反哺农业的力度,从工业部门抽调资金,利用先进的工业技术给弱质农业以技术支持,加大农业生产各种补贴的力度,大幅度提高农产品的价格;二是大力发展农村市场经济,不仅能够富裕农民、繁荣农村,而且能够为工业发展和国内消费开辟一个潜力无比的农村市场,实现工业与农业的协调发展,以促进农业发展,增加农民收入;三是加大广大农民在政府制定减轻农民负担、土地征用、房屋拆迁以及招商引资等政策中的知情权、参与权,尽可能制定有利于农村经济社会发展的相关政策,积极维护广大农民的合法利益,进一步增强农民政治参与制度化的物质基础。

2.平衡政治利益制度机制 实现农民政治参与平等权利

本质上讲,城乡二元结构其实是一个政治制度问题,即国家人为地把社会成员分成城里人和农民。城市与农村属于两个不同的世界,城市居民享受政府的各项资源配给,而农民则自给自足,甚至是自生自灭,广大农民从一开始就明显地处于弱势地位。从经济上看,农业是各类产业中高风险、低效益的弱质产业;从政治上看,尽管农民占全国人口的绝大多数,但却是最大的政治弱势群体,缺乏平等的政治参与权、利益表达权;从社会地位上看,农村人口是最庞大的被歧视群体,主要表现为社会不公平、机会不均等、待遇不公正、社会地位较低。总的看来,农民的弱势地位是他们难以进行有效利益表达的主要原因。因此,促进农民政治参与制度化,我们必须平衡政治利益制度机制,实现农民政治参与平等权利。正如英国学者戴维·赫尔德所言:"当公民享有一系列允许他们要求民主参与并把民主参与视为一种权利的时候,民主才是名符其实的民主"[1]。托克维尔也认为,民主讲究的是个人平等的一致性,强调的是人民主权的至高无上性,人民有权治理国家的一切,包括政府工作人员的任免,政府形式的选取,以及社会运作的方式,等等。

长期实行不公平、不公正的制度本身就严重地限制广大农民的政治参与权利,这也是农民经济上弱势、社会地位低,处于政治参与边缘的根本原因。在社会主义和谐社会构建中,我们必须走出"城乡分治,一国两策"的格局,进一步平衡政治利益制度机制,实现广大农民政治参与平等权利。一方面,要改革城乡二元政治结构,加快相关政治制度的改革,取消户籍制度和一些歧视性就业政策,取消与户籍制度相配套的医疗、教育、社会保障等制度壁垒。尤其是要消除政治参与制度中对广大农民政治参与歧视的制度安排,如《选举法》等相关政治参与制度中不利于广大农民政治参与的部分等内容,真正在制度安排上实现农民平等的参与权利;另一方面,统筹城乡发展,向农村提供必要的公共产品、公共资源,使广大农民在提高经济水平的前提下,提高广大农民政治参与的平等权利,确立广大农民当家作主的政治地位,更好地在和谐社会构建中促进农民政治参与制度化。

(三)完善政治参与制度体系 拓宽农民政治参与制度化的渠道

广大农民合法利益在遭遇不法侵害时,如果缺乏畅通、完善的制度化表达渠道,他们的切身利益难以受到政府保护,就会积累不满情绪,引发社会矛盾,导致无序参政,造成社会动荡,影响社会和谐。现有的农民政治参与制度主要有人民

---

[1][美]戴维·赫尔德:《民主的模式》(中译本)[M].北京:中央编译出版社1998年版,第398页。

代表大会制度、村民自治制度和信访制度等,无疑为农民政治参与制度化提供了良好的制度空间。在构建社会主义和谐社会进程中,推进农民政治参与制度化建设不能离开这样一个前提。充分利用这些良好的制度资源,完善政治参与制度体系,拓宽农民政治参与制度化的渠道也是非常必要的。

1.优化人民代表大会制度是奠定农民政治参与制度化的前提

人民代表大会制度是我国的根本制度,体现了最广泛的民主,是我国政治体制中实现人民民主权利的最重要渠道,已经成为人民政治参与的重要途径。优化人民代表大会制度,充分发挥其在代表民意上的作用,让人民代表能够真正代表人民,改变农民集体"失语"的状态。只有坚持和完善这一制度,使广大农民的法律地位与现实权力保持一致,才能奠定农民政治参与制度化的前提。

随着我国社会经济的不断发展和社会主义民主政治建设的不断推进,人民代表大会制度在广大人民政治生活中发挥的作用越来越重要,同时其自身缺陷也日渐显露。要不断地完善人民代表大会制度,充分发挥其政治参与和利益表达功能,使其真正成为广大人民群众,特别是,广大农民进行制度化政治参与的重要渠道。根据前文分析,我们必须完善关于人民代表选举的法律规定,逐步建立平等的人大代表选举制度、建立与完善人大代表与选民的联系机制,充分发挥人民代表大会制度在农民利益表达方面的重要作用,以促进农民政治参与制度化。

第一,完善人民代表《选举法》,逐步建立平等的选举制度。人民当家作主是我国社会主义民主政治的本质与核心。针对农民在人大代表中比例不平衡的现实,要求我们必须进一步修改《选举法》,逐步建立日益平等的人大代表选举制度,真正实现广大农民平等的选举权,为广大农民创造更多的制度化政治参与渠道。胡锦涛总书记在党的十七大报告中,对发展社会主义民主政治提出了许多新的设想,其中一条重要的建议就是"逐步实行城乡按相同人口比例选举人大代表,扩大农民在县乡人大代表中的比例,密切人大代表同农民的联系"[1]。这个建议完全符合我国《宪法》所规定的平等选举原则的要求。它要求我们应该采取切实可行的措施,在全国人大和地方各级人大中增加农民代表的比例,尤其是不同阶层农民代表的比例。特别是,在基层人大中硬性规定农民代表的名额,实现广大农民平等的选举权,给广大农民更多参与政治的机会,使代表农民利益的声音更强些、力量更大些。

目前我国《选举法》中规定,在人大代表中,农民代表所代表的人数是城市代表所代表人数的四倍,这显然对农民来说是不公正的。人民代表大会制度是人

---

[1]《十七大报告辅导读本》[M].北京:人民出版社 2007 年版,第 27 页。

民当家作主的政治理念和宪法理念在制度上的直接体现,是农民政治参与制度化的最重要的政治方式。人民代表大会制度的完善关键在于要增加各级人大代表中农民代表的比例。2010 年 3 月14 日十一届全国人大三次会议表决通过了关于修改《选举法》的决定,将实行城乡居民平等的选举权作为一项最基本的原则写入宪法,这为增加农民代表在各级人民代表大会中的比例,让广大农民和其他公民一样平等地进行政治参与奠定了坚实的基础。

然而,农民代表比例的增加,必须保证一定比例的基层普通农民代表,只有这样,才能真正在国家权力机关中听到普通农民的声音,真正保证普通农民的利益得到维护。一方面,在设定农民代表的比例时,我们应该按照干部、群众身份、收入水平等方面设计比例,确保一定比例的普通农民代表;另一方面,农民代表比例一般应该占全国人大代表中的三分之一以上,省、县一级应更高些。因此,在全国人大或地方人大代表选举和名额分配上,应该逐步缩小并最终取消农村居民与城市居民选举人大代表的差别,从而确保任何一名代表与所代表的人口比例基本一致,最终实现代表基础的一致与选民权利的平等。

这样才能够使更多的农民平等地参与到国家政治生活之中,实现对国家权力、国家机构以及国家事务和政治的管理,使人民代表大会制定的各项法律、决议能涵盖广大农民的利益诉求,增强广大农民对现行政治体制的认同感,强化其政治参与意识与归属感。尤其是在基层人大代表选举中硬性规定农民代表的比例,农民的利益需要足够的代表去表达,同时平衡不同阶层农民代表的比例。扩大农民代表在总代表人数中所占的比例,有利于增强农民利益的声音,更好地让农民通过制度化的参与方式,以维护和实现自身的利益诉求。

第二,建立与完善人大代表与选民的联系机制。人民代表大会是由人大代表组成,人大代表来自于广大人民群众之中,人大代表与广大人民群众的关系应该极为密切。我国现行《宪法》和《选举法》虽然对人大代表和选民之间的联系做出了原则性的规定,但是现实中仍然普遍存在人大代表和选民之间联系不足的问题。吴邦国委员长强调,人大工作的最大优势是密切联系广大人民群众,最大的危险就是脱离人民群众。一旦脱离了广大人民群众,人大就成了无源之水,无本之木。因此,建立与完善人大代表与选民的联系机制,及时发现农民群体中的矛盾与问题,及时化解矛盾,有利于促进农民政治参与制度化。

在贯彻和落实科学发展观,提倡以人为本的今天,政府更应该重视建立和完善人大代表与选民的联系机制。这有利于把选民的民意收集起来,上升到理性的高度进行科学总结,形成有价值的提案,促进农民政治参与制度化。一要建立人大代表向选民述职制度,定期向选民汇报履行代表工作情况,接受选民监督。人大代表应该以发布公告, 公布自己的联系方式和固定办公场所等, 以便联系广大选民, 并接受广大选民的监督; 二要推行专职代表制度, 使之具有专门的、足够的时间、精力、财力深入到选民中间倾听选民的呼声, 切实反映选民的意愿。在广大农村地区, 人大代表应该经常深入到农村, 深入到农民中去, 听取广大农民的呼声, 了解广大农民的意愿, 并通过各种渠道征集议案, 完成人大代表的使命; 三要人大代表有一定的民意整合与预警的能力。有效的人大代表与选民的联系机制不仅可以起到综合、整合民意的功能, 减少广大农民非制度化政治参与, 而且还可以起到预警的作用。当广大农民群体中出现对现实不满的情绪时, 人大代表可以及时发现, 做沟通、协调、化解矛盾的工作, 有利于把农民政治参与引向制度化政治参与的轨道。

第三, 大力提高人大代表的素质。人民代表大会制度是农民政治参与的基本制度, 在农民政治参与中运用的效果与人大代表自身的素质是正相关的。加强农民政治参与制度化, 必须全面提高各级人大代表的素质。一是增加专职的农民代表数量, 尽可能地选举较多的律师、高级知识分子和农村中的精英分子等参与能力较强的人员为人大代表; 二是加强对人大代表专业化的管理和培训; 三是大力提高选民的素质。人大代表是通过选民选举出来的, 只有提高广大选民的素质, 如文化水平、政治认知以及政治参与技能, 增强他们参政议政的能力, 人大代表的素质也就会有相应地提高。总之, 通过提高人大代表的素质, 使他们更好地行使农民的话语权、更好地维护广大农民切身的合法利益。

人民代表大会制度是我国社会主义政治制度的核心与支柱。在和谐社会构建中, 我们只有坚持和完善这一制度, 使其法律地位与现实权力保持一致, 才是推进农民政治参与制度化的基础与保证。因此, 我们必须完善人民代表选举法, 逐步建立平等的选举制度, 适度扩大农民代表在总代表人数中所占的比例、建立与完善人大代表与选民的联系机制、大力提高人大代表的素质, 使农民选举出来的人大代表能够真正代表广大农民的根本利益, 以提供农民政治参与制度化的基本制度保证。

2. 完善村民自治制度 夯实农民政治参与制度化的基础

村民自治制度是中国特色社会主义的基层民主制度, 实践证明, 它适合中国国情, 具有强大的生命力。2010 年10 月修改后的《村委会组织法》日益完备, 进一步推进了农民政治参与制度化。但是, 在和谐社会构建中, 推进农民政治参与制度化, 不能离开进一步完善村民自治制度这一重要制度资源。夯实农民政治参与制度化的基础, 必须进一步完善村民自治制度。

（1）完善相关村民自治的法律

正视村民自治制度缺少完备法律支撑的现实,我们必须尽快出台一部详尽而又完备的《村民自治法》,使广大农民在参与村民委员会民主选举、民主决策、民主管理、民主监督的过程中真正做到有法可依。一方面,明确规定乡、镇政府和村民委员会二者的职责权限。如具体规定政府对村委会指导与管理的范围、原则以及实施细则、村民自治管理的范围、原则以及实施细则,明确划分乡、镇政府和村民委员会之间在人、财、物等安排上的权力和责任。明确乡、镇政府要求村民委员会协助的工作范围,以及实际工作中乡、镇政府指导村民委员会的方法和村民委员会协助乡、镇政府工作的相关程序;另一方面,在《村民自治法》中详尽规定干预、破坏选举的法律责任的相关刚性条款,村民委员会或者村民依据上述条款,有权对违反《村民委员会组织法》中相关规定的人员提起诉讼,法院必须依法追究责任,确保法律的尊严与神圣。

(2)限制村民委员会的权力　增强其服务职能

当前在我国大多数农村地区,村民委员会掌握大量资源,霸占、垄断话语权,在监督不到位的情况下非常容易滋生腐败。因此,在现有制度的框架下,可以将集体的土地全部承包给农户(并且期限更长些),限制村民委员会对土地的话语权,同时进一步完善各农户间土地使用权的流通和转让,从而弱化村民委员会的权力,使侵犯村民权利的可能性尽量降低。与此同时,还要转变观念,贯彻民主原则,明确乡、镇与村民委员会之间的职责,突出乡、镇政府和村民委员会的职能。政府以服务为工作重点,村民委员会以村民自治为工作重点,各负其责,更好地消弥村民委员会的行政化倾向,增强其为广大农民服务的各项职能。

(3)建立村务监督委员会　完善村民自治体系

随着我国社会经济的快速发展,一些富裕起来的广大农民维权意识和参与意识也日益增强,他们对一些村民委员会干部、党员干部,滥用职权、贪赃枉法的行为意见很大。农村党群、干群关系日渐紧张的现象,在一些农村地区比较突出。我们可以根据重新修订通过的《村委会组织法》中第三十二条"村应当建立村务监督委员会或者其他形式的村务监督机构"之规定,探索建立,并逐步完善由村民代表会议直选产生的村务监督委员会,独立于村党支部和村民委员会二者之外,专门监督村民委员会的日常村务工作,尤其是对村集体财产、财务等的监督。村务监督委员会作为广大农民反映社情民意、发挥监督作用的重要载体,其更深层的意义就在于它能够完善我国农村村民自治体系,有力推动我国社会主义基层民主建设和农民政治参与制度化,加快社会主义和谐社会的进程。

3.健全和完善信访制度 拓宽农民政治参与制度化的渠道

信访本身是法律赋予公民的一项权利,是农民参与政治,有效地表达、实现和维护自身正当利益的一项制度化渠道，也是广大农民首选的方式。健全和完善我国信访制度，拓宽农民政治参与制度化的渠道显得十分重要。

第一，地方政府部门要转变观念，树立正确的政绩观。一方面，地方政府部门首先必须转变观念，牢固树立执政为民的理念，全心全意为人民服务。农民信访是对党和政府的信任，是他们行使自己当家做主，参与管理国家和社会事务的一种重要形式，与危害社会治安、扰乱社会秩序等影响社会稳定的行为有本质的区别。信访部门接信接访，是各级政府部门践行科学发展观以人为本为核心的表现。对农民反映的问题，不管是何种形式我们都应该本着农民利益无小事的负责态度，认真对待并加以妥善解决，化解矛盾，促进稳定。当部分农民遭遇司法不公或其他救济途径解决不了的问题时，信访制度作为一种补充性救济，是社会的安全阀，问题的解决更有利于维持社会和谐与稳定。在实践中，部分基层政府部门对一些农民的上访，不闻不问，久拖不决，甚至把上访农民当成"刁民"、"暴民"的做法都是有悖于党的最高宗旨，成为引发社会冲突的导火索；另一方面，各级政府部门还要树立正确的政绩观。正确的政绩观，应该是各级政府部门认真践行科学发展观，处理好广大农民利益和社会和谐的关系。一些地方政府为了"维稳"、"政绩"和个人的仕途，而压制、阻止群众上访，这种做法扭曲了政绩观，引发广大农民的强烈不满，降低了政府的公信力，成为引发恶性和群体性事件的火药桶。事实上，做好信访工作，确保社会和谐稳定尤为重要。一旦广大农民合理的利益诉求得到及时妥善的处理，就可以化冲突为和谐，这才是最大的政绩。为此，各级地方政府务必树立正确的政绩观，把积极维护广大农民根本利益和社会和谐与稳定作为最大的政绩，亦可把该项内容作为上级部门考核地方政府的一项重要指标之一。

第二，增加信访部门的实权，确保责权并重。信访部门作为政府监督机制的核心，肩负着极其重要的责任，应该把信访部门独立出来，进一步增加信访部门的实权，确保责权并重。一方面，进一步提高信访部门交办权和督查权的权威，通过相关法律或行政法规更加明确地规范信访制度的这两项职权。这样，信访部门对其他行政部门的监督才有硬性的依据，才能做到农民信访问题"事事有回音、件件能落实"的要求；另一方面，进一步增强信访部门日常的追踪、督查、督办权。信访部门要紧紧围绕党委和政府的中心工作、广大农民关心的问题以及影响他们切身利益的实际问题，主动督查、督办，对农民反映的热点、难点问题，有权实行立项查办，并及时予以解决。

第三，信访部门要协调统一，实现相关部门联动。《信访条例》第五条明确规定："县级以上人民政府应当建立统一领导、部门协调，统筹兼顾、标本兼治，各负其责、齐抓共管的信访工作格局"[1]。一方面，各信访部门之间要协调统一。明确各级信访部门的权责范围，强化信访工作责任追究制度；另一方面，信访部门要实现相关部门联动。农民信访中的问题会涉及多个部门，信访部门虽然是个综合部门，但它不能包打天下，需要各部门分工负责，密切协调。这就要求各信访部门要实现相关部门联动，整合信息，相关调解机构定期与信访部门互通信息，共同研究，找到解决问题的办法，降低农民政治参与的成本，提高效率，减少重复上访或者避免恶性事件的频发，以提高政府的公信力。

第四，建立信访干部责任追究制度，规范信访工作人员的行为。一方面，建立和完善部门一把手负总责、分管领导具体办理、部门其他成员各司其责的责任制度。对重大信访问题的处理，要落实好领导包案制度，明确责任，实行包案处理，加大对信访问题处理的领导力度。完善信访工作目标管理考核办法，把信访问题"解决率"列入信访部门每年年终督查与考核的主要指标；另一方面，规范信访工作人员的行为。信访工作人员还应该改进工作态度和工作方法，正确对待农民上访，热情接待农民来访，重视农民反映的问题，切实解决好农民反映的问题，维护好广大农民的利益。而不应推诿、拒绝农民的反映或和有关被举报部门串通，使上访农民遭受打击报复。信访工作人员应该积极发挥政府和广大农民之间良性互动的桥梁作用，做好科学发展观的践行者，维护社会的和谐与稳定。

第五，构建司法权威与公正，引导农民政治参与迈入法治化轨道。社会主义和谐社会是一个法治的社会。在法治社会中，国家的司法救济才是公民权利救济最主要的形式，我们应构建司法权威，疏通广大农民的权利救济渠道，积极引导农民政治参与迈入法治化轨道。当下，农民之所以倾向于在法律之外寻求公道，凸显信"访"，不信法，究其根本原因就在于司法程序繁琐、司法不公、成本较高，现行司法救济制度难以满足广大农民的正当利益诉求。农民一些本应该通过司法救济渠道解决的问题，却由于司法渠道不畅、程序繁琐、成本高，而拥挤在信访这一"独木桥"上，造成了当前的"信访困境"。民主法治是文明社会的基本价值，是近代政治文明的伟大成果。在和谐社会构建中，我们只有树立司法权威、司法公正，广大农民才会对司法有信心，才会更多地选择司法渠道而非上访等其他渠道来解决问题，这样才能更好地引导社会向真正的"法治社会"迈进。

4. 加强法制建设 为农民政治参与制度化提供有效的法律保障

马克思主义经典作家认为，法制是广大人民政治参与的重要保障。农民政治参与制度化必须根植于我国宪法和相关法律许可的范围之内。因此，在和谐社会

---

[1]《信访条例》（2005）第一章第五条。

构建中,我们必须加强法制建设,这既为农民政治参与制度化提供法律依据,同时也为农民政治参与制度化提供有效的法律保障。

第一,完备相关法律规定,为农民政治参与制度化提供法律依据。一是,针对新要求、新情况,对农民政治参与的方式、程序、参与的广度和深度进行相应的法律规定,为农民政治参与制度化提供依据;二是,抓紧落实有关农民政治权利的立法和其他有利于扩大农民有序政治参与的立法。如农民组织法、舆论监督法、村务公开法,等等。国家只有对广大农民政治参与进行合理定位,在承认广大农民主体地位的前提下,建立必要的法律制度,才能为农民政治参与制度化提供法律依据;三是,要健全法律援助制度,充分发挥司法救济渠道的保障作用。目前广大农民自身素质较低、法制观念比较淡薄,在其合法利益受到侵害时,不能较好地运用法律的武器进行政治参与。即使诉诸司法机关,但繁琐的诉讼程序、高昂的诉讼成本以及有的司法腐败使他们望而却步。因此,健全法律援助制度,就要对广大农民开展法制宣传,给予诉讼指导,提高广大农民政治参与的能力。对那些确实难以承担诉讼费用的农民,法律援助部门将依法提供无偿法律援助,以降低其政治参与成本,更好地维护好广大农民自身合法的利益。

第二,依法执政,为农民政治参与制度化提供法制保障。法律等相关制度确立后,依法执政是一个十分关键的问题。法律至高无上,不仅是实现法治社会的重要标尺,而且也是农民政治参与制度化健康发展的基本原则。我们党自身只有依法执政,才能担当起实现法治社会的伟大而又艰巨的任务。否则,执政无法,执政越法,其本身就是对法制建设的消解甚至是践踏。这不仅难以实现我国法治社会的远大目标,而且农民政治参与制度化的法制保障也会成为空中楼阁,沙漠之塔。我们在这一方面的历史教训是十分深刻的。仅以村民自治为例,在我国农村,一些基层党组织为了便于实施村民自治规定:村委会主任和村党支部书记一肩挑。这一规定明显剥夺了非共产党员农民的村委会主任的被选举权。这种做法虽然出现在基层、出现在农村,但却有违宪之嫌。这种凌驾宪法和法律的做法,在一些农村还被作为经验加以推广,有些欠妥。村委会主任和村党支部书记一肩挑的做法,的确便于村民委员会开展工作,但是很容易造成权力制衡的缺失,滋生村干部权力膨胀,不受监督,一个人说了算,村民也很难对村民委员会进行有效监督,阻碍广大农民政治参与制度化健康发展。因此,笔者认为,应该回归到村民自治初期,依法选举非共产党员和共产党员农民分别担任村委会主任和村党支部书记,实现权力制衡,加强监督,进一步为农民政治参与制度化提供法制保障。

(四)提高农民政治参与素质 培育社会主义和谐社会新型农民

人不仅是政治参与的主体,而且也是政治文化的载体,农民政治参与制度化归根结底还取决于政治参与主体自身政治素质的发展。建立和完善各项农民政治参与制度,并使其充分发挥作用,还十分依赖于广大农民自身政治素质的提高,即在制度建设的同时,广大农民习惯的养成和信念的树立十分重要。可见,农民政治参与制度化不仅要求具有完备的政治参与制度,而且对广大农民政治参与素质也有着较高的要求。提高广大农民政治参与素质,是实现政治参与制度内化为广大农民内心固有价值理念的客观要求。制度作为规范,只有把制度通过一定的途径内化为农民内心固有的观念意识,才能成为广大农民在政治参与时自觉的行为准则。因此,在和谐社会构建中,农民政治参与制度化要求我们必须提高广大农民的政治参与素质,积极引导广大农民的政治参与行为,培育社会主义和谐社会新型农民。

1. 建设参与型政治文化

参与型政治文化是指"参与者表现出来的是对社会的输入过程,也就是对那些促使他们介入政治的过程有一定的认识,并形成了鼓励自己利用各种参与机会的态度,也就是相信自己只要努力去做就能够影响国家的政治事务"[1]。参与型政治文化发挥着催生、支撑和保障民主政治的积极作用。如果没有参与型政治文化的逐步建立,就难以实现民主政治的健康发展。因此,政治参与制度化不仅要具有完备的政治参与制度,而且还需要建设参与型政治文化,培养农民理性的政治参与意识,为广大农民政治参与创造良好的心理条件。

参与型文化作为民主制度的一种隐性结构,只有其发育到一定程度,民主制度才能建立;也只有得到参与型政治文化的支持,民主制度才能得到巩固和健康运作。所以,阿尔蒙德指出:"参与型政治文化在某种意义上是保持民主政体有效运行的一般动力来源"[2]。因此,与制度上的成功设计相比,促进参与型政治文化的形成也比较重要,参与型政治文化所塑造的是参与型公民,其对社会民众有以下三个方面的基本要求:一是公民对政治具有一定的认知能力。它要求公民对政治具备理性的认知态度,对基本的民主价值观念具有广泛的支持和认同;二是公民有独立自主意识。缺乏主体意识,丧失独立人格,即丧失了主动性与进取性,也就不可能充分激发公民内在的潜力与价值,这样的个体就不可能形成自主的政治

---

[1] [美]加布里埃尔·A·阿尔蒙德:《比较政治学》[M].上海:上海译文出版社1987年版,第37页。

[2] [美]加布里埃尔·A·阿尔蒙德、S·维巴:《公民文化——五国的政治态度和民主》[M].徐湘林译.杭州:浙江人民出版社1989年版,第578页。

意识;三是公民还应具备良好的参政意识和参政能力。一方面,公民良好的参政意识意味着其已经突破了自身的封闭状态,开始关注个人与国家、社会的关系,认识到自我价值与社会政治过程之间的双向联系,从而将视野投向于更加广阔而又丰富的政治领域;另一方面,公民良好的政治参与意识的实现,除公民需要具备适应社会政治环境外,在很大程度上有赖于公民具有良好的政治参与能力,即政治知识、文化水平与参政能力。公民如果缺乏以上条件,即使具有强烈的参政要求,也不能转化为有序的政治参与,也不能实现制度化政治参与。

目前我国社会主义民主政治发展中的公民政治文化与参与型政治文化还存在较大差距。因此,加强农民政治参与制度化建设,引导我国农民的政治参与行为,推进农村民主政治的发展,必须大力建设与我国农村政治发展相适应的社会主义参与型政治文化,必须依据农民的政治心理和行为现状采取符合实际的有效措施,大力发展农村教育事业,促进参与型政治文化的发展和成熟,为广大农民政治参与创造良好的文化心理背景。

2. 采用政治社会化的途径 塑造参与型的政治文化

人的政治行为不是与生俱来的,而是通过后天习得的。人们政治价值取向的形成也是如此。也就是说,人们的政治文化是通过政治社会化形铸而成的。社会学观点认为,政治社会化是指:"个人逐渐学会被现存政治制度接受和采用的规范、态度和行为的过程,是个人认识自己所处社会的政治制度、并决定为巩固这一制度而努力的过程"[1]。它强调人与社会的互动关系。政治学观点认为,政治社会化是指一个社会内政治取向和社会模式的学习、融合、传播、继承的过程。美国著名学者阿尔蒙德等认为:"政治社会化是政治文化形成、维持和改变的过程。每个政治体系有某些执行政治社会化功能的结构,它们影响政治态度、灌输政治价值观念,把政治技能传授给公民和精英人物"[2]。它强调使人社会化的机构和组织的作用。因此,政治社会化是个人学习和建立政治取向和行为模式以及政治人格特征的过程和方式,是一个政治的教育训练过程;是把本政治系统内所认同的政治取向模式和行为规范传播给所有成员的社会过程;是把政治取向模式和行为规范代际相传的过程,是政治文化持续传承的过程;是提高广大公民文化教育水平、加强公民法制教育以及培育广大公民公共精神的过程。

提高农民政治参与素质,培育社会主义和谐社会新型农民。首先,振兴农村教育事业,提高农民教育水平。列宁指出:"文盲是处在政治之外的,必须先教他

---

[1] 黄育馥:《人与社会——社会化问题在美国》[M]. 沈阳:辽宁人民出版社1986年版,第146页。
[2] [美]加布里埃尔·A·阿尔蒙德:《比较政治学》[M].上海:上海译文出版社1987年版,第91页。

们识字。不识字就不可能有政治，不识字只能有流言蜚语、谎话偏见，而没有政治"[1]。可见，在民主政治发展进程中，农民的文化教育程度至关重要。教育程度越高，个人的参与意识就越强。"一个社会的政治发展在很大程度上取决于人本身的发展。"[2] 一个人受教育时间的长短往往决定个体政治素质的差异，受教育时间越长，政治兴趣则越浓，政治参与意识就越强，对政治的认知越系统越完整，并能很好地掌握一定的政治参与技能。"正是那些受过教育的人，最有可能坚持参与的规范。"[3] 然而，受二元社会结构的长期影响，广大农民受教育程度比较低，严重影响了广大农民对政治的认知、参与的技能等，成为广大农民制度化政治参与的一道屏障。振兴农村教育事业，提高农民教育水平。首先，加大政府对农村教育的投资力度，提高农村九年义务教育的普及力度，促进城乡义务教育均衡发展，进一步改善农村落后的基础教育设施，完善农村地区的各项办学条件，提高广大农民的教育水平；其次，加强农村师资力量，在设法保证现有农村教师的同时为农村培养并输送优秀的大中专毕业生以充实农村师资力量，培养业余群众文艺骨干，帮助农民改善工作环境和生活环境，尽可能为农民提供学习深造的机会，提高农村文化工作的水平，促进农民文化水平和综合素质的整体提高；最后，进一步完善农村教育结构，在巩固和发展基础教育的同时，积极发展农村职业技术教育，重视成人教育，逐步提高农民的科学文化水平，培养更多社会主义和谐社会的新型农民。

其次，加强对农民的法制教育，提高农民有序政治参与意识。一是提高农民法制意识使其意识到政治参与是法律赋予他们的正当权利，理性的政治参与有利于民主建设且受到法律的保护，农民不会因为畏惧某些势力而放弃参与政治；二是国家要大力宣传与民主相关的内容，更好地帮助广大农民认同民主的价值，特别要让广大农民明确民主与个人利益的密切关联，并积极采用各种方式养成广大农民践行政治参与的民主习惯；三是加强对广大农民进行公民权利和义务等方面的教育，引导广大农民逐步摒弃落后的小农思想和意识与落后的臣民文化的思想观念，清除附庸意识和影响农民政治参与的各种文化心理障碍，逐渐形成与现代社会相适应的法制观念，逐步培育农民有序政治参与意识；四是当前的社会是法治的社会，市场经济也是法治经济，必须提高广大农民的法律观念和意识，让广大农民懂法、守法，依法表达、维护和实现自己的合法利益诉求，促进农民政治参与

---

[1]《列宁全集》第四十二卷 [M]. 北京：人民出版社 1987 年版，第 200 页。

[2] 王沪宁：《当代中国村落家族文化》[M]. 上海：上海人民出版社 1987 年版，第 124 页。

[3] [美] 加里布埃尔·A·阿尔蒙德：《公民文化——五个国家的政治态度和民主制》[M]. 北京：华夏出版社 1989 年版，第 201 页。

制度化。如在一些农村地区,通过组织农民排练一些通俗易懂的娱乐节目进行法律宣传不仅效果良好,而且能够丰富广大农民的文化生活;五是培养广大农民程序化意识和制度化意识,使他们的政治参与在制度化渠道中良性运行。只有广大农民养成了制度化政治参与的意识,他们才能自觉地摒弃非制度化政治参与,进一步成为政治上成熟的公民。

第三,积极培育广大农民的公共精神。目前大多数农民政治参与意识不足的主要原因在于其公共精神的缺失。公共精神是"社会成员在公共生活中对共同生活的理解及居于其中的行为准则、规范、制度等的认可并体现于客观行动上的遵守、执行"[1]。法国著名学者托克维尔认为公共精神主要表现为,在维护私人生活的同时,人们也要兼顾公共生活,参与公共事务、努力寻找共识,创造有认同感的共同体。公共精神是由平等精神、自治精神、参与精神、宽容精神、妥协精神等共同组成。政治参与水平的高低是衡量一个国家民主政治发展程度的重要标准,而公共精神是扩大公民政治参与的根本动力。托克维尔认为公共精神的缺失表现为,忙于私人生活,忽视甚至放弃公共生活,不参与公共事务,缺乏认同感,难以采取共同行动。由于我国传统政治文化中缺失公共精神,典型地表现为,"各扫自家门前雪,莫管他人瓦上霜"成为扩大农民政治参与制度化的瓶颈。

积极培育广大农民的公共精神。首先,培育广大农民关心公共利益,避免其冷漠心理、"搭便车"的心理。如果一国公民处处仅以个人利益或者狭隘小团体利益的谋取为依归,对公共利益漠不关心,那么该国的政治参与水平一定是非常有限的;其次,使广大农民积极融入和参与公共生活。正如约翰·穆勒所言,一个绝对不能参与政治及公共事务的人,不能称之为公民。使每一个人都能意识到自我角色的存在,自我价值的实现,自我权利的赋予,他们常常用积极的心态,犀利的思想,要求的口吻来说话。这样一来,传统的草民及臣民身份就会自然地摒弃,主人翁的姿态就会油然而生;最后,通过对公共生活的参与,使广大农民认识到自己与社会各群体的彼此共融和平等,让他们既感觉不到特权等级,也不使自己盲目地离群和自大;既意识到法律、程序的神圣不可侵犯,又意识到伦理道德的亲和力;既意识到民主的伟大,又亲身体验了自由的相对张力;既意识到个体利益的尊贵,又感受了公共利益给大家带来的愉悦;既意识到了国家及社会的秩序感,又使得个人的价值、思想及权利得以充分地释放。这样,一种开放的公共文化生活势必会使大家消除隔膜与敌意,彼此信任和理解,走向公共思想和情感的统一,达成公共理念,形成公共良知,催生具有认同感的公共精神。

---

[1] 刘鑫淼:《当代中国公共精神的培育研究》[M]. 北京:人民出版社 2010 年版,第20页。

社会主义和谐社会对广大农民的自身素质提出较高的要求。大力发展农村教育,利用政治社会化的途径,培育参与型文化,提高农民政治参与素质,培育社会主义和谐社会新型农民,才能更好地促进农民广泛地、合法地、理性地、有序地参与政治,降低广大农民政治参与成本,提高政治参与效能感,进一步促进农民政治参与制度化健康发展,这也是构建社会主义和谐社会的题中应有之义。

(五)完善利益表达机制　让农民在制度内充分地表达利益诉求

利益表达机制是指"在一定的社会环境下,利益表达主体为了获得自身合法权益或实现自己的利益要求,通过一定的渠道和方式表达其利益诉求的制度安排,通过这种制度化的方式使社会各群体在这种制度化的路径下合理、合法地表达自身利益诉求的一系列制度体系及运作方式"[1]。和谐社会是一个利益能够得到表达和很好维护的社会。利益表达机制的功能,就在于为不同利益诉求的群体提供充分反映自己利益的制度途径,让各种不同的意见和对立的情绪顺畅发泄出来,避免其不断积累而造成混乱的局面。因此,完善利益表达机制,让农民在制度内充分表达利益诉求,是实现农民政治参与制度化的重要途径。

1.完善舆论监督体制　发挥大众传媒的民意表达作用

在信息、知识时代,大众传媒是政治社会化的一个重要社会工具,它以报纸、杂志、广播、电视、书籍以及电脑互联网络等手段,兼具超时空性、迅速性和大众性的特点,深入千家万户。大众传媒日益成为政府与民众之间良性互动不可或缺的桥梁。大众传媒作为一种舆论监督体制,不仅具有较好的民意表达作用,而且是广大人民群众对政府决策施加影响的一项重要的制度化渠道。广大民众不仅可以通过大众媒体了解政府,对政府的行为进行有效监督,而且政府也可以借助大众媒体了解民众的利益诉求,制定合理的决策。"大众传媒是一种沟通方法,在一个开放的社会里,利用大众传媒达到政治要求是一种接近决策者的主要方法"。[2]因此,加强农民政治参与制度化,应该完善舆论监督体制,发挥大众传媒的民意表达作用。随着社会经济的发展,大众传媒已经渗入到人民生活的各个方面。但是,在我国广大农村,大众传媒在发挥广大农民政治表达、监督政府等方面还存在诸多不足。广大农民可以借助大众传媒来表达自身利益诉求,实现和维护自身利益。我国作为一个社会主义国家,在党的领导下,大众传媒能够更好地反映和表达广大农民的政治诉求和根本利益。

---

[1] 高志婕:《和谐社会视角下农民利益表达机制研究》[D].四川农业大学 2010。

[2] [美]加布里埃及·A·阿尔蒙德、小鲍威尔:《当代比较政治学——世界展望》[M].北京:商务印书馆 1993 年版,第 92 页。

（1）充分利用大众传媒这一公共利益表达渠道，给农民提供政治参与平台

大众传媒是公共利益表达的重要渠道，也是有关组织和部门发布政策信息、反馈公民政治参与的重要途径。阿尔蒙德和鲍威尔认为："如果大众传播工具被政治精英人物控制，发布报道要由他们批准，那么，传播工具在某种程度上就不再是一种有用的接近渠道了"[1]。国家政权机构对于大众传播工具反映出来的民生问题、民情建议应予以高度重视，适当放宽限度，充分发挥大众传媒作为下情上传的利益表达功能。因此，我们应该充分利用大众传媒这一公共利益表达渠道，给农民提供政治参与平台。

一是进一步增加涉农媒体，扩大媒体的覆盖范围，倾听广大农民的呼声，关注广大农民的利益诉求，为他们搭建政治参与制度化平台，同时强化舆论监督作用；二是对大众传媒发展滞后的地区，政府应该采取政策倾斜和资金扶持，进一步加快村村通工程，加强各种大众媒体、热线电话、政府网站等对广大农民利益表达的作用，通过完善舆论监督体制，使广大农民通过大众媒体进行政治参与；三是在农村经济条件许可的情况下，村民委员会应该订阅一些报刊杂志，并以小组的形式按期发放到每个农户手里。同时，恢复或建立村广播站，定时播放每天的新闻、要事、村中的事务等；四是条件较好的农村地区可以建立农民图书馆、网络室，采取各种途径让农民更多地了解相关内容，以促进农民政治参与制度化。

（2）发挥网络在农民政治参与制度化中的作用

网络时代给人们进行网络政治参与提供了一个方便快捷的通道，已经越来越成为公民政治参与制度化的一种新形式。因此，我们必须充分发挥网络在农民政治参与制度化中的作用。

近年来，随着网络的发展，越来越多的党政机关开始在政府网站上建立了专门的网站，以公示政府的各种重大决策、官员选任和评议等信息，并及时回应广大公民关心的问题，这对推进和谐社会构建中农民政治参与制度化意义非常重大。比如许多政府网站开通了民众与政府的互动模块，以及邮箱、QQ、视频、博客、微博等这些新元素，正在成为民众与政府加强沟通联系的新途径，成为民众发表意见，政府倾听民声的新渠道。这样，不用出门，就可以与广大网民直接对话交流，让反映情况的人少走很多冤枉路，降低政治参与成本，极大地促进了政府和广大民众之间的良性互动。这一做法给农民政治参与制度化有很好的启示。为此，乡、镇政府，一方面，在目前农民自身素质还难以普遍做到通过网络进行政治参与的

---

[1]［美］加里布埃尔·A·阿尔蒙德、小鲍威尔：《比较政治学：体系、过程和政策》[M]．上海：上海译文出版社1987年版，第213页。

情况下,可以通过建立公开听取公众意见的制度来实现网络所暂时不能发挥的作用,建立有序的利益表达机制,开辟农民与基层政府平等对话的渠道,使农民政治参与走向制度化、有序化;另一方面,应该加大农村地区资金投入力度,大力加强农村地区计算机网络建设,让广大农民利用网络议政、网上投票、网络来信、网络民意调查、电子政务等途径,进行制度化政治参与。充分发挥网络在广大农民政治参与中沟通民意、下情上达具有重要积极作用,广大农民及时通过网络获得信息,并通过网络参与对政府部门的决策等进行参与和监督,对促进农民政治参与制度化大有裨益。

通过大众传媒,有利于增强广大农民的知情权、参与权、监督权等,使广大农民更好地表达、维护和实现其自身合法的利益。因此,完善舆论监督体制,发挥大众传媒的民意表达作用,是促进农民政治参与制度化不可或缺的重要途径。

2. 提高农民组织化程度完善农民政治参与制度化的载体

现代政治发展趋势的一个新特点是公民政治参与的有组织化。在党的十七大报告中,胡锦涛总书记明确指出,"要充分发挥社会组织在扩大群众参与,反映群众诉求方面的积极作用,增强社会自治功能"[1]。"社会组织化程度的高低,是市场经济和公民社会成熟程度的一个重要标志,也是现代民主政治能否健康发展的关键。原子化的个人利益表达,只能导致社会失序和政治不稳定,而不能促进社会的健康有序运转。当代中国利益表达机制的构建,在利益表达主体方面,即'谁来表达'方面,只能是社会化组织而不能定位在原子化的个人。"[2] 组织作为农民政治参与制度化的渠道,有利于引导农民政治参与由个人参政转向组织参政,减少农民制度外政治参与,提高农民的政治参与水平。因此,提高农民组织化程度,进一步完善农民政治参与制度化的载体。

孟德拉斯说:"怎样才能在国家中得到公正的地位呢? 首先是团结起来"[3]。组织作为一种利益制衡的机制是通向权力之路,政治参与作为公民的一项权利,与公民组织化程度的高低有着密切关系。"组织是通向政治权力之路,也是政治稳定的基础,因而也是政治自由的前提。"[4] 公民政治参与的实践表明,公民组织化程度越高,公民政治参与的效能感就越强。托克维尔的经验研究也表明,公民组织化程度高不仅有利于公民利益表达、社会稳定,而且更有利于公共政策的顺利

[1] 胡锦涛:《高举中国特色社会主义伟大旗帜　为夺取全面建设小康社会新胜利而奋斗》[N].《人民日报》2007-10-25。

[2] 王中汝:《利益表达与当代中国的政治发展》[J].《科学社会主义》,2004 年第 5 期。

[3] [法] H·孟德拉斯:《农民的终结》[M]. 李培林译. 北京: 社科文献出版社 2005 年版,第 1 页。

[4] [美] 塞缪尔·P·亨廷顿:《变化社会中的政治秩序》[M]. 上海: 三联书店 1989 年版,第 427 页。

实施，最后达至良好的公共治理。一般而言，公民以社会组织为政治参与制度化的载体来表达自己的参与愿望和利益诉求，要比分散的个体参与行为更能达到目的；对政府而言，与合法的社会组织进行协商、沟通，不仅有利于政府部门更好地掌握和了解民众的诉求意愿，而且其政治效率也相对较高，大大降低行政管理成本。公民有组织地参与政治已经成为现代社会政治制度化发展的趋向。在社会主义和谐社会构建进程中，要切实促进农民政治参与制度化，实现好、维护好和发展好广大农民的合法权益，就必须提高农民组织化程度。让农民拥有自己的组织，并形成一支有影响力的社会力量。因此，在构建社会主义和谐社会进程中，提高农民组织化程度，完善农民政治参与制度化的载体，是实现农民政治参与制度化健康发展的一项重要途径。

第一，要继续充分发挥村民委员会在广大农民政治参与中的组织作用。在提高农民组织化程度以前，村委会作为广大农民自我管理、自我教育、自我服务的基层自治组织，是广大农民政治参与制度化的主要途径。村民自治作为一项制度安排，不仅体现了农民当家作主的基本精神，而且也是广大农民参与十分便利的渠道。村民委员会作为维护广大农民利益的制度化保障，它不仅是广大农民利益的代言人与保护伞，而且是广大农民政治参与最好的制度载体。政府应该继续充分发挥村民委员会在广大农民政治参与中的组织作用。

第二，政府应转变观念，积极引导、建立农民组织。一是政府应该转变观念。我国《宪法》明确规定，公民基本权利包括公民结社的自由。那么，农民结社成立农民自己组织是合理、合法的。农民组织是广大农民利益整合和表达的组织，是与政府沟通和协调的政治参与组织，是维持农村社会和谐稳定的组织。目前农民组织的建立具有很大的社会现实需要性和可行性。传统上，人们大多认为农民组织起来，力量过于强大，对政府构成威胁，而把农民组织视为"洪水猛兽"，总是想法设法把农民的自发行动和组织消解在萌芽状态之中，使农民难以形成自己的组织。实际上，农民组织并不是一个与政府对抗的组织，作为利益组织化的载体，它能够更好地把广大农民分散的利益诉求进行整合，把广大农民分散化的制度外政治参与转化为组织化的有序政治参与，减少政府与农民个体之间的直接接触，在政府和广大农民之间形成参与诉求和利益表达的桥梁和纽带，有利于缓解基层政府与社会之间由于政治参与所形成的压力，而释放农民因利益要求而产生的冲量，成为二者之间的"减压阀"，彻底摆脱我国历史上官民冲突、治乱循环的怪圈；二是政府应该积极引导、建立农民组织。要尊重广大农民的主体地位和意愿与选择，按照"重引导、少干预、多服务"的工作思路，积极引导，为农民组织的建立与健康发展提供宽松的制度环境，减少审批、登记与管理环节。同时，政府还要从立法、设立改革试点区域，组织化的领导人员的培训、适当的资金扶持以及业务指导、管理等方面发挥重要作用。在当前情况下，政府也可以引导广大农民把自己的组织与农村地区已经建立起来的各种农村经济合作组织等结合起来，避免重复。

农民组织的建立，不仅有利于满足人们利益的诉求，而且有利于农民更好地实现自我教育、自我服务，自我管理，提高农民素质，增强政治参与能力，使广大农民高涨的政治参与热情，能够通过组织化的渠道得以满足，促进农民政治参与制度化。

第三，建立健全法律和制度，提高农民组织化制度保障。政府应该建立健全法律和制度供给，从制度安排的公平性出发，加快立法步伐，建立健全农民组织的法律法规体系，给予农民组织名正言顺的法律地位，降低农民组织取得合法地位的"门槛"。农民组织作为一个弱势群体的组织，它的完善与发展离不开健全的法律和制度的有力保障。国家要制定《农民组织法》，确认农民组织的合法地位。《农民组织法》不仅为农民组织的合法权益及其持久的生命力提供保障，让其在法律的保护下健康成长，而且为政府的管理提供可靠的法律依据。一方面，《农民组织法》明确各农民组织的法人资格，法人登记和主管单位等问题，赋予各农民组织一定的社会职能，以增强其权威性和内部约束力；另一方面，政府要在法律上确立农民组织的合法性，规范其组织原则、活动方式，任何行政部门都无权超越法律规定对农民组织进行行政干预。用《农民组织法》来规范农民组织，有利于国家和政府管理、监督、引导和帮助农民进行制度化政治参与，有利于维护广大农民的切身利益，有利于促进农业、农村和农民的全面发展，促进社会和谐。

第四，借鉴国外农民组织发展的经验，提高我国农民组织化程度。目前我国绝大多数农民还游离在组织之外，与国外农民组织化程度之高相比还有很大距离。我们可以借鉴国外农民组织发展的经验，提高我国农民组织化程度。在世界各地，农会和其他农民合作经济组织作为农民维护自身利益、表达利益需求的最重要的基本组织，广泛地存在于社会之中，它能使弱小的个体汇聚成强大的团体，增强利益制衡的能力，对组织成员的利益进行有效地表达和有力地维护。比如发达国家美国、法国、日本，发展中国家巴西、印度、韩国等，农民组织非常发达。"目前，美国有各种农业合作社25 000个，参加合作社的农民有440万，约占农业人口的90%"，在日本，"全日农协成员有800万，在政治上具有相当大的分量"[1]。这些政府不仅在资金方面给予农民组织大力支持，而且还制定相关的法律制度予以保障。这样，农民组织既拥有了政治参与的经济能力，又拥有了政治参与来行使自身

---

[1] 闫威、夏振坤：《利益集团视角下的"三农"问题》[J].《当代财经》2003年第5期。

利益表达行为的制度化渠道, 同时也使他们的利益表达更具合法性。在现代民主法治国家中, 提高农民组织化程度, 建立农民政治参与制度化的载体愈来愈显得极其重要。

3. 转变政府职能 规范干部行为 为农民政治参与制度化提供行政保障

政治参与制度化不仅要求政治参与制度的逐步健全、完善, 而且对政府行为也有严格的要求。特别是, 近年来, 一些地方政府行为失范和部分干部作风不良严重侵害了广大农民的合法利益, 激化了干群矛盾, 造成干群关系紧张, 成为农民非制度化政治参与的导火索。因此, 在和谐社会构建中, 加强农民政治参与制度化, 亟待政府转变职能, 规范干部行为, 为农民政治参与制度化提供良好的行政保障。

第一, 转变政府职能, 杜绝与民争利。目前, 不少基层政府与民争利是许多农村地区群体性事件突发的主要原因。转变政府职能就是要求政府树立执政为民的理念, 实现向服务型政府的转变。基层政府在制定和执行政策的过程中, 要增加政策制定的透明度, 提高民主性, 让广大农民参与农村各项政策制定中来, 使政府所出台的各项涉农政策能够更好地符合广大农民的实际需求, 凸显出公权力机构的公共性, 为农民政治参与制度化提供重要保证。特别是, 当前, 在土地征用、房屋拆迁以及农村招商引资中, 地方政府应严禁打着"公共利益"的旗号、垄断土地出让权、与农民争利, 侵害农民合法利益的行为。地方政府不仅保护农民的土地权益, 而且让广大农民参与减轻农民负担、征地及拆迁补偿标准的制定, 尽可能地提高征地及拆迁补偿标准、采取征地及拆迁补偿机制的多样化, 维护好广大农民的根本利益。土地不仅是农民的生产资料, 而且是生活资料, 因此在农村土地征用中, 地方政府尽量避免把农民土地简单地卖给土地使用方, 应该让农民在土地使用权租让中不仅获得较好的资金补偿, 而且也可以参与企业年终利润分红, 以免出现无土地、无岗位、无保障的三无农民。基层政府转变职能、杜绝与农民争利, 维护好广大农民的切身利益, 增进农村社会的公共利益也是破解农民群体性事件, 推进农民政治参与制度化的有效途径。

第二, 提高基层干部的素质。一方面加强对基层干部的思想政治教育, 进一步提高他们的思想道德素质和政治理论水平, 积极组织和引导他们认真学习邓小平理论、"三个代表"重要思想, 尤其要加强科学发展观理论的学习, 以及国家相关农村的法律、法规和政策的学习, 提高他们的思想理论水平和政策水平, 进一步改善基层干部的工作方法与管理方式, 避免因干部方法不当或行政不作为造成农民的非制度化政治参与; 另一方面, 加强农村基层党组织成员的党性修养, 充分发挥党员在争优创先活动中先锋模范带头的作用。加大力度把农村党的基层组织建设成为与广大农民同呼吸、共荣辱，团结带领广大农民实现共同富裕的战斗堡垒。

第三，提高基层干部的公仆意识。官僚作风的实质就是公仆意识淡薄，站在人民的对立面。教育广大基层干部要正确认识自己手中的权力是人民赋予的，改变官僚作风，牢固树立"执政为民"的公仆意识。"执政为民"要求政府要代表最广大人民群众的根本利益，按照人们的意志行使自己手中的权力。因此，基层干部要认真对待和处理广大农民的政治参与诉求，对于农民的参与诉求，都要认真对待，及时处理，不能采取简单粗暴或不闻不问的方式，否则，只会激化政府与广大农民之间的矛盾。尤其要慎重动用警力，决不能随意把公安政法机关推到前台，更不允许采用专政的手段来对待广大农民的政治参与诉求。

第四，进一步加强法律和政治制度化建设。把公共权力的运行置于严密、有效的监督之中，促进基层干部依法行政，防止对广大农民的利益和社会稳定造成伤害。对以权谋私、官僚主义严重、欺压百姓、野蛮执法、违法乱纪、贪污腐败，严重侵害广大农民利益引起农民强烈不满，引发的冲突事件，要查清事实，依法查处，严肃处理。在构建社会主义和谐社会进程中，才能消除农民非制度化政治参与的导火线，大力推进农民政治参与制度化健康发展。

综上所述，在社会主义和谐社会构建中，推进农民政治参与制度化，必须紧紧围绕广泛、合法、理性、有序的政治参与目标，坚持党的领导、维护政治稳定、注重公平正义、崇尚法律至上、坚持有序渐进的基本原则，尽快实行果式权力结构，为广大农民政治参与提供政治保障、平衡利益制度机制，实现广大农民平等的政治参与权利、完善农民政治参与制度体系，为广大农民政治参与给予制度保证、积极引导农民政治参与行为，培育社会主义和谐社会新型农民、加强利益制衡机制，提高农民组织化程度，建立农民政治参与制度化的新载体。这样，在社会主义和谐社会构建中，农民广泛、合法、理性、有序的政治参与目标才有了根本保障，农民政治参与制度化才能健康发展。民主法治、公平正义、诚实守信、充满活力、安定有序、人与自然和谐相处的社会主义和谐社会的宏伟目标才能得以早日实现。

结　　语

在社会主义和谐社会构建中，农民政治参与制度化研究的目的在于实现农民广泛、合法、理性、有序的政治参与，以表达、维护和实现他们切身合法的利益，实现民主法治、公平正义、诚信友爱、充满活力、安定有序、人与自然和谐相处的社会主义和谐社会。这不仅是我国社会主义政治现代化的内在要求，而且也是我国社会主义民主政治建设的基础工程，对于推进社会主义和谐社会的伟大进程具有重要理论价值与实践意义。

"农民问题就是中国问题，中国问题就是农民问题。"[1] 当前，由于我国农民政治参与制度化水平比较低，广大农民在政治参与活动中还处于弱势地位，非制度化政治参与呈扩大之势，严重影响社会和谐与稳定。本文从马克思主义的基本立场出发，在社会主义和谐社会与农民政治参与制度化相互关系的基础上，主要以马克思主义政治参与理论为指导，在社会主义和谐社会构建中，围绕和坚持农民政治参与制度化的基本目标与原则，进一步加强农民政治参与制度化研究。同时，我们必须清醒地认识到，充分发挥政治参与制度的有效作用，还十分有赖于广大民众的习惯和信念的养成。因此，在和谐社会构建中，我们不仅要建立、完善农民政治参与制度，而且还应该重视广大农民习惯的培养和信念的树立。一方面，应该尽快实行果式权力结构，为政治参与制度化提供政治保障、平衡利益制度机制，消除农民政治参与制度化的制度障碍、完善政治参与制度体系，拓宽农民政治参与制度化的渠道、完善利益表达机制，让农民在制度内充分地表达利益诉求；另一方面，应该提高广大农民政治参与素质，培育社会主义和谐社会新型农民，进一步促进农民政治参与制度化，更好地推进社会主义和谐社会伟大进程。

直面我国农村经济社会发展的实际，在社会主义和谐社会构建中，推进农民政治参与制度化建设不仅是一项长期而又艰巨的任务，更是一个非常复杂的问

---

[1] 季丽新、陈冬生：《当代中国农村政治分析》[M]. 北京：中国社会出版社 2011 年版，第 174 页。

题。现在，一方面，农民政治参与已经引起党中央的高度重视。一是党中央进一步把民主提到了社会主义生命的高度；二是党的十七大报告又一次强调，要从各个层次、各个领域扩大公民有序政治参与的新要求；三是近年来，党中央不仅把村民自治作为基层群众自治制度的主要内容，而且还专门出台了相关减轻农民负担、土地征用、房屋拆迁、农村环保等政策，切实维护了广大农民切身的合法利益。另一方面，在实际生活中，大多数农民是通过制度内政治参与渠道表达自己合法利益诉求，以求问题的解决。这表明广大农民对我国政治制度和政府是持认同和信任态度的。这既给我们研究农民政治参与制度化提供了难得的机遇，又凸显了农民政治参与制度化研究的可行性。

社会主义和谐社会的构建是一项复杂、艰巨的系统工程，是一个曲折、渐进的过程，农民政治参与制度化是构建社会主义和谐社会的必然要求。然而，关于农民政治参与制度化研究是一个复杂的问题。在社会主义和谐社会构建中，推进农民政治参与制度化的思考与建议也有待于农民政治参与实践的检验。本书的研究只是在社会主义和谐社会背景下，对农民政治参与制度化研究所做的一次初步探索与尝试，文中不足之处敬请学界前辈和同仁批评指正。

附录一

中华人民共和国宪法（节选）

（1982 年12 月4 日第五届全国人民代表大会第五次会议通过, 1982 年12 月4 日全国人民代表大会公告公布施行。根据1988 年4 月12 日第七届全国人民代表大会第一次会议通过的《中华人民共和国宪法修正案》、1993 年3 月29 日第八届全国人民代表大会第一次会议通过的《中华人民共和国宪法修正案》、1999 年3 月15 日第九届全国人民代表大会第二次会议通过的《中华人民共和国宪法修正案》和 2004 年3 月14 日第十届全国人民代表大会第二次会议通过的《中华人民共和国宪法修正案》修正。）

第一章 总 纲

第一条 中华人民共和国是工人阶级领导的、以工农联盟为基础的人民民主专政的社会主义国家。

社会主义制度是中华人民共和国的根本制度。禁止任何组织或者个人破坏社会主义制度。

第二条 中华人民共和国的一切权力属于人民。

人民行使国家权力的机关是全国人民代表大会和地方各级人民代表大会。

人民依照法律规定, 通过各种途径和形式, 管理国家事务, 管理经济和文化事业, 管理社会事务。

第三条 中华人民共和国的国家机构实行民主集中制的原则。

全国人民代表大会和地方各级人民代表大会都由民主选举产生, 对人民负责, 受人民监督。

国家行政机关、审判机关、检察机关都由人民代表大会产生, 对它负责, 受它监督。

中央和地方的国家机构职权的划分, 遵循在中央的统一领导下, 充分发挥地方的主动性、积极性的原则。

第四条 中华人民共和国各民族一律平等。国家保障各少数民族的合法的权利和利益, 维护和发展各民族的平等、团结、互助关系。禁止对任何民族的歧视和压迫, 禁止破坏民族团结和制造民族分裂的行为。

国家根据各少数民族的特点和需要, 帮助各少数民族地区加速经济和文化的发展。

各少数民族聚居的地方实行区域自治,设立自治机关,行使自治权。各民族自治地方都是中华人民共和国不可分离的部分。

各民族都有使用和发展自己的语言文字的自由,都有保持或者改革自己的风俗习惯的自由。

第五条 中华人民共和国实行依法治国,建设社会主义法治国家。

国家维护社会主义法制的统一和尊严。

一切法律、行政法规和地方性法规都不得同宪法相抵触。

一切国家机关和武装力量、各政党和各社会团体、各企业事业组织都必须遵守宪法和法律。一切违反宪法和法律的行为,必须予以追究。

任何组织或者个人都不得有超越宪法和法律的特权。

第六条 中华人民共和国的社会主义经济制度的基础是生产资料的社会主义公有制,即全民所有制和劳动群众集体所有制。社会主义公有制消灭人剥削人的制度,实行各尽所能、按劳分配的原则。

国家在社会主义初级阶段,坚持公有制为主体、多种所有制经济共同发展的基本经济制度,坚持按劳分配为主体、多种分配方式并存的分配制度。

第七条 国有经济,即社会主义全民所有制经济,是国民经济中的主导力量。国家保障国有经济的巩固和发展。

第八条 农村集体经济组织实行家庭承包经营为基础、统分结合的双层经营体制。农村中的生产、供销、信用、消费等各种形式的合作经济,是社会主义劳动群众集体所有制经济。参加农村集体经济组织的劳动者,有权在法律规定的范围内经营自留地、自留山、家庭副业和饲养自留畜。

城镇中的手工业、工业、建筑业、运输业、商业、服务业等行业的各种形式的合作经济,都是社会主义劳动群众集体所有制经济。

国家保护城乡集体经济组织的合法的权利和利益,鼓励、指导和帮助集体经济的发展。

第九条 矿藏、水流、森林、山岭、草原、荒地、滩涂等自然资源,都属于国家所有,即全民所有;由法律规定属于集体所有的森林和山岭、草原、荒地、滩涂除外。

国家保障自然资源的合理利用,保护珍贵的动物和植物。禁止任何组织或者个人用任何手段侵占或者破坏自然资源。

第十条 城市的土地属于国家所有。

农村和城市郊区的土地,除由法律规定属于国家所有的以外,属于集体所有；宅基地和自留地、自留山，也属于集体所有。

国家为了公共利益的需要，可以依照法律规定对土地实行征收或者征用并给予补偿。

任何组织或者个人不得侵占、买卖或者以其他形式非法转让土地。土地的使用权可以依照法律的规定转让。

一切使用土地的组织和个人必须合理地利用土地。

第十一条　在法律规定范围内的个体经济、私营经济等非公有制经济，是社会主义市场经济的重要组成部分。

国家保护个体经济、私营经济等非公有制经济的合法的权利和利益。国家鼓励、支持和引导非公有制经济的发展，并对非公有制经济依法实行监督和管理。

第十二条　社会主义的公共财产神圣不可侵犯。

国家保护社会主义的公共财产。禁止任何组织或者个人用任何手段侵占或者破坏国家的和集体的财产。

第十三条　公民的合法的私有财产不受侵犯。

国家依照法律规定保护公民的私有财产权和继承权。

国家为了公共利益的需要，可以依照法律规定对公民的私有财产实行征收或者征用并给予补偿。

第十四条　国家通过提高劳动者的积极性和技术水平，推广先进的科学技术，完善经济管理体制和企业经营管理制度，实行各种形式的社会主义责任制，改进劳动组织，以不断提高劳动生产率和经济效益，发展社会生产力。

国家厉行节约，反对浪费。

国家合理安排积累和消费，兼顾国家、集体和个人的利益，在发展生产的基础上，逐步改善人民的物质生活和文化生活。

国家建立健全同经济发展水平相适应的社会保障制度。

第十五条　国家实行社会主义市场经济。

国家加强经济立法，完善宏观调控。

国家依法禁止任何组织或者个人扰乱社会经济秩序。

第十六条　国有企业在法律规定的范围内有权自主经营。

国有企业依照法律规定，通过职工代表大会和其他形式，实行民主管理。

第十七条　集体经济组织在遵守有关法律的前提下，有独立进行经济活动的自主权。

集体经济组织实行民主管理，依照法律规定选举和罢免管理人员，决定经营管理的重大问题。

第十八条　中华人民共和国允许外国的企业和其他经济组织或者个人依照中华人民共和国法律的规定在中国投资,同中国的企业或者其他经济组织进行各种形式的经济合作。

在中国境内的外国企业和其他外国经济组织以及中外合资经营的企业,都必须遵守中华人民共和国的法律。它们的合法的权利和利益受中华人民共和国法律的保护。

第十九条　国家发展社会主义的教育事业,提高全国人民的科学文化水平。

国家举办各种学校,普及初等义务教育,发展中等教育、职业教育和高等教育,并且发展学前教育。

国家发展各种教育设施,扫除文盲,对工人、农民、国家工作人员和其他劳动者进行政治、文化、科学、技术、业务的教育,鼓励自学成才。

国家鼓励集体经济组织、国家企业事业组织和其他社会力量依照法律规定举办各种教育事业。

国家推广全国通用的普通话。

第二十条　国家发展自然科学和社会科学事业,普及科学和技术知识,奖励科学研究成果和技术发明创造。

第二十一条　国家发展医疗卫生事业,发展现代医药和我国传统医药,鼓励和支持农村集体经济组织、国家企业事业组织和街道组织举办各种医疗卫生设施,开展群众性的卫生活动,保护人民健康。

国家发展体育事业,开展群众性的体育活动,增强人民体质。

第二十二条　国家发展为人民服务、为社会主义服务的文学艺术事业、新闻广播电视事业、出版发行事业、图书馆博物馆文化馆和其他文化事业,开展群众性的文化活动。

国家保护名胜古迹、珍贵文物和其他重要历史文化遗产。

第二十三条　国家培养为社会主义服务的各种专业人才,扩大知识分子的队伍,创造条件,充分发挥他们在社会主义现代化建设中的作用。

第二十四条　国家通过普及理想教育、道德教育、文化教育、纪律和法制教育,通过在城乡不同范围的群众中制定和执行各种守则、公约,加强社会主义精神文明的建设。

国家提倡爱祖国、爱人民、爱劳动、爱科学、爱社会主义的公德,在人民中进行爱国主义、集体主义和国际主义、共产主义的教育,进行辩证唯物主义和历史唯物主义的教育,反对资本主义的、封建主义的和其他的腐朽思想。

第二十五条　国家推行计划生育,使人口的增长同经济和社会发展计划相适应。

第二十六条　国家保护和改善生活环境和生态环境，防治污染和其他公害。

国家组织和鼓励植树造林，保护林木。

第二十七条　一切国家机关实行精简的原则，实行工作责任制，实行工作人员的培训和考核制度，不断提高工作质量和工作效率，反对官僚主义。

一切国家机关和国家工作人员必须依靠人民的支持，经常保持同人民的密切联系，倾听人民的意见和建议，接受人民的监督，努力为人民服务。

第二十八条　国家维护社会秩序，镇压叛国和其他危害国家安全的犯罪活动，制裁危害社会治安、破坏社会主义经济和其他犯罪的活动，惩办和改造犯罪分子。

第二十九条　中华人民共和国的武装力量属于人民。它的任务是巩固国防，抵抗侵略，保卫祖国，保卫人民的和平劳动，参加国家建设事业，努力为人民服务。

国家加强武装力量的革命化、现代化、正规化的建设，增强国防力量。

第三十条　中华人民共和国的行政区域划分如下：

（一）全国分为省、自治区、直辖市；

（二）省、自治区分为自治州、县、自治县、市；

（三）县、自治县分为乡、民族乡、镇。

直辖市和较大的市分为区、县。自治州分为县、自治县、市。

自治区、自治州、自治县都是民族自治地方。

第三十一条　国家在必要时得设立特别行政区。在特别行政区内实行的制度按照具体情况由全国人民代表大会以法律规定。

第三十二条　中华人民共和国保护在中国境内的外国人的合法权利和利益，在中国境内的外国人必须遵守中华人民共和国的法律。

中华人民共和国对于因为政治原因要求避难的外国人，可以给予受庇护的权利。

第二章　公民的基本权利和义务

第三十三条　凡具有中华人民共和国国籍的人都是中华人民共和国公民。

中华人民共和国公民在法律面前一律平等。

国家尊重和保障人权。

任何公民享有宪法和法律规定的权利，同时必须履行宪法和法律规定的义务。

第三十四条　中华人民共和国年满十八周岁的公民，不分民族、种族、性别、职业、家庭出身、宗教信仰、教育程度、财产状况、居住期限，都有选举权和被选举权；但是依照法律被剥夺政治权利的人除外。

第三十五条　中华人民共和国公民有言论、出版、集会、结社、游行、示威的自由。

第三十六条　中华人民共和国公民有宗教信仰自由。

任何国家机关、社会团体和个人不得强制公民信仰宗教或者不信仰宗教，不得歧视信仰宗教的公民和不信仰宗教的公民。

国家保护正常的宗教活动。任何人不得利用宗教进行破坏社会秩序、损害公民身体健康、妨碍国家教育制度的活动。

宗教团体和宗教事务不受外国势力的支配。

第三十七条　中华人民共和国公民的人身自由不受侵犯。

任何公民，非经人民检察院批准或者决定或者人民法院决定，并由公安机关执行，不受逮捕。

禁止非法拘禁和以其他方法非法剥夺或者限制公民的人身自由，禁止非法搜查公民的身体。

第三十八条　中华人民共和国公民的人格尊严不受侵犯。禁止用任何方法对公民进行侮辱、诽谤和诬告陷害。

第三十九条　中华人民共和国公民的住宅不受侵犯。禁止非法搜查或者非法侵入公民的住宅。

第四十条　中华人民共和国公民的通信自由和通信秘密受法律的保护。除因国家安全或者追查刑事犯罪的需要，由公安机关或者检察机关依照法律规定的程序对通信进行检查外，任何组织或者个人不得以任何理由侵犯公民的通信自由和通信秘密。

第四十一条　中华人民共和国公民对于任何国家机关和国家工作人员，有提出批评和建议的权利；对于任何国家机关和国家工作人员的违法失职行为，有向有关国家机关提出申诉、控告或者检举的权利，但是不得捏造或者歪曲事实进行诬告陷害。

对于公民的申诉、控告或者检举，有关国家机关必须查清事实，负责处理。任何人不得压制和打击报复。

由于国家机关和国家工作人员侵犯公民权利而受到损失的人，有依照法律规定取得赔偿的权利。

第四十二条 中华人民共和国公民有劳动的权利和义务。

国家通过各种途径,创造劳动就业条件,加强劳动保护,改善劳动条件,并在发展生产的基础上,提高劳动报酬和福利待遇。

劳动是一切有劳动能力的公民的光荣职责。国有企业和城乡集体经济组织的劳动者都应当以国家主人翁的态度对待自己的劳动。国家提倡社会主义劳动竞赛,奖励劳动模范和先进工作者。国家提倡公民从事义务劳动。

国家对就业前的公民进行必要的劳动就业训练。

第四十三条 中华人民共和国劳动者有休息的权利。

国家发展劳动者休息和休养的设施,规定职工的工作时间和休假制度。

第四十四条 国家依照法律规定实行企业事业组织的职工和国家机关工作人员的退休制度。退休人员的生活受到国家和社会的保障。

第四十五条 中华人民共和国公民在年老、疾病或者丧失劳动能力的情况下,有从国家和社会获得物质帮助的权利。国家发展为公民享受这些权利所需要的社会保险、社会救济和医疗卫生事业。

国家和社会保障残废军人的生活,抚恤烈士家属,优待军人家属。

国家和社会帮助安排盲、聋、哑和其他有残疾的公民的劳动、生活和教育。

第四十六条 中华人民共和国公民有受教育的权利和义务。

国家培养青年、少年、儿童在品德、智力、体质等方面全面发展。

第四十七条 中华人民共和国公民有进行科学研究、文学艺术创作和其他文化活动的自由。国家对于从事教育、科学、技术、文学、艺术和其他文化事业的公民的有益于人民的创造性工作,给以鼓励和帮助。

第四十八条 中华人民共和国妇女在政治的、经济的、文化的、社会的和家庭的生活等各方面享有同男子平等的权利。

国家保护妇女的权利和利益,实行男女同工同酬,培养和选拔妇女干部。

第四十九条 婚姻、家庭、母亲和儿童受国家的保护。

夫妻双方有实行计划生育的义务。

父母有抚养教育未成年子女的义务,成年子女有赡养扶助父母的义务。

禁止破坏婚姻自由,禁止虐待老人、妇女和儿童。

第五十条 中华人民共和国保护华侨的正当的权利和利益,保护归侨和侨眷的合法的权利和利益。

第五十一条 中华人民共和国公民在行使自由和权利的时候,不得损害国家的、社会的、集体的利益和其他公民的合法的自由和权利。

第五十二条 中华人民共和国公民有维护国家统一和全国各民族团结的义务。

第五十三条　中华人民共和国公民必须遵守宪法和法律,保守国家秘密,爱护公共财产,遵守劳动纪律,遵守公共秩序,尊重社会公德。

第五十四条　中华人民共和国公民有维护祖国的安全、荣誉和利益的义务,不得有危害祖国的安全、荣誉和利益的行为。

第五十五条　保卫祖国、抵抗侵略是中华人民共和国每一个公民的神圣职责。

依照法律服兵役和参加民兵组织是中华人民共和国公民的光荣义务。

第五十六条　中华人民共和国公民有依照法律纳税的义务。

（摘自:国务院法制办公室编:《新编中华人民共和国法律法规全书》,中国法制出版社2005年版,宪法类第1—7页）

中华人民共和国全国人民代表大会和
地方各级人民代表大会选举法

（1979 年7月1日第五届全国人民代表大会第二次会议通过。根据1982 年12 月10 日第五届全国人民代表大会第五次会议《关于修改〈中华人民共和国全国人民代表大会和地方各级人民代表大会选举法〉的若干规定的决议》第一次修正；根据1986 年12 月2 日第六届全国人民代表大会常务委员会第十八次会议《关于修改〈中华人民共和国全国人民代表大会和地方各级人民代表大会选举法〉的决定》第二次修正；根据1995 年2 月28 日第八届全国人民代表大会常务委员会第十二次会议《关于修改〈中华人民共和国全国人民代表大会和地方各级人民代表大会选举法〉的决定》第三次修正；根据2004 年10 月27 日第十届全国人民代表大会常务委员会第十二次会议《关于修改〈中华人民共和国全国人民代表大会和地方各级人民代表大会选举法〉的决定》第四次修正；根据2010 年3 月14 日第十一届全国人民代表大会第三次会议《关于修改〈中华人民共和国全国人民代表大会和地方各级人民代表大会选举法〉的决定》第五次修正。）

第一章　总　　则

第一条　根据中华人民共和国宪法，制定全国人民代表大会和地方各级人民代表大会选举法。

第二条　全国人民代表大会的代表，省、自治区、直辖市、设区的市、自治州的人民代表大会的代表，由下一级人民代表大会选举。

不设区的市、市辖区、县、自治县、乡、民族乡、镇的人民代表大会的代表，由选民直接选举。

第三条　中华人民共和国年满十八周岁的公民，不分民族、种族、性别、职业、家庭出身、宗教信仰、教育程度、财产状况和居住期限，都有选举权和被选举权。

依照法律被剥夺政治权利的人没有选举权和被选举权。

第四条　每一选民在一次选举中只有一个投票权。

第五条　人民解放军单独进行选举，选举办法另订。

第六条 全国人民代表大会和地方各级人民代表大会的代表应当具有广泛的代表性,应当有适当数量的基层代表,特别是工人、农民和知识分子代表;应当有适当数量的妇女代表,并逐步提高妇女代表的比例。

全国人民代表大会和归侨人数较多地区的地方人民代表大会,应当有适当名额的归侨代表。

旅居国外的中华人民共和国公民在县级以下人民代表大会代表选举期间在国内的,可以参加原籍地或者出国前居住地的选举。

第七条 全国人民代表大会和地方各级人民代表大会的选举经费,列入财政预算,由国库开支。

第二章　选举机构

第八条 全国人民代表大会常务委员会主持全国人民代表大会代表的选举。省、自治区、直辖市、设区的市、自治州的人民代表大会常务委员会主持本级人民代表大会代表的选举。

不设区的市、市辖区、县、自治县、乡、民族乡、镇设立选举委员会,主持本级人民代表大会代表的选举。不设区的市、市辖区、县、自治县的选举委员会受本级人民代表大会常务委员会的领导。乡、民族乡、镇的选举委员会受不设区的市、市辖区、县、自治县的人民代表大会常务委员会的领导。

省、自治区、直辖市、设区的市、自治州的人民代表大会常务委员会指导本行政区域内县级以下人民代表大会代表的选举工作。

第九条 不设区的市、市辖区、县、自治县的选举委员会的组成人员由本级人民代表大会常务委员会任命。乡、民族乡、镇的选举委员会的组成人员由不设区的市、市辖区、县、自治县的人民代表大会常务委员会任命。

选举委员会的组成人员为代表候选人的,应当辞去选举委员会的职务。

第十条 选举委员会履行下列职责:

(一)划分选举本级人民代表大会代表的选区,分配各选区应选代表的名额;

(二)进行选民登记,审查选民资格,公布选民名单;受理对于选民名单不同意见的申诉,并作出决定;

(三)确定选举日期;

(四)了解核实并组织介绍代表候选人的情况;根据较多数选民的意见,确定和公布正式代表候选人名单;

（五）主持投票选举；

（六）确定选举结果是否有效，公布当选代表名单；

（七）法律规定的其他职责。

选举委员会应当及时公布选举信息。

第三章　地方各级人民代表大会代表名额

第十一条　地方各级人民代表大会的代表名额，按照下列规定确定：

（一）省、自治区、直辖市的代表名额基数为三百五十名，省、自治区每十五万人可以增加一名代表，直辖市每二万五千人可以增加一名代表；但是，代表总名额不得超过一千名；

（二）设区的市、自治州的代表名额基数为二百四十名，每二万五千人可以增加一名代表；人口超过一千万的，代表总名额不得超过六百五十名；

（三）不设区的市、市辖区、县、自治县的代表名额基数为一百二十名，每五千人可以增加一名代表；人口超过一百六十五万的，代表总名额不得超过四百五十名；人口不足五万的，代表总名额可以少于一百二十名；

（四）乡、民族乡、镇的代表名额基数为四十名，每一千五百人可以增加一名代表；但是，代表总名额不得超过一百六十名；人口不足二千的，代表总名额可以少于四十名。

按照前款规定的地方各级人民代表大会的代表名额基数与按人口数增加的代表数相加，即为地方各级人民代表大会的代表总名额。

自治区、聚居的少数民族多的省，经全国人民代表大会常务委员会决定，代表名额可以另加百分之五。聚居的少数民族多或者人口居住分散的县、自治县、乡、民族乡，经省、自治区、直辖市的人民代表大会常务委员会决定，代表名额可以另加百分之五。

第十二条　省、自治区、直辖市的人民代表大会代表的具体名额，由全国人民代表大会常务委员会依照本法确定。设区的市、自治州和县级的人民代表大会代表的具体名额，由省、自治区、直辖市的人民代表大会常务委员会依照本法确定，报全国人民代表大会常务委员会备案。乡级的人民代表大会代表的具体名额，由县级的人民代表大会常务委员会依照本法确定，报上一级人民代表大会常务委员会备案。

第十三条　地方各级人民代表大会的代表总名额经确定后，不再变动。如果由于行政区划变动或者由于重大工程建设等原因造成人口较大变动的，该级人民代表大会的代表总名额依照本法的规定重新确定。

第十四条 地方各级人民代表大会代表名额,由本级人民代表大会常务委员会或者本级选举委员会根据本行政区域所辖的下一级各行政区域或者各选区的人口数,按照每一代表所代表的城乡人口数相同的原则,以及保证各地区、各民族、各方面都有适当数量代表的要求进行分配。在县、自治县的人民代表大会中,人口特少的乡、民族乡、镇,至少应有代表一人。

地方各级人民代表大会代表名额的分配办法,由省、自治区、直辖市人民代表大会常务委员会参照全国人民代表大会代表名额分配的办法,结合本地区的具体情况规定。

第四章 全国人民代表大会代表名额

第十五条 全国人民代表大会的代表,由省、自治区、直辖市的人民代表大会和人民解放军选举产生。

全国人民代表大会代表的名额不超过三千人。

香港特别行政区、澳门特别行政区应选全国人民代表大会代表的名额和代表产生办法,由全国人民代表大会另行规定。

第十六条 全国人民代表大会代表名额,由全国人民代表大会常务委员会根据各省、自治区、直辖市的人口数,按照每一代表所代表的城乡人口数相同的原则,以及保证各地区、各民族、各方面都有适当数量代表的要求进行分配。

省、自治区、直辖市应选全国人民代表大会代表名额,由根据人口数计算确定的名额数、相同的地区基本名额数和其他应选名额数构成。

全国人民代表大会代表名额的具体分配,由全国人民代表大会常务委员会决定。

第十七条 全国少数民族应选全国人民代表大会代表,由全国人民代表大会常务委员会参照各少数民族的人口数和分布等情况,分配给各省、自治区、直辖市的人民代表大会选出。人口特少的民族,至少应有代表一人。

第五章 各少数民族的选举

第十八条 有少数民族聚居的地方,每一聚居的少数民族都应有代表参加当地的人民代表大会。

聚居境内同一少数民族的总人口数占境内总人口数百分之三十以上的,每一代表所代表的人口数应相当于当地人民代表大会每一代表所代表的人口数。

聚居境内同一少数民族的总人口数不足境内总人口数百分之十五的,每一代表所代表的人口数可以适当少于当地人民代表大会每一代表所代表的人口数,但不得少于二分之一;实行区域自治的民族人口特少的自治县,经省、自治区的人民代表大会常务委员会决定,可以少于二分之一。人口特少的其他聚居民族,至少应有代表一人。

聚居境内同一少数民族的总人口数占境内总人口数百分之十五以上、不足百分之三十的,每一代表所代表的人口数,可以适当少于当地人民代表大会每一代表所代表的人口数,但分配给该少数民族的应选代表名额不得超过代表总名额的百分之三十。

第十九条　自治区、自治州、自治县和有少数民族聚居的乡、民族乡、镇的人民代表大会,对于聚居在境内的其他少数民族和汉族代表的选举,适用本法第十八条的规定。

第二十条　散居的少数民族应选当地人民代表大会的代表,每一代表所代表的人口数可以少于当地人民代表大会每一代表所代表的人口数。

自治区、自治州、自治县和有少数民族聚居的乡、民族乡、镇的人民代表大会,对于散居的其他少数民族和汉族代表的选举,适用前款的规定。

第二十一条　有少数民族聚居的不设区的市、市辖区、县、乡、民族乡、镇的人民代表大会代表的产生,按照当地的民族关系和居住状况,各少数民族选民可以单独选举或者联合选举。

自治县和有少数民族聚居的乡、民族乡、镇的人民代表大会,对于居住在境内的其他少数民族和汉族代表的选举办法,适用前款的规定。

第二十二条　自治区、自治州、自治县制定或者公布的选举文件、选民名单、选民证、代表候选人名单、代表当选证书和选举委员会的印章等,都应当同时使用当地通用的民族文字。

第二十三条　少数民族选举的其他事项,参照本法有关各条的规定办理。

第六章　选区划分

第二十四条　不设区的市、市辖区、县、自治县、乡、民族乡、镇的人民代表大会的代表名额分配到选区,按选区进行选举。选区可以按居住状况划分,也可以按生产单位、事业单位、工作单位划分。

选区的大小,按照每一选区选一名至三名代表划分。

第二十五条 本行政区域内各选区每一代表所代表的人口数应当大体相等。

第七章 选民登记

第二十六条 选民登记按选区进行，经登记确认的选民资格长期有效。每次选举前对上次选民登记以后新满十八周岁的、被剥夺政治权利期满后恢复政治权利的选民，予以登记。对选民经登记后迁出原选区的，列入新迁入的选区的选民名单；对死亡的和依照法律被剥夺政治权利的人，从选民名单上除名。

精神病患者不能行使选举权利的，经选举委员会确认，不列入选民名单。

第二十七条 选民名单应在选举日的二十日以前公布，实行凭选民证参加投票选举的，并应当发给选民证。

第二十八条 对于公布的选民名单有不同意见的，可以在选民名单公布之日起五日内向选举委员会提出申诉。选举委员会对申诉意见，应在三日内作出处理决定。申诉人如果对处理决定不服，可以在选举日的五日以前向人民法院起诉，人民法院应在选举日以前作出判决。人民法院的判决为最后决定。

第八章 代表候选人的提出

第二十九条 全国和地方各级人民代表大会的代表候选人，按选区或者选举单位提名产生。

各政党、各人民团体，可以联合或者单独推荐代表候选人。选民或者代表，十人以上联名，也可以推荐代表候选人。推荐者应向选举委员会或者大会主席团介绍代表候选人的情况。接受推荐的代表候选人应当向选举委员会或者大会主席团如实提供个人身份、简历等基本情况。提供的基本情况不实的，选举委员会或者大会主席团应当向选民或者代表通报。

各政党、各人民团体联合或者单独推荐的代表候选人的人数，每一选民或者代表参加联名推荐的代表候选人的人数，均不得超过本选区或者选举单位应选代表的名额。

第三十条 全国和地方各级人民代表大会代表实行差额选举，代表候选人的人数应多于应选代表的名额。

由选民直接选举人民代表大会代表的，代表候选人的人数应多于应选代表名额三分之一至一倍；由县级以上的地方各级人民代表大会选举上一级人民代表大会代表的，代表候选人的人数应多于应选代表名额五分之一至二分之一。

第三十一条 由选民直接选举人民代表大会代表的,代表候选人由各选区选民和各政党、各人民团体提名推荐。选举委员会汇总后,将代表候选人名单及代表候选人的基本情况在选举日的十五日以前公布,并交各该选区的选民小组讨论、协商,确定正式代表候选人名单。如果所提代表候选人的人数超过本法第三十条规定的最高差额比例,由选举委员会交各该选区的选民小组讨论、协商,根据较多数选民的意见,确定正式代表候选人名单;对正式代表候选人不能形成较为一致意见的,进行预选,根据预选时得票多少的顺序,确定正式代表候选人名单。正式代表候选人名单及代表候选人的基本情况应当在选举日的七日以前公布。

县级以上的地方各级人民代表大会在选举上一级人民代表大会代表时,提名、酝酿代表候选人的时间不得少于两天。各该级人民代表大会主席团将依法提出的代表候选人名单及代表候选人的基本情况印发全体代表,由全体代表酝酿、讨论。如果所提代表候选人的人数符合本法第三十条规定的差额比例,直接进行投票选举。如果所提代表候选人的人数超过本法第三十条规定的最高差额比例,进行预选,根据预选时得票多少的顺序,按照本级人民代表大会的选举办法根据本法确定的具体差额比例,确定正式代表候选人名单,进行投票选举。

第三十二条 县级以上的地方各级人民代表大会在选举上一级人民代表大会代表时,代表候选人不限于各该级人民代表大会的代表。

第三十三条 选举委员会或者人民代表大会主席团应当向选民或者代表介绍代表候选人的情况。推荐代表候选人的政党、人民团体和选民、代表可以在选民小组或者代表小组会议上介绍所推荐的代表候选人的情况。选举委员会根据选民的要求,应当组织代表候选人与选民见面,由代表候选人介绍本人的情况,回答选民的问题。但是,在选举日必须停止代表候选人的介绍。

第九章 选举程序

第三十四条 全国人民代表大会和地方各级人民代表大会代表的选举,应当严格依照法定程序进行,并接受监督。任何组织或者个人都不得以任何方式干预选民或者代表自由行使选举权。

第三十五条 在选民直接选举人民代表大会代表时,选民根据选举委员会的规定,凭身份证或者选民证领取选票。

第三十六条 选举委员会应当根据各选区选民分布状况,按照方便选民投票的原则设立投票站,进行选举。选民居住比较集中的,可以召开选举大会,进行选举;因患有疾病等原因行动不便或者居住分散并且交通不便的选民,可以在流动票箱投票。

第三十七条　县级以上的地方各级人民代表大会在选举上一级人民代表大会代表时，由各该级人民代表大会主席团主持。

第三十八条　全国和地方各级人民代表大会代表的选举，一律采用无记名投票的方法。选举时应当设有秘密写票处。

选民如果是文盲或者因残疾不能写选票的，可以委托他信任的人代写。

第三十九条　选举人对于代表候选人可以投赞成票，可以投反对票，可以另选其他任何选民，也可以弃权。

第四十条　选民如果在选举期间外出，经选举委员会同意，可以书面委托其他选民代为投票。每一选民接受的委托不得超过三人，并应当按照委托人的意愿代为投票。

第四十一条　投票结束后，由选民或者代表推选的监票、计票人员和选举委员会或者人民代表大会主席团的人员将投票人数和票数加以核对，作出记录，并由监票人签字。

代表候选人的近亲属不得担任监票人、计票人。

第四十二条　每次选举所投的票数，多于投票人数的无效，等于或者少于投票人数的有效。

每一选票所选的人数，多于规定应选代表人数的作废，等于或者少于规定应选代表人数的有效。

第四十三条　在选民直接选举人民代表大会代表时，选区全体选民的过半数参加投票，选举有效。代表候选人获得参加投票的选民过半数的选票时，始得当选。

县级以上的地方各级人民代表大会在选举上一级人民代表大会代表时，代表候选人获得全体代表过半数的选票时，始得当选。

获得过半数选票的代表候选人的人数超过应选代表名额时，以得票多的当选。如遇票数相等不能确定当选人时，应当就票数相等的候选人再次投票，以得票多的当选。

获得过半数选票的当选代表的人数少于应选代表的名额时，不足的名额另行选举。另行选举时，根据在第一次投票时得票多少的顺序，按照本法第三十条规定的差额比例，确定候选人名单。如果只选一人，候选人应为二人。

依照前款规定另行选举县级和乡级的人民代表大会代表时，代表候选人以得票多的当选，但是得票数不得少于选票的三分之一；县级以上的地方各级人民代表大会在另行选举上一级人民代表大会代表时，代表候选人获得全体代表过半数的选票,始得当选。

第四十四条 选举结果由选举委员会或者人民代表大会主席团根据本法确定是否有效,并予以宣布。

第四十五条 公民不得同时担任两个以上无隶属关系的行政区域的人民代表大会代表。

第十章 对代表的监督和罢免、辞职、补选

第四十六条 全国和地方各级人民代表大会的代表,受选民和原选举单位的监督。选民或者选举单位都有权罢免自己选出的代表。

第四十七条 对于县级的人民代表大会代表,原选区选民五十人以上联名,对于乡级的人民代表大会代表,原选区选民三十人以上联名,可以向县级的人民代表大会常务委员会书面提出罢免要求。

罢免要求应当写明罢免理由。被提出罢免的代表有权在选民会议上提出申辩意见,也可以书面提出申辩意见。

县级的人民代表大会常务委员会应当将罢免要求和被提出罢免的代表的书面申辩意见印发原选区选民。

表决罢免要求,由县级的人民代表大会常务委员会派有关负责人员主持。

第四十八条 县级以上的地方各级人民代表大会举行会议的时候,主席团或者十分之一以上代表联名,可以提出对由该级人民代表大会选出的上一级人民代表大会代表的罢免案。在人民代表大会闭会期间,县级以上的地方各级人民代表大会常务委员会主任会议或者常务委员会五分之一以上组成人员联名,可以向常务委员会提出对由该级人民代表大会选出的上一级人民代表大会代表的罢免案。罢免案应当写明罢免理由。

县级以上的地方各级人民代表大会举行会议的时候,被提出罢免的代表有权在主席团会议和大会全体会议上提出申辩意见,或者书面提出申辩意见,由主席团印发会议。罢免案经会议审议后,由主席团提请全体会议表决。

县级以上的地方各级人民代表大会常务委员会举行会议的时候,被提出罢免的代表有权在主任会议和常务委员会全体会议上提出申辩意见,或者书面提出申辩意见,由主任会议印发会议。罢免案经会议审议后,由主任会议提请全体会议表决。

第四十九条 罢免代表采用无记名的表决方式。

第五十条 罢免县级和乡级的人民代表大会代表,须经原选区过半数的选民

通过。

罢免由县级以上的地方各级人民代表大会选出的代表,须经各该级人民代表大会过半数的代表通过;在代表大会闭会期间,须经常务委员会组成人员的过半数通过。罢免的决议,须报送上一级人民代表大会常务委员会备案、公告。

第五十一条 县级以上的各级人民代表大会常务委员会组成人员,全国人民代表大会和省、自治区、直辖市、设区的市、自治州的人民代表大会专门委员会成员的代表职务被罢免的,其常务委员会组成人员或者专门委员会成员的职务相应撤销,由主席团或者常务委员会予以公告。

乡、民族乡、镇的人民代表大会主席、副主席的代表职务被罢免的,其主席、副主席的职务相应撤销,由主席团予以公告。

第五十二条 全国人民代表大会代表,省、自治区、直辖市、设区的市、自治州的人民代表大会代表,可以向选举他的人民代表大会的常务委员会书面提出辞职。常务委员会接受辞职,须经常务委员会组成人员的过半数通过。接受辞职的决议,须报送上一级人民代表大会常务委员会备案、公告。

县级的人民代表大会代表可以向本级人民代表大会常务委员会书面提出辞职,乡级的人民代表大会代表可以向本级人民代表大会书面提出辞职。县级的人民代表大会常务委员会接受辞职,须经常务委员会组成人员的过半数通过。乡级的人民代表大会接受辞职,须经人民代表大会过半数的代表通过。接受辞职的,应当予以公告。

第五十三条 县级以上的各级人民代表大会常务委员会组成人员,全国人民代表大会和省、自治区、直辖市、设区的市、自治州的人民代表大会的专门委员会成员,辞去代表职务的请求被接受的,其常务委员会组成人员、专门委员会成员的职务相应终止,由常务委员会予以公告。

乡、民族乡、镇的人民代表大会主席、副主席,辞去代表职务的请求被接受的,其主席、副主席的职务相应终止,由主席团予以公告。

第五十四条 代表在任期内,因故出缺,由原选区或者原选举单位补选。

地方各级人民代表大会代表在任期内调离或者迁出本行政区域的,其代表资格自行终止,缺额另行补选。

县级以上的地方各级人民代表大会闭会期间,可以由本级人民代表大会常务委员会补选上一级人民代表大会代表。

补选出缺的代表时,代表候选人的名额可以多于应选代表的名额,也可以同应选代表的名额相等。补选的具体办法,由省、自治区、直辖市的人民代表大会常务委员会规定。

第十一章　对破坏选举的制裁

第五十五条　为保障选民和代表自由行使选举权和被选举权，对有下列行为之一，破坏选举，违反治安管理规定的，依法给予治安管理处罚；构成犯罪的，依法追究刑事责任：

（一）以金钱或者其他财物贿赂选民或者代表，妨害选民和代表自由行使选举权和被选举权的；

（二）以暴力、威胁、欺骗或者其他非法手段妨害选民和代表自由行使选举权和被选举权的；

（三）伪造选举文件、虚报选举票数或者有其他违法行为的；

（四）对于控告、检举选举中违法行为的人，或者对于提出要求罢免代表的人进行压制、报复的。

国家工作人员有前款所列行为的，还应当依法给予行政处分。

以本条第一款所列违法行为当选的，其当选无效。

第五十六条　主持选举的机构发现有破坏选举的行为或者收到对破坏选举行为的举报，应当及时依法调查处理；需要追究法律责任的，及时移送有关机关予以处理。

第十二章　附　　则

第五十七条　省、自治区、直辖市的人民代表大会及其常务委员会根据本法可以制定选举实施细则，报全国人民代表大会常务委员会备案。

（摘自：http://www.gov.cn/flfg/2010-03/14/content_1555450.htm）

村委会组织法

（1998 年11月4日第九届全国人民代表大会常务委员会第五次会议通过2010年10月28日第十一届全国人民代表大会常务委员会第十七次会议修订 2010 年10月28日中华人民共和国主席令第三十七号公布，自公布之日起施行。）

第一章　总　则

第一条　为了保障农村村民实行自治，由村民依法办理自己的事情，发展农村基层民主，维护村民的合法权益，促进社会主义新农村建设，根据宪法，制定本法。

第二条　村民委员会是村民自我管理、自我教育、自我服务的基层群众性自治组织，实行民主选举、民主决策、民主管理、民主监督。

村民委员会办理本村的公共事务和公益事业，调解民间纠纷，协助维护社会治安，向人民政府反映村民的意见、要求和提出建议。

村民委员会向村民会议、村民代表会议负责并报告工作。

第三条　村民委员会根据村民居住状况、人口多少，按照便于群众自治，有利于经济发展和社会管理的原则设立。

村民委员会的设立、撤销、范围调整，由乡、民族乡、镇的人民政府提出，经村民会议讨论同意，报县级人民政府批准。

村民委员会可以根据村民居住状况、集体土地所有权关系等分设若干村民小组。

第四条　中国共产党在农村的基层组织，按照中国共产党章程进行工作，发挥领导核心作用，领导和支持村民委员会行使职权；依照宪法和法律，支持和保障村民开展自治活动、直接行使民主权利。

第五条　乡、民族乡、镇的人民政府对村民委员会的工作给予指导、支持和帮助，但是不得干预依法属于村民自治范围内的事项。

村民委员会协助乡、民族乡、镇的人民政府开展工作。

第二章 村民委员会的组成和职责

第六条 村民委员会由主任、副主任和委员共三至七人组成。

村民委员会成员中，应当有妇女成员，多民族村民居住的村应当有人数较少的民族的成员。

对村民委员会成员，根据工作情况，给予适当补贴。

第七条 村民委员会根据需要设人民调解、治安保卫、公共卫生与计划生育等委员会。村民委员会成员可以兼任下属委员会的成员。人口少的村的村民委员会可以不设下属委员会，由村民委员会成员分工负责人民调解、治安保卫、公共卫生与计划生育等工作。

第八条 村民委员会应当支持和组织村民依法发展各种形式的合作经济和其他经济，承担本村生产的服务和协调工作，促进农村生产建设和经济发展。

村民委员会依照法律规定，管理本村属于村农民集体所有的土地和其他财产，引导村民合理利用自然资源，保护和改善生态环境。

村民委员会应当尊重并支持集体经济组织依法独立进行经济活动的自主权，维护以家庭承包经营为基础、统分结合的双层经营体制，保障集体经济组织和村民、承包经营户、联户或者合伙的合法财产权和其他合法权益。

第九条 村民委员会应当宣传宪法、法律、法规和国家的政策，教育和推动村民履行法律规定的义务、爱护公共财产，维护村民的合法权益，发展文化教育，普及科技知识，促进男女平等，做好计划生育工作，促进村与村之间的团结、互助，开展多种形式的社会主义精神文明建设活动。

村民委员会应当支持服务性、公益性、互助性社会组织依法开展活动，推动农村社区建设。

多民族村民居住的村，村民委员会应当教育和引导各民族村民增进团结、互相尊重、互相帮助。

第十条 村民委员会及其成员应当遵守宪法、法律、法规和国家的政策，遵守并组织实施村民自治章程、村规民约，执行村民会议、村民代表会议的决定、决议，办事公道，廉洁奉公，热心为村民服务，接受村民监督。

第三章 村民委员会的选举

第十一条 村民委员会主任、副主任和委员，由村民直接选举产生。任何组织或者个人不得指定、委派或者撤换村民委员会成员。

村民委员会每届任期三年,届满应当及时举行换届选举。村民委员会成员可以连选连任。

第十二条　村民委员会的选举,由村民选举委员会主持。

村民选举委员会由主任和委员组成,由村民会议、村民代表会议或者各村民小组会议推选产生。

村民选举委员会成员被提名为村民委员会成员候选人,应当退出村民选举委员会。

村民选举委员会成员退出村民选举委员会或者因其他原因出缺的,按照原推选结果依次递补,也可以另行推选。

第十三条　年满十八周岁的村民,不分民族、种族、性别、职业、家庭出身、宗教信仰、教育程度、财产状况、居住期限,都有选举权和被选举权;但是,依照法律被剥夺政治权利的人除外。

村民委员会选举前,应当对下列人员进行登记,列入参加选举的村民名单:

(一)户籍在本村并且在本村居住的村民;

(二)户籍在本村,不在本村居住,本人表示参加选举的村民;

(三)户籍不在本村,在本村居住一年以上,本人申请参加选举,并且经村民会议或者村民代表会议同意参加选举的公民。

已在户籍所在村或者居住村登记参加选举的村民,不得再参加其他地方村民委员会的选举。

第十四条　登记参加选举的村民名单应当在选举日的二十日前由村民选举委员会公布。

对登记参加选举的村民名单有异议的,应当自名单公布之日起五日内向村民选举委员会申诉,村民选举委员会应当自收到申诉之日起三日内作出处理决定,并公布处理结果。

第十五条　选举村民委员会,由登记参加选举的村民直接提名候选人。村民提名候选人,应当从全体村民利益出发,推荐奉公守法、品行良好、公道正派、热心公益、具有一定文化水平和工作能力的村民为候选人。候选人的名额应当多于应选名额。村民选举委员会应当组织候选人与村民见面,由候选人介绍履行职责的设想,回答村民提出的问题。

选举村民委员会,有登记参加选举的村民过半数投票,选举有效;候选人获得参加投票的村民过半数的选票,始得当选。当选人数不足应选名额的,不足的名额另行选举。另行选举的,第一次投票未当选的人员得票多的为候选人,候选人以得票多的当选,但是所得票数不得少于已投选票总数的三分之一。

选举实行无记名投票、公开计票的方法,选举结果应当当场公布。选举时,应当设立秘密写票处。

登记参加选举的村民,选举期间外出不能参加投票的,可以书面委托本村有选举权的近亲属代为投票。村民选举委员会应当公布委托人和受委托人的名单。

具体选举办法由省、自治区、直辖市的人民代表大会常务委员会规定。

第十六条　本村五分之一以上有选举权的村民或者三分之一以上的村民代表联名,可以提出罢免村民委员会成员的要求,并说明要求罢免的理由。被提出罢免的村民委员会成员有权提出申辩意见。

罢免村民委员会成员,须有登记参加选举的村民过半数投票,并须经投票的村民过半数通过。

第十七条　以暴力、威胁、欺骗、贿赂、伪造选票、虚报选举票数等不正当手段当选村民委员会成员的,当选无效。

对以暴力、威胁、欺骗、贿赂、伪造选票、虚报选举票数等不正当手段,妨害村民行使选举权、被选举权,破坏村民委员会选举的行为,村民有权向乡、民族乡、镇的人民代表大会和人民政府或者县级人民代表大会常务委员会和人民政府及其有关主管部门举报,由乡级或者县级人民政府负责调查并依法处理。

第十八条　村民委员会成员丧失行为能力或者被判处刑罚的,其职务自行终止。

第十九条　村民委员会成员出缺,可以由村民会议或者村民代表会议进行补选。补选程序参照本法第十五条的规定办理。补选的村民委员会成员的任期到本届村民委员会任期届满时止。

第二十条　村民委员会应当自新一届村民委员会产生之日起十日内完成工作移交。工作移交由村民选举委员会主持,由乡、民族乡、镇的人民政府监督。

第四章　村民会议和村民代表会议

第二十一条　村民会议由本村十八周岁以上的村民组成。

村民会议由村民委员会召集。有十分之一以上的村民或者三分之一以上的村民代表提议,应当召集村民会议。召集村民会议,应当提前十天通知村民。

第二十二条　召开村民会议,应当有本村十八周岁以上村民的过半数,或者本村三分之二以上的户的代表参加,村民会议所作决定应当经到会人员的过半数通过。法律对召开村民会议及作出决定另有规定的,依照其规定。

召开村民会议,根据需要可以邀请驻本村的企业、事业单位和群众组织派代表列席。

第二十三条 村民会议审议村民委员会的年度工作报告,评议村民委员会成员的工作;有权撤销或者变更村民委员会不适当的决定;有权撤销或者变更村民代表会议不适当的决定。

村民会议可以授权村民代表会议审议村民委员会的年度工作报告,评议村民委员会成员的工作,撤销或者变更村民委员会不适当的决定。

第二十四条 涉及村民利益的下列事项,经村民会议讨论决定方可办理:

(一)本村享受误工补贴的人员及补贴标准;

(二)从村集体经济所得收益的使用;

(三)本村公益事业的兴办和筹资筹劳方案及建设承包方案;

(四)土地承包经营方案;

(五)村集体经济项目的立项、承包方案;

(六)宅基地的使用方案;

(七)征地补偿费的使用、分配方案;

(八)以借贷、租赁或者其他方式处分村集体财产;

(九)村民会议认为应当由村民会议讨论决定的涉及村民利益的其他事项。

村民会议可以授权村民代表会议讨论决定前款规定的事项。

法律对讨论决定村集体经济组织财产和成员权益的事项另有规定的,依照其规定。

第二十五条 人数较多或者居住分散的村,可以设立村民代表会议,讨论决定村民会议授权的事项。村民代表会议由村民委员会成员和村民代表组成,村民代表应当占村民代表会议组成人员的五分之四以上,妇女村民代表应当占村民代表会议组成人员的三分之一以上。

村民代表由村民按每五户至十五户推选一人,或者由各村民小组推选若干人。村民代表的任期与村民委员会的任期相同。村民代表可以连选连任。

村民代表应当向其推选户或者村民小组负责,接受村民监督。

第二十六条 村民代表会议由村民委员会召集。村民代表会议每季度召开一次。有五分之一以上的村民代表提议,应当召集村民代表会议。

村民代表会议有三分之二以上的组成人员参加方可召开,所作决定应当经到会人员的过半数同意。

第二十七条 村民会议可以制定和修改村民自治章程、村规民约,并报乡、民族乡、镇的人民政府备案。

村民自治章程、村规民约以及村民会议或者村民代表会议的决定不得与宪法、法律、法规和国家的政策相抵触,不得有侵犯村民的人身权利、民主权利和合法财产权利的内容。

村民自治章程、村规民约以及村民会议或者村民代表会议的决定违反前款规定的,由乡、民族乡、镇的人民政府责令改正。

第二十八条 召开村民小组会议,应当有本村民小组十八周岁以上的村民三分之二以上,或者本村民小组三分之二以上的户的代表参加,所作决定应当经到会人员的过半数同意。

村民小组组长由村民小组会议推选。村民小组组长任期与村民委员会的任期相同,可以连选连任。

属于村民小组的集体所有的土地、企业和其他财产的经营管理以及公益事项的办理,由村民小组会议依照有关法律的规定讨论决定,所作决定及实施情况应当及时向本村民小组的村民公布。

第五章 民主管理和民主监督

第二十九条 村民委员会应当实行少数服从多数的民主决策机制和公开透明的工作原则,建立健全各种工作制度。

第三十条 村民委员会实行村务公开制度。

村民委员会应当及时公布下列事项,接受村民的监督:

(一)本法第二十三条、第二十四条规定的由村民会议、村民代表会议讨论决定的事项及其实施情况;

(二)国家计划生育政策的落实方案;

(三)政府拨付和接受社会捐赠的救灾救助、补贴补助等资金、物资的管理使用情况;

(四)村民委员会协助人民政府开展工作的情况;

(五)涉及本村村民利益,村民普遍关心的其他事项。

前款规定事项中,一般事项至少每季度公布一次;集体财务往来较多的,财务收支情况应当每月公布一次;涉及村民利益的重大事项应当随时公布。

村民委员会应当保证所公布事项的真实性,并接受村民的查询。

第三十一条 村民委员会不及时公布应当公布的事项或者公布的事项不真实的,村民有权向乡、民族乡、镇的人民政府或者县级人民政府及其有关主管部门反映,有关人民政府或者主管部门应当负责调查核实,责令依法公布;经查证确有违法行为的,有关人员应当依法承担责任。

第三十二条　村应当建立村务监督委员会或者其他形式的村务监督机构,负责村民民主理财,监督村务公开等制度的落实,其成员由村民会议或者村民代表会议在村民中推选产生,其中应有具备财会、管理知识的人员。村民委员会成员及其近亲属不得担任村务监督机构成员。村务监督机构成员向村民会议和村民代表会议负责,可以列席村民委员会会议。

第三十三条　村民委员会成员以及由村民或者村集体承担误工补贴的聘用人员,应当接受村民会议或者村民代表会议对其履行职责情况的民主评议。民主评议每年至少进行一次,由村务监督机构主持。

村民委员会成员连续两次被评议不称职的,其职务终止。

第三十四条　村民委员会和村务监督机构应当建立村务档案。村务档案包括:选举文件和选票,会议记录,土地发包方案和承包合同,经济合同,集体财务账目,集体资产登记文件,公益设施基本资料,基本建设资料,宅基地使用方案,征地补偿费使用及分配方案等。村务档案应当真实、准确、完整、规范。

第三十五条　村民委员会成员实行任期和离任经济责任审计,审计包括下列事项:

（一）本村财务收支情况;

（二）本村债权债务情况;

（三）政府拨付和接受社会捐赠的资金、物资管理使用情况;

（四）本村生产经营和建设项目的发包管理以及公益事业建设项目招标投标情况;

（五）本村资金管理使用以及本村集体资产、资源的承包、租赁、担保、出让情况,征地补偿费的使用、分配情况;

（六）本村五分之一以上的村民要求审计的其他事项。

村民委员会成员的任期和离任经济责任审计,由县级人民政府农业部门、财政部门或者乡、民族乡、镇的人民政府负责组织,审计结果应当公布,其中离任经济责任审计结果应当在下一届村民委员会选举之前公布。

第三十六条　村民委员会或者村民委员会成员作出的决定侵害村民合法权益的,受侵害的村民可以申请人民法院予以撤销,责任人依法承担法律责任。

村民委员会不依照法律、法规的规定履行法定义务的,由乡、民族乡、镇的人民政府责令改正。

乡、民族乡、镇的人民政府干预依法属于村民自治范围事项的,由上一级人民政府责令改正。

第六章 附 则

第三十七条 人民政府对村民委员会协助政府开展工作应当提供必要的条件；人民政府有关部门委托村民委员会开展工作需要经费的，由委托部门承担。

村民委员会办理本村公益事业所需的经费，由村民会议通过筹资筹劳解决；经费确有困难的，由地方人民政府给予适当支持。

第三十八条 驻在农村的机关、团体、部队、国有及国有控股企业、事业单位及其人员不参加村民委员会组织，但应当通过多种形式参与农村社区建设，并遵守有关村规民约。

村民委员会、村民会议或者村民代表会议讨论决定与前款规定的单位有关的事项，应当与其协商。

第三十九条 地方各级人民代表大会和县级以上地方各级人民代表大会常务委员会在本行政区域内保证本法的实施，保障村民依法行使自治权利。

第四十条 省、自治区、直辖市的人民代表大会常务委员会根据本法，结合本行政区域的实际情况，制定实施办法。

第四十一条 本法自公布之日起施行。

（摘自：http://www.china.com.cn/policy/txt/2010-10-29/content_21226000.htm）

中华人民共和国信访条例

（2005年1月5日国务院第76次常务会议通过，自2005年5月1日起施行。）

第一章 总 则

第一条 为了保持各级人民政府同人民群众的密切联系，保护信访人的合法权益，维护信访秩序，制定本条例。

第二条 本条例所称信访，是指公民、法人或者其他组织采用书信、电子邮件、传真、电话、走访等形式，向各级人民政府、县级以上人民政府工作部门反映情况，提出建议、意见或者投诉请求，依法由有关行政机关处理的活动。

采用前款规定的形式，反映情况，提出建议、意见或者投诉请求的公民、法人或者其他组织，称信访人。

第三条 各级人民政府、县级以上人民政府工作部门应当做好信访工作，认真处理来信、接待来访，倾听人民群众的意见、建议和要求，接受人民群众的监督，努力为人民群众服务。

各级人民政府、县级以上人民政府工作部门应当畅通信访渠道，为信访人采用本条例规定的形式反映情况，提出建议、意见或者投诉请求提供便利条件。任何组织和个人不得打击报复信访人。

第四条 信访工作应当在各级人民政府领导下，坚持属地管理、分级负责，谁主管、谁负责，依法、及时、就地解决问题与疏导教育相结合的原则。

第五条 各级人民政府、县级以上人民政府工作部门应当科学、民主决策，依法履行职责，从源头上预防导致信访事项的矛盾和纠纷。

县级以上人民政府应当建立统一领导、部门协调，统筹兼顾、标本兼治，各负其责、齐抓共管的信访工作格局，通过联席会议、建立排查调处机制、建立信访督查工作制度等方式，及时化解矛盾和纠纷。

各级人民政府、县级以上人民政府各工作部门的负责人应当阅批重要来信、接待重要来访、听取信访工作汇报，研究解决信访工作中的突出问题。

第六条 县级以上人民政府应当设立信访工作机构；县级以上人民政府工作部门及乡、镇人民政府应当按照有利工作、方便信访人的原则，确定负责信访工作的机构（以下简称信访工作机构）或者人员，具体负责信访工作。

县级以上人民政府信访工作机构是本级人民政府负责信访工作的行政机构，履行下列职责：

（一）受理、交办、转送信访人提出的信访事项；

（二）承办上级和本级人民政府交由处理的信访事项；

（三）协调处理重要信访事项；

（四）督促检查信访事项的处理；

（五）研究、分析信访情况，开展调查研究，及时向本级人民政府提出完善政策和改进工作的建议；

（六）对本级人民政府其他工作部门和下级人民政府信访工作机构的信访工作进行指导。

第七条 各级人民政府应当建立健全信访工作责任制，对信访工作中的失职、渎职行为，严格依照有关法律、行政法规和本条例的规定，追究有关责任人员的责任，并在一定范围内予以通报。

各级人民政府应当将信访工作绩效纳入公务员考核体系。

第八条 信访人反映的情况，提出的建议、意见，对国民经济和社会发展或者对改进国家机关工作以及保护社会公共利益有贡献的，由有关行政机关或者单位给予奖励。

对在信访工作中做出优异成绩的单位或者个人，由有关行政机关给予奖励。

第二章 信访渠道

第九条 各级人民政府、县级以上人民政府工作部门应当向社会公布信访工作机构的通信地址、电子信箱、投诉电话、信访接待的时间和地点、查询信访事项处理进展及结果的方式等相关事项。

各级人民政府、县级以上人民政府工作部门应当在其信访接待场所或者网站公布与信访工作有关的法律、法规、规章，信访事项的处理程序，以及其他为信访人提供便利的相关事项。

第十条 设区的市级、县级人民政府及其工作部门，乡、镇人民政府应当建立行政机关负责人信访接待日制度，由行政机关负责人协调处理信访事项。信访人可以在公布的接待日和接待地点向有关行政机关负责人当面反映信访事项。

县级以上人民政府及其工作部门负责人或者其指定的人员，可以就信访人反映突出的问题到信访人居住地与信访人面谈沟通。

第十一条 国家信访工作机构充分利用现有政务信息网络资源，建立全国信访信息系统，为信访人在当地提出信访事项、查询信访事项办理情况提供便利。

县级以上地方人民政府应当充分利用现有政务信息网络资源，建立或者确定本行政区域的信访信息系统，并与上级人民政府、政府有关部门、下级人民政府的信访信息系统实现互联互通。

第十二条　县级以上各级人民政府的信访工作机构或者有关工作部门应当及时将信访人的投诉请求输入信访信息系统，信访人可以持行政机关出具的投诉请求受理凭证到当地人民政府的信访工作机构或者有关工作部门的接待场所查询其所提出的投诉请求的办理情况。具体实施办法和步骤由省、自治区、直辖市人民政府规定。

第十三条　设区的市、县两级人民政府可以根据信访工作的实际需要，建立政府主导、社会参与、有利于迅速解决纠纷的工作机制。

信访工作机构应当组织相关社会团体、法律援助机构、相关专业人员、社会志愿者等共同参与，运用咨询、教育、协商、调解、听证等方法，依法、及时、合理处理信访人的投诉请求。

第三章　信访事项的提出

第十四条　信访人对下列组织、人员的职务行为反映情况，提出建议、意见，或者不服下列组织、人员的职务行为，可以向有关行政机关提出信访事项：

（一）行政机关及其工作人员；

（二）法律、法规授权的具有管理公共事务职能的组织及其工作人员；

（三）提供公共服务的企业、事业单位及其工作人员；

（四）社会团体或者其他企业、事业单位中由国家行政机关任命、派出的人员；

（五）村民委员会、居民委员会及其成员。

对依法应当通过诉讼、仲裁、行政复议等法定途径解决的投诉请求，信访人应当依照有关法律、行政法规规定的程序向有关机关提出。

第十五条　信访人对各级人民代表大会以及县级以上各级人民代表大会常务委员会、人民法院、人民检察院职权范围内的信访事项，应当分别向有关的人民代表大会及其常务委员会、人民法院、人民检察院提出，并遵守本条例第十六条、第十七条、第十八条、第十九条、第二十条的规定。

第十六条　信访人采用走访形式提出信访事项，应当向依法有权处理的本级或者上一级机关提出；信访事项已经受理或者正在办理的，信访人在规定期限内向受理、办理机关的上级机关再提出同一信访事项的,该上级机关不予受理。

第十七条　信访人提出信访事项,一般应当采用书信、电子邮件、传真等书面形式;信访人提出投诉请求的,还应当载明信访人的姓名(名称)、住址和请求、事实、理由。

有关机关对采用口头形式提出的投诉请求,应当记录信访人的姓名(名称)、住址和请求、事实、理由。

第十八条　信访人采用走访形式提出信访事项的,应当到有关机关设立或者指定的接待场所提出。

多人采用走访形式提出共同的信访事项的,应当推选代表,代表人数不得超过5人。

第十九条　信访人提出信访事项,应当客观真实,对其所提供材料为容的真实性负责,不得捏造、歪曲事实,不得诬告、陷害他人。

第二十条　信访人在信访过程中应当遵守法律、法规,不得损害国家、社会、集体的利益和其他公民的合法权利,自觉维护社会公共秩序和信访秩序,不得有下列行为:

(一)在国家机关办公场所周围、公共场所非法聚集,围堵、冲击国家机关,拦截公务车辆,或者堵塞、阻断交通的;

(二)携带危险物品、管制器具的;

(三)侮辱、殴打、威胁国家机关工作人员,或者非法限制他人人身自由的;

(四)在信访接待场所滞留、滋事,或者将生活不能自理的人弃留在信访接待场所的;

(五)煽动、串联、胁迫、以财物诱使、幕后操纵他人信访或者以信访为名借机敛财的;

(六)扰乱公共秩序、妨害国家和公共安全的其他行为。

第四章　信访事项的受理

第二十一条　县级以上人民政府信访工作机构收到信访事项,应当予以登记,并区分情况,在15日内分别按下列方式处理:

(一)对本条例第十五条规定的信访事项,应当告知信访人分别向有关的人民代表大会及其常务委员会、人民法院、人民检察院提出。对已经或者依法应当通过诉讼、仲裁、行政复议等法定途径解决的,不予受理,但应当告知信访人依照有关法律、行政法规规定程序向有关机关提出。

（二）对依照法定职责属于本级人民政府或者其工作部门处理决定的信访事项，应当转送有权处理的行政机关；情况重大、紧急的，应当及时提出建议，报请本级人民政府决定。

（三）信访事项涉及下级行政机关或者其工作人员的，按照"属地管理、分级负责，谁主管、谁负责"的原则，直接转送有权处理的行政机关，并抄送下一级人民政府信访工作机构。

县级以上人民政府信访工作机构要定期向下一级人民政府信访工作机构通报转送情况，下级人民政府信访工作机构要定期向上一级人民政府信访工作机构报告转送信访事项的办理情况。

（四）对转送信访事项中的重要情况需要反馈办理结果的，可以直接交由有权处理的行政机关办理，要求其在指定办理期限内反馈结果，提交办结报告。

按照前款第（二）项至第（四）项规定，有关行政机关应当自收到转送、交办的信访事项之日起15日内决定是否受理并书面告知信访人，并按要求通报信访工作机构。

第二十二条 信访人按照本条例规定直接向各级人民政府信访工作机构以外的行政机关提出的信访事项，有关行政机关应当予以登记；对符合本条例第十四条第一款规定并属于本机关法定职权范围的信访事项，应当受理，不得推诿、敷衍、拖延；对不属于本机关职权范围的信访事项，应当告知信访人向有权的机关提出。

有关行政机关收到信访事项后，能够当场答复是否受理的，应当当场书面答复；不能当场答复的，应当自收到信访事项之日起15日内书面告知信访人。但是，信访人的姓名（名称）、住址不清的除外。

有关行政机关应当相互通报信访事项的受理情况。

第二十三条 行政机关及其工作人员不得将信访人的检举、揭发材料及有关情况透露或者转给被检举、揭发的人员或者单位。

第二十四条 涉及两个或者两个以上行政机关的信访事项，由所涉及的行政机关协商受理；受理有争议的，由其共同的上一级行政机关决定受理机关。

第二十五条 应当对信访事项作出处理的行政机关分立、合并、撤销的，由继续行使其职权的行政机关受理；职责不清的，由本级人民政府或者其指定的机关受理。

第二十六条 公民、法人或者其他组织发现可能造成社会影响的重大、紧急信访事项和信访信息时，可以就近向有关行政机关报告。地方各级人民政府接到报告后，应当立即报告上一级人民政府；必要时，通报有关主管部门。县级以上地方人民政府有关部门接到报告后,应当立即报告本级人民政府和上一级主管部门;必要时,通报有关主管部门。国务院有关部门接到报告后,应当立即报告国务院;必要时,通报有关主管部门。

行政机关对重大、紧急信访事项和信访信息不得隐瞒、谎报、缓报,或者授意他人隐瞒、谎报、缓报。

第二十七条　对于可能造成社会影响的重大、紧急信访事项和信访信息,有关行政机关应当在职责范围内依法及时采取措施,防止不良影响的产生、扩大。

第五章　信访事项的办理和督办

第二十八条　行政机关及其工作人员办理信访事项,应当恪尽职守、秉公办事,查明事实、分清责任,宣传法制、教育疏导,及时妥善处理,不得推诿、敷衍、拖延。

第二十九条　信访人反映的情况,提出的建议、意见,有利于行政机关改进工作、促进国民经济和社会发展的,有关行政机关应当认真研究论证并积极采纳。

第三十条　行政机关工作人员与信访事项或者信访人有直接利害关系的,应当回避。

第三十一条　对信访事项有权处理的行政机关办理信访事项,应当听取信访人陈述事实和理由;必要时可以要求信访人、有关组织和人员说明情况;需要进一步核实有关情况的,可以向其他组织和人员调查。

对重大、复杂、疑难的信访事项,可以举行听证。听证应当公开举行,通过质询、辩论、评议、合议等方式,查明事实,分清责任。听证范围、主持人、参加人、程序等由省、自治区、直辖市人民政府规定。

第三十二条　对信访事项有权处理的行政机关经调查核实,应当依照有关法律、法规、规章及其他有关规定,分别作出以下处理,并书面答复信访人:

(一)请求事实清楚,符合法律、法规、规章或者其他有关规定的,予以支持;

(二)请求事由合理但缺乏法律依据的,应当对信访人做好解释工作;

(三)请求缺乏事实根据或者不符合法律、法规、规章或者其他有关规定的,不予支持。

有权处理的行政机关依照前款第(一)项规定作出支持信访请求意见的,应当督促有关机关或者单位执行。

第三十三条　信访事项应当自受理之日起60日内办结；情况复杂的，经本行政机关负责人批准，可以适当延长办理期限，但延长期限不得超过30日，并告知信访人延期理由。法律、行政法规另有规定的，从其规定。

第三十四条　信访人对行政机关作出的信访事项处理意见不服的，可以自收到书面答复之日起30日内请求原办理行政机关的上一级行政机关复查。收到复查请求的行政机关应当自收到复查请求之日起30日内提出复查意见，并予以书面答复。

第三十五条　信访人对复查意见不服的，可以自收到书面答复之日起30日内向复查机关的上一级行政机关请求复核。收到复核请求的行政机关应当自收到复核请求之日起30日内提出复核意见。

复核机关可以按照本条例第三十一条第二款的规定举行听证，经过听证的复核意见可以依法向社会公示。听证所需时间不计算在前款规定的期限内。

信访人对复核意见不服，仍然以同一事实和理由提出投诉请求的，各级人民政府信访工作机构和其他行政机关不再受理。

第三十六条　县级以上人民政府信访工作机构发现有关行政机关有下列情形之一的，应当及时督办，并提出改进建议：

（一）无正当理由未按规定的办理期限办结信访事项的；

（二）未按规定反馈信访事项办理结果的；

（三）未按规定程序办理信访事项的；

（四）办理信访事项推诿、敷衍、拖延的；

（五）不执行信访处理意见的；

（六）其他需要督办的情形。

收到改进建议的行政机关应当在30日内书面反馈情况；未采纳改进建议的，应当说明理由。

第三十七条　县级以上人民政府信访工作机构对于信访人反映的有关政策性问题，应当及时向本级人民政府报告，并提出完善政策、解决问题的建议。

第三十八条　县级以上人民政府信访工作机构对在信访工作中推诿、敷衍、拖延、弄虚作假造成严重后果的行政机关工作人员，可以向有关行政机关提出给予行政处分的建议。

第三十九条　县级以上人民政府信访工作机构应当就以下事项向本级人民政府定期提交信访情况分析报告：

（一）受理信访事项的数据统计、信访事项涉及领域以及被投诉较多的机关；

（二）转送、督办情况以及各部门采纳改进建议的情况；

（三）提出的政策性建议及其被采纳情况。

第六章 法律责任

第四十条 因下列情形之一导致信访事项发生，造成严重后果的，对直接负责的主管人员和其他直接责任人员，依照有关法律、行政法规的规定给予行政处分；构成犯罪的，依法追究刑事责任：

（一）超越或者滥用职权，侵害信访人合法权益的；

（二）行政机关应当作为而不作为，侵害信访人合法权益的；

（三）适用法律、法规错误或者违反法定程序，侵害信访人合法权益的；

（四）拒不执行有权处理的行政机关作出的支持信访请求意见的。

第四十一条 县级以上人民政府信访工作机构对收到的信访事项应当登记、转送、交办而未按规定登记、转送、交办，或者应当履行督办职责而未履行的，由其上级行政机关责令改正；造成严重后果的，对直接负责的主管人员和其他直接责任人员依法给予行政处分。

第四十二条 负有受理信访事项职责的行政机关在受理信访事项过程中违反本条例的规定，有下列情形之一的，由其上级行政机关责令改正；造成严重后果的，对直接负责的主管人员和其他直接责任人员依法给予行政处分：

（一）对收到的信访事项不按规定登记的；

（二）对属于其法定职权范围的信访事项不予受理的；

（三）行政机关未在规定期限内书面告知信访人是否受理信访事项的。

第四十三条 对信访事项有权处理的行政机关在办理信访事项过程中，有下列行为之一的，由其上级行政机关责令改正；造成严重后果的，对直接负责的主管人员和其他直接责任人员依法给予行政处分：

（一）推诿、敷衍、拖延信访事项办理或者未在法定期限内办结信访事项的；

（二）对事实清楚，符合法律、法规、规章或者其他有关规定的投诉请求未予支持的。

第四十四条 行政机关工作人员违反本条例规定，将信访人的检举、揭发材料或者有关情况透露、转给被检举、揭发的人员或者单位的，依法给予行政处分。

行政机关工作人员在处理信访事项过程中，作风粗暴，激化矛盾并造成严重后果的，依法给予行政处分。

第四十五条 行政机关及其工作人员违反本条例第二十六条规定,对可能造成社会影响的重大、紧急信访事项和信访信息,隐瞒、谎报、缓报,或者授意他人隐瞒、谎报、缓报,造成严重后果的,对直接负责的主管人员和其他直接责任人员依法给予行政处分;构成犯罪的,依法追究刑事责任。

第四十六条 打击报复信访人,构成犯罪的,依法追究刑事责任;尚不构成犯罪的,依法给予行政处分或者纪律处分。

第四十七条 违反本条例第十八条、第二十条规定的,有关国家机关工作人员应当对信访人进行劝阻、批评或者教育。

经劝阻、批评和教育无效的,由公安机关予以警告、训诫或者制止;违反集会游行示威的法律、行政法规,或者构成违反治安管理行为的,由公安机关依法采取必要的现场处置措施、给予治安管理处罚;构成犯罪的,依法追究刑事责任。

第四十八条 信访人捏造歪曲事实、诬告陷害他人,构成犯罪的,依法追究刑事责任;尚不构成犯罪的,由公安机关依法给予治安管理处罚。

第七章　附　　则

第四十九条 社会团体、企业事业单位的信访工作参照本条例执行。

第五十条 对外国人、无国籍人、外国组织信访事项的处理,参照本条例执行。

第五十一条 本条例自2005年5月1日起施行。1995年10月28日国务院发布的《信访条例》同时废止。

（摘自：http://www.gov.cn/zwgk/2005–05/23/content_271.htm）

附录二

村务公开制度

一、公开内容

（一）村经济社会发展规划和村民委员会年度工作计划以及年度工作目标执行落实情况；

（二）年度财务计划以及各项收入和支出情况；

（三）村集体经济收益分配债务债权情况；

（四）集体资产的管理和经营情况，土地等生产资料和各种生产经营承包费收缴情况；

（五）兴办集体经济项目和公益事业的经费筹集，招标投标，建设承包情况及其实施情况；

（六）村民委员会组成人员补贴标准及其数额，村民义务工及农田水利建设用工情况；

（七）被征用土地及其补偿费、安置补助费的使用情况；

（八）救灾、救济款物的发放情况；

（九）宅基地的申报、批准和使用情况；

（十）村民户籍关系的变更情况；

（十一）落实计划生育规定的方案，被批准生育人员名单；

（十二）村委会换届选举或村委会组成人员依法调整后财务和有关工作交接情况；

（十三）涉及村民的收费项目、依据、标准及消费情况；

（十四）涉及村民切身利益的有关法律，法规和规章；

（十五）征兵、聘用管理人员等村民普遍关心并要求公开的事项；

（十六）农村机动地和"四项地"发包、税费改革和农业税减免政策，村内"一事一议"筹资劳动、新型农村合作医疗、种粮直接补贴、退耕还林款物兑现以及国家其它资助集体政策落实情况。

二、公开形式

（一）在村民居住较为集中且便于群众观看的地方设置村务公开栏；

（二）以村民会议或村民代表会议的形式公开村务；

（三）通过向村民发放"明白纸"或印发公开信的形式公开。

三、公开时间

(一)村务事项一季度公开一次；

(二)其它事项根据需要和村民要求,及时公布；

(三)时间跨度较长的事项,分阶段(事前、事中、事后)公布,事项全部完成后,及时公布全部结果。

四、公开的基本程序

(一)村民委员会根据本村的实际情况,依照公开的内容提出具体的方案；

(二)村务公开监督小组对方案进行审查、补充、完善后,提交党组织和村委会联席会议讨论决定；

(三)村委会通过村务公开栏形式及时公布,每次公布的时间、地点、内容要及时记录、归档,以备查询。

财务公开制度

财务公开是村民最为关心、最为敏感的问题，是村务公开的重点，所以财务公开必须做到真正公开、全公开、逐笔公开、及时公开。做出如下规定：

一、财务公开的内容

（一）村集体的财务计划；

（二）村集体的各项收入；

（三）村集体的各项支出；

（四）村集体的各项财产；

（五）村集体的债权债务情况；

（六）村集体的收益分配情况；

（七）农户承担水、电费、一事一议筹资筹劳等情况。

二、财务公开的时间

（一）财务计划年初公布；

（二）各项收入、支出情况每个季度公布一次；

（三）各项财产、债权、债务、收益分配、农户承担的集资款、水费、电费、劳动积累工、义务工以及以资代劳情况，年底予以公布；

（四）多数群众或民主理财小组要求公布的专项财务活动，应及时单独进行公布。

三、财务公开的形式

（一）主要以填写财务公开栏的形式张榜公布；

（二）也可以通过广播、电视或印发"明白纸"、公开信的形式辅助公开。

四、财务公开的程序

（一）由民主理财小组对村集体的全部财产，债权、债务和有关帐目进行全面的清算核实；

（二）财务公开的内容要有村级组织负责人，民主理财小组负责人和主管会计签字；

（三）财务帐目张榜公布后，村里要安排专门时间，接待群众来访，听取群众的意见和建议,解答群众提出的问题,需要整改的要及时整改,一时难以解决的要做出解释。

五、财务公开的监督

(一)接受村民的监督

村民有权对公布的财务帐目提出质疑;有权委托民主理财小组查阅审核有关财务帐目;有权要求有关当事人对有关财务问题作出解释、解答;有权逐级反映财务公开中存在的问题、提出意见和建议。

(二)接受民主理财小组的监督

村庄民主理财小组有权对财务公开情况进行检查和监督;有权代表群众对有关帐目进行查阅和审核,反映有关财务问题;有权对财务公开中发现的问题提出处理意见;有权向上一级部门反映有关财务管理中的问题。

(三)接受乡镇政府的监督

乡镇政府指导和监督村里依照有关规定的要求,实行财务一公开;指导和监督村级组织建立健全财务公开制度;会同上级有关部门对财务公开中发现的问题进行处理。

民主决策制度

民主决策是村民自治的核心内容。为了规范村委会决策行为,特规定如下:

一、民主决策的内容

(一)村集体的土地承包和租赁;

(二)集体企业改制;

(三)集叫举债;

(四)集体资产处理;

(五)村干部报酬;

(六)村公益事业的经费筹集方案和建设承包方案。

二、民主决策的原则

(一)坚持党的领导;

(二)保证人民当家作主;

(三)坚持依法依章办事;

(四)坚持实行少数服从多数。

三、民主决策的基本组织形式

(一)村民会议

本村18岁以上村民过半数参加,或三分之二以上的户代表参加,所做决定一应当一由到会代表的过半数通过。

(二)村民代表会议

村民代表会议必须有三分之二以上的村民代表参加,所做决定应当经到会村民代表的过半数通过。

四、村民决策的程序

(一)由村党组织、村民委员会、村级集体经济组织十分之一以上村民联名或五分之一以上村民代表联名提出议案(书面形式)。

(二)由村党组织统一受理议案,并召集村党组织和村民委员会联席会议,研究提出具体意见和建议。

(三)由村民委员会召集村民会议或村民代表会议讨论决定。

（四）由村党组织、村民委员会组织实施村民民主决策事项的办理。

五、建立决策责任追究制度

村级重大事务涉及全体村民切身利益或是大部分村民的切身利益，一旦经民主程序作出决定决议时，不但受法律保护，而且在村中拥有至高的权威性，全体村干部和村民都要贯彻落实，不能轻易变更，如发生自然灾害等紧急情况，确需更改的，需经村民会议或村民代表会议讨论决定。要强化村级事务民主决策的严肃性、持久性和连续性、权威性。对不按民主程序作出的决议办事的，要依法依规追究相关责任人的责任。

民主评议制度

民主评议村干部是村民自治制度的重要内容,是村民民主监督权利的重要内容。为了规范民主评议,特制定以下内容:

一、民主评议的对象

(一)村党组织班子成员;

(二)村民委员会班子成员;

(三)村集体经济组织班子成员;

(四)村民小组长;

(五)享受由村民或集体承担误工补贴的其他村务管理人员。

二、民主评议的方法

民主评议工作由乡镇党委、政府具体组织,评议前要做好调查,掌握具体情况,确定评议方法:评议中要不偏不倚,充分发挥民主;评议后,要及时公布评议结果。

三、民主评议的形式

民主评议要采取适当的方法进行。一般情况卜,可采取召开村民会议或村民代表会议的方式进行;不便召开村民会议或村民代表会议的,也可以采取村民座谈的形式进行;也可以是几种形式结合起来进行。通过会议形式进行的,被评议者要各村民或村民代表作述职报告,述职报告要实事求是,对成绩不夸大,对问题不隐瞒。

四、民主评议的时间

民主评议村干部的周期要合适,根据本村实际情况和群众需要,可半年或一年进行一次民主评议,最长不超过一年。

五、民主评议的标准

民主评议要以群众满意不满意为标准。

六、民主评议结果的运用

民主评议不能走过场。一是评议结果要和村干部的使用和补贴标准直接挂钩；二是对连续两次被评为不合格的干部，是村党组织成员的，按党内有关规定处理，是村委会班子成员的或村集体经济组织班子成员的，应责令其辞职，不辞职的应启动罢免程序；其他村务管理人员，由村民委员会召开村民会议或村民代表会议做出处理决定。

主要参考文献

一、经典著作类：

1. 马克思恩格斯全集 第一卷[M]. 北京：人民出版社1956.

2. 马克思恩格斯全集 第二卷[M]. 北京：人民出版社1957.

3. 马克思恩格斯全集 第十七卷[M]. 北京：人民出版社1965.

4. 马克思恩格斯全集 第二十二卷[M]. 北京：人民出版社1965.

5. 马克思恩格斯选集 第一卷[M]. 北京：人民出版社1995.

6. 马克思恩格斯选集 第二卷[M]. 北京：人民出版社1995.

7. 马克思恩格斯选集 第三卷[M]. 北京：人民出版社1995.

8. 马克思恩格斯选集 第四卷[M]. 北京：人民出版社1995.

9. 列宁全集 第二十八卷[M]. 北京：人民出版社1956.

10. 列宁全集 第二十九卷[M]. 北京：人民出版社1956.

11. 列宁全集 第三十一卷[M]. 北京：人民出版社1956.

12. 列宁全集 第四十二卷[M]. 北京：人民出版社1987.

13. 列宁全集 第二十五卷[M]. 北京：人民出版社1988.

14. 列宁全集 第五十卷[M]. 北京：人民出版社1988.

15. 列宁选集 第三卷[M]. 北京：人民出版社1995.

16. 毛泽东著作选读（下）[M]. 北京：人民出版社1986.

17. 毛泽东选集 第四卷[M]. 北京：人民出版社1991.

18. 彭真文选[M]. 北京：人民出版社1991.

19. 建国以来毛泽东文稿（第六册）[M]. 北京：中央文献出版社1992.

20. 毛泽东文集 第七卷[M]. 北京：人民出版社1999.

21. 邓小平文选 第一卷[M]. 北京：人民出版社1994.

22. 邓小平文选 第二卷[M]. 北京：人民出版社1994.

23. 邓小平文选 第三卷[M]. 北京：人民出版社1993.

24. 中国共产党社会主义时期文献资料选编(一)(1949—1954)[C]. 北京：中共中央党校出版社1987.

25. 中共中央文献研究室编：十五大以来重要文献选编[C]. 北京：人民出版社2000.

26. 江泽民论中国特色社会主义（专题摘编）[C]. 北京：中央文献出版社2002.

27. 江泽民文选 第二卷[M]. 北京：人民出版社2006.

28. 江泽民文选 第三卷[M]. 北京：人民出版社2006.

29. 胡锦涛：高举中国特色社会主义伟大旗帜 为夺取全面建设小康社会新胜利而奋斗[R]. 北京：人民出版社2007.

30. 十七大报告辅导读本[M]. 北京：人民出版社2007.

二、中文专著类：

1. 罗志渊：云五社会科学大辞典（政治学卷）[M]. 台湾：台湾商务印书馆1971.

2. 朱光磊：当代中国政府过程[M]. 天津：天津人民出版社1977.

3. 徐大同：西方政治思想史[M]. 天津：天津人民出版社1985.

4. 黄育馥：人与社会——社会化问题在美国[M]. 沈阳：辽宁人民出版社1986.

5. 王沪宁：比较政治分析[M]. 上海：上海人民出版社1987.

6. 王沪宁：当代中国村落家族文化[M]. 上海：上海人民出版社1987.

7. 黄宗智：长江三角洲小农家庭与乡村发展［M］. 北京：中华书局1992.

8. 张文显：马克思主义法理学[M]. 长春：吉林大学出版社1995.

9. 王浦劬：政治学基础[M]. 北京：北京大学出版社1996.

10. 李茂岚：中国农民负担问题研究[M]. 太原：山西经济出版社1996.

11. 徐　勇：中国农村村民自治[M]. 武汉：华中师范大学出版社1997.

12. 陆学艺等：社会结构的变迁[M]. 北京：社会科学出版社1997.

13. 陶东明、陈明明：当代中国政治参与[M]. 杭州：浙江人民出版社1998.

14. 郑永廷：思想政治教育方法论[M]. 北京：高等教育出版社1999.

15. 方江山：非制度政治参与——以转型期中国农民为对象分析[M]. 北京：北京人民出版社2000.

16. 程同顺：当代中国农村政治发展研究[M]. 天津：天津人民出版社2000.

17. 杨光斌：政治学导论[M]. 北京：中国人民大学版社2000.

18. 李佐军：中国的根本问题——九亿农民何处去[M]. 北京：中国发展出版社2000.

19. 张耀灿、陈万柏：思想政治教育学原理[M]. 北京：高等教育出版社2001.

20. 陆学艺：当代中国社会阶层研究报告[M]. 北京：社会科学文献出版社2001.

21. 刘智等：数据选举——人大代表选举统计研究[C]. 北京：中国社会科学出版社2001.

22. 马振清：《中国公民政治社会化问题研究》[M]. 哈尔滨：黑龙江人民出版社2001.

23. 何泽中：当代中国村民自治[M]. 长沙：湖南大学出版社2002.

24. 谭培文：马克思主义利益理论[M]. 北京：人民出版社出版2002.

25. 李　凡：中国基层民主发展报告（2002）[R]. 西安：西北大学出版社2003.

26. 贺雪峰：新乡土中国[M]. 桂林：广西师范大学出版社2003.

27. 孙关宏：政治学概论[M]. 上海：复旦大学出版社2003.

28. 徐　勇、项继权：村民自治进程中的乡村关系[M]. 武汉：华中师范大学出版社2003.

29. 李君如：社会主义和谐社会论[M]. 北京：人民出版社2005.

30. 蓝　江：思想政治教育社会化研究[M]. 武汉：湖北人民出版社2005.

31. 张耀灿：思想政治教育学前沿[M]. 北京：人民出版社2006.

32. 王浦劬：政治学基础[M]. 北京：北京大学出版社2006.

33. 罗平汉：村民自治史[M]. 福州：福建人民出版社2006.

34. 程同顺：农民组织与政治发展——再论中国农民的组织化 [M]. 天津：天津人民出版社2006.

35. 葛　荃：中国政治文化教程[M]. 北京：高等教育出版社2006.

36. 徐久刚等：中国民主政治研究[M]. 北京：人民出版社2006.

37. 同春芬：转型时期中国农民的不平等待遇透析[M]. 北京：社会科学文献出版社2006.

38. 魏银河等：当代中国公民有序政治参与研究[M]. 北京：人民出版社2007.

39. 钟瑞添、贾仲益：印象恭城：恭城瑶族自治县社会主义新农村建设模式的初步解读[M]. 桂林：广西师范大学出版社2007.

40. 林春逸：发展伦理初探[M]. 北京：社会科学文献出版社2007.

41. 褚松燕. 权利发展与公民参与——我国公民资格权利发展与有序参与研究[M]. 北京：中国法制出版社2007.

42. 王维国：公民有序政治参与的途径[M]. 北京：人民出版社2007.

43. 陈晓莉：政治文明视域中的农民政治参与[M]. 北京：中国社会科学出版社2007.

44. 戴玉琴：村民自治的政治文化基础——苏北农村个案分析[M]. 北京：社会科学文献出版社2007.

45. 俞思念：社会主义文化建设的历史、理论与实践[M]. 北京：中国社会科学出版社2008.

46. 徐　峰: 政治参与发展条件下中国共产党的政策制定[M]. 北京: 水利水电出版社2008.

47. 季建业: 农民权利论[M]. 北京: 中国社会科学出版社2008.

48. 王布衣: 震惊世界的广西农民[M]. 南宁: 广西人民出版社2008.

49. 宋增伟: 制度公正与人的全面发展[M]. 北京: 人民出版社2008.

50. 王佳慧: 当代中国农民权利保护的法理[M]. 北京: 中国社会科学出版社2009.

51. 张德瑞: 中国农民平等权利法律保护问题研究[M]. 南昌: 江西人民出版社2009.

52. 莫吉武等: 协商民主与有序参与[M]. 北京: 中国社会科学出版社2009.

53. 龚宏志: 和谐社会与公民政治参与[M]. 郑州: 河南人民出版社2009.

54. 李金河等: 当代中国公众政治参与和决策科学化[M]. 北京: 人民出版社2009.

55. 邱永文: 当代中国政治参与研究[M]. 北京: 中共中央党校出版社2009.

56. 刘鑫淼: 当代中国公共精神的培育研究[M]. 北京: 人民出版社2010.

57. 季丽新、陈冬生: 当代中国农村政治分析[M]. 北京: 中国社会出版社2011.

58. 房　宁: 中国政治参与报告（2011）[R]. 北京: 社会科学文献出版社2011.

59. 刘杰主: 中国政治发展进程2011年[M]. 北京: 时事出版社2011.

60. 于建嵘: 岳村政治——转型期中国乡村政治结构的变迁[M]. 北京: 商务印书馆2011.

三、外文译著类

1.[美] 康芒斯: 制度经济学(上卷)[M]. 北京: 商务印书馆1962.

2.[美] 汉密尔顿等: 联邦党人文集[M]. 程逢如等译. 北京: 商务印书馆1980.

3.[古希腊] 亚里士多德: 政治学[M]. 北京: 商务印书馆1981.

4.[德] 黑格尔: 《哲学史讲演录》第一卷[M]. 北京: 商务印书馆1981.

5.[英] 密　尔: 代议制政府[M]. 汪　译. 北京: 商务印书馆1982.

6.[日] 蒲岛郁夫: 政治参与[M]. 北京: 经济日报出版社1987.

7.[英] 邓肯·米切尔: 新社会学词典[M]. 蔡振杨等译. 上海: 上海译文出版社1987.

8.[美] 加布里埃及·A·阿尔蒙德: 比较政治学: 体系、过程和政策[M]. 上海: 上海译文出版社1987.

9.[美] 罗尔斯: 正义论[M]. 北京: 中国社会科学出版社1988.

10.[美] 科　恩: 论民主[M]. 聂崇信、朱秀贤译. 北京: 商务印刷馆1988.

11.[美] 塞缪尔·P·亨廷顿, 纳尔逊, 难以抉择——发展中国家的政治参与[M]. 汪晓寿, 吴志华, 项继权译. 北京: 华夏出版社1989.

12.[美] 塞缪尔·P·亨廷顿: 变化社会中的政治秩序[M]. 上海: 三联书店1989.

13.[美] 加布里埃尔·A·阿尔蒙德, S·维巴: 公民文化——五国的政治态度和民主[M]. 徐湘林译, 杭州: 浙江人民出版社1989.

14.[美] 塞缪尔·P·亨廷顿: 变革社会中的政治秩序[M]. 上海: 上海译文出版社1989.

15.[美] 伊恩·罗伯逊等: 社会学（下册）[M]. 北京: 商务印书馆1990.

16.[美] 黄宗智: 长江三角洲小农家庭与乡村发展[M]. 北京: 中华书局1992.

17.[美] 加里布埃尔·A·阿尔蒙德, 小鲍威尔: 当代比较政治学——世界展望[M]. 北京: 商务印书馆1993.

18.[美] 道格拉斯·C·诺思: 制度、制度变迁与经济绩效[M]. 上海: 三联书店1994.

19.[美]J·米格代尔: 农民、政治与革命——第三世界政治与社会变革的压力[M]. 李玉琪、袁宁译. 北京: 中央编译出版社1996.

20.[德] 马克斯·韦伯: 经济与社会（上卷）[M]. 商务印书馆1997.

21.[美] 塞缪尔·P·亨廷顿: 变革社会的政治秩序[M]. 北京: 华夏出版社1998.

22.[英] 戴维·赫尔德: 民主的模式（中译本）[M]. 北京: 中央编译出版社1998.

23.[美] 马丁·李普塞特: 民主的再思考[M]. 北京: 社会科学文献出版社2000.

24.[美]T·W·舒尔茨: 财产权利与制度变迁[M]. 上海: 上海三联书店2003.

25.[法]H·孟德拉斯: 农民的终结[M]. 李培林译. 北京: 社科文献出版社2005.

26.[美] 塞缪尔·P·亨廷顿: 变化社会中的政治秩序[M]. 上海: 上海人民出版社2008.

27.[法] 卢　梭: 社会契约论[M]. 何兆武译. 北京: 商务印书馆2008.

28.[法] 托克维尔: 论美国的民主（上、下）[M]. 董果良译. 北京: 商务印书馆2009.

四、英文原著类

1.Townsend R.James, *Political Participation in CommunistChina*. Berkeley:University of California Press, 1969.

2. R.A.Dahl, *Polyarchy:Participation and Opposition*, New Heaven Yale university Press, 1971.

3.John Rawls, *A Theory of Justice*, Harvard University Press, 1971.

4.John·P·Burns, *Political Participation in Rural China* Berkeley: University of California Press 1988.

五、期刊论文类

1. 周　平: 论我国改革过程中的政治参与[J]. 云南社会科学1991（4）.

2. 杨晋川: 政治稳定与政治制度的完善[J]. 科学社会主义1992（6）.

3. 郭书田: 再论当今的中国农民问题[J]. 农业经济问题1995(19).

4. 秦　晖: 谁是"农民"[J]. 中国农民1996(3).

5. 李慎之: 论中国文化传统与现代化[J]. 战略与管理2000（4）.

6. 李元书、刘昌雄: 论政治参与制度化[J]. 江苏社会科学2001（5）.

7. 闫　威、夏振坤: 利益集团视角下的"三农"问题[J]. 当代财经2003(5).

8. 王中汝: 利益表达与当代中国的政治发展[J]. 科学社会主义2004(5).

9. 李子彪: 构建和谐社会与加强党的执政能力建设》[J]. 广东社会科学2004(6).

10. 刘再春: 社会公正与制度的哲学思考[J]. 内蒙古农业大学学报(社会科学版)2004(4).

11. 赵宝国: 政治冷漠与农村民主政治发展[J]. 宁波党校学报2004(2).

12. 吴忠民: "和谐社会"释义[J]. 前线2005(1).

13. 于建嵘: 中国信访制度批判[J]. 中国改革2005(2).

14. 陈晓莉: 农民政治参与制度化探析[J]. 行政论坛2005（6）.

15. 俞可平: 和谐社会面面观[J]. 马克思主义与现实2005(1).

16. 钟秉林: 和谐社会: 多元、宽容与秩序化[J]. 中国特色社会主义研究2005(1).

17. 陈幼华: 加强农民政治参与的制度建设[J]. 中国农学通报2006(4).

18. 孔德永: 农民政治认同的逻辑[J]. 齐鲁学刊2006(5).

19. 周作翰, 张英洪: 当代中国农民的平等权探索[J]. 探索2006(2).

20. 盛正德、邓继光: 提高农民自组织程度, 加快解决"三农"问题[J]. 毛泽东邓小平理论研究2006（12）.

21. 张　健: 论扩大公民有序政治参与对构建社会主义和谐社会的意义[J]. 马克思主义与现实2006（6）.

22. 夏晓丽: 农民政治参与: 农村和谐社会构建的政治保障[J]. 理论界2006（4）.

23. 刘范一：和谐社会建设与农民的政治参与[J]. 齐鲁学刊2007（4）.

24. 王燕平：论有序的政治参与与中国政治的发展[J]. 大众科学2007(18).

25. 于建嵘：农村群体性突发事件的预警与防治[J]. 中国乡村发现2007(1).

26. 吴艳东：论社会主义和谐社会视野下的公民制度化政治参与[J]. 湖北生态工程职业技术学院学报2008（2）.

27. 刘　丽、牟永福：现阶段我国农民的分化、流动与政治取向[J]. 理论导刊2008（2）.

28. 刘晓丽：我国传统政治文化对构建参与型政治文化的影响[J]. 湖北第二师范学院学报2008（11）.

29. 冯　涛：论政治冷漠的涵义、原因和作用[J]. 湖北第二师范学院学报2008（9）.

30. 闫春娥：关于我国贫富差距的理性分析[J]. 晋阳学刊2009(5).

31. 孔桂丽：论当前我国农民的非制度政治参与[J]. 江西广播电视大学学报2009(2).

32. 彭大鹏：村民自治的行政化与国家政权建设[J]. 北京行政学院学报2009(2).

33. 刘晓丽：试论我国参与型政治文化的构建[J]. 天津市社会主义学院学报2009（9）.

34. 陈秀梅：维护社会稳定与提高利益表达机制的有效性分析[J]. 毛泽东邓小平理论研究2010（11）.

35. 王晶梅：和谐社会视域中农民有序政治参与探讨[J]. 辽宁行政学院学报2010（10）.

36. 蔡振亚、华创业：浅析当前我国农民政治参与的制度支持[J]. 河南工程学院学报（社科版）2010（4）.

37. 尹光志、熊传动：简评权力结构论[J]. 今日财富（金融发展与监管)2010（5）.

38. 张　燕、顾承卫：马克思主义政治参与思想及其当代价值[J]. 武汉科技大学学报（社会科学版)2010(6).

39. 于建嵘：守住社会稳定的底线——在北京律师协会的演讲[J]. 今日财富2010（3）.

40. 谢　佳：参与型政治文化与公民政治教育的实践模式探索[J]. 探索2010(4).

41. 齐春雷：西方政党制度下的政治参与及其启示[J]. 广东省社会主义学院学报2011(1).

42. 崔　浩：马克思主义政治参与观及其实践意义[J]. 毛泽东邓小平理论研究

2011(8).

43. 王　琪: 毛泽东时代和后毛泽东时代中国农民的政治参与比较[D]. 首都师范大学, 2004.

44. 蔡　溪: 农村基层政权建设问题研究[D]. 国防科学技术大学, 2005.

45. 薛小东: 扩大农民有序政治参与的制度创新研究[D]. 兰州大学, 2006.

46. 袁卫祥: 农村治理中的基层党组织建设研究[D]. 湖南师范大学, 2006.

47. 梁军峰: 中国参与式民主发展研究[D]. 中共中央党校, 2006.

48. 游贤林: 我国乡镇行政发展存在的问题与对策研究[D]. 贵州大学, 2007.

49. 姚　望: 当代中国利益表达机制构建研究[D]. 郑州大学, 2007.

50. 杜志霞: 中国农民政治参与的现状、问题及对策分析[D]. 吉林大学, 2008.

51. 李银花: 试论我国农民参政权之实现[D]. 延边大学, 2008.

52. 李卓泓: 新时期中国农民政治参与价值功能与思考[D]. 东北师范大学, 2008.

53. 闫红梅: 社会公正语境下的农民利益表达[D]. 山东师范大学, 2009.

54. 李维昌: 农民利益表达及其机制构建研究》[D]. 云南大学, 2003.

55. 侯燕伟: 论和谐社会构建下的农民政治参与[D]. 首都师范大学, 2009.

56. 吴雨欣: 选举民主的有效性与有限性[D]. 武汉大学, 2010.

57. 漆辉婷: 英国政治现代化过程中的保守主义政治思维[D]. 北京师范大学, 2010.

58. 全国基层选举胜利完成[N]. 人民日报, 1954-06-21.

59. 杨福忠: 公民政治参与法治化与社会稳定[N]. 学习时报, 2001-10-08.

60. 盛　洪: 让农民自己代表农民自己[N]. 经济观察报, 2003-01-27.

61. 郑杭生: 和谐社会与社会学[N]. 人民日报, 2004-11-30.

62. 赵　凌: 中国信访制度实行50多年 已经走到制度变迁关口[N]. 南方周末, 2004-11-04.

63. 萧灼基: 和谐社会是一个以人为本的社会[N]. 文汇报, 2005-03-07.

64. 宋惠昌: 民主是社会和谐发展的动力机制[N]. 学习时报, 2005-02-07.

65. 徐　冰: 城乡差距: 世纪难题求解[N]. 中国经济时报, 2005-03-09.

66. 张　帆: 取消对农民的歧视待遇——法学博士许志永的对话[N]. 中国经济时报, 2005-04-27.

67. 胡锦涛: 高举中国特色社会主义伟大旗帜　为夺取全面建设小康社会新胜利而奋斗[N]. 人民日报, 2007-10-25.

68. 全国100多座城市严重缺水[N]. 海南日报, 2008-10-26.

69. 新华网：http://www.gov.cn/2011lh/content_1825233.htm.

70. 新华网：http://news.xinhuanet.com/politics/2011-10/25/c_122197737.htm.

71. 中国经济网：http://www.ce.cn/xwzx/gnsz/szyw/200711/29/t20071129_13760654.shtml.

72. 中国村民自治网.

73. 中国选举与治理网.

74. 中国三农网.

致　　谢

　　本书是在我的博士学位论文的基础上修改完成的。多年来，在家人和朋友们的理解、支持和鼓励下，我实现了一名从事十六年中学英语教学的教师角色的华丽转身，重返大学校园，先后获得了法学硕士、博士学位。不惑之年的我不仅感触到求学的艰辛，更感触到自己人生的幸运与幸福。面对即将付梓的书稿，我溢于满心的喜悦与感激浓缩成两个字："感谢"。

　　首先，感谢我的恩师钟瑞添教授。2003—2006年，我在广西师范大学攻读硕士学位的时候，就曾领略过钟老师崇高的人格魅力和渊博的学识魅力。硕士研究生毕业一年半后，我又一次回到丹桂飘香的师大校园，有幸成为钟老师的第二届博士研究生中的一员。我真诚地感谢钟老师在我论文的选题、写作提纲的设计、方法运用以及论文写作等方面给予的严谨而又细致的指导与帮助。钟老师严谨的治学精神和缜密的思辨能力让我获益匪浅，受益终生。特别是，钟老师在指导我们博士学位论文期间，颈椎病复发，但仍坚持工作，让我们十分感动。在我的一生中，遇见这样一位恩师是何等的幸运与幸福。他崇高的人格魅力和渊博的学识魅力再次深深打动着我，鞭策我在现在和未来的学习和工作中丝毫不敢懈怠。

　　感谢广西师范大学马克思主义学院的谭培文教授、林春逸教授、黄瑞雄教授、周世中教授、李文华教授、陈洪江教授、汤志华教授、韦冬雪教授、李恩来教授等。他们在上课、讨论、论文（选）开题以及论文写作过程中给予我许多思想上的启迪与帮助，以及对论文写作提出的许多宝贵意见和建议，使我受益颇多，万分感激。

　　感谢中国人民大学的秦宣教授、苏越教授、梁树发教授；中山大学的郑永廷教授、李萍教授；华中师范大学的张耀灿教授、俞思念教授、徐勇教授、黄百炼教授；山东大学的许庆朴教授；河海大学的孙其昂教授；教育部社科中心的田心铭教授等。他们的每一次讲座不仅使我领略了大师的风采，更让我倍受启发。

感谢在学习、生活中给予我热情帮助的各位师兄、师姐以及同学和朋友。在这个温暖、和谐的大家庭中，我不仅得到了他们的许多关心、帮助与鼓励，而且也经常使我从与他们思想碰撞的火花中捕捉了许多灵感和智慧。

感谢贺州学院的领导和同事们。四年的时间里，我有幸能够带薪学习，并顺利完成学业，也要归功于贺州学院领导和同事们的关心和支持，本书的顺利出版还得到了贺州学院博士科研启动基金（HZUBS201206）资助，在此一并致以谢忱。

感谢我的家人，多年来是他们默默地支持与关爱，使我能够安心、专注于自己的学业。年迈的父母，贤惠的妻子，聪颖的女儿，面对他们的爱和付出，我无言以对，唯有快马加鞭，才是我对他们最好的回报。令我最欣慰的是，在我攻读博士学位期间，女儿张若愚在 2010 年高考中以优异的成绩考取北京交通大学，使我常常愧疚之心得到了莫大安慰。

在写作过程中，本书吸收和借鉴了大量国内外专家和学者的相关研究成果，谨在此一并致以诚挚的感谢。

最后，还要感谢世界图书出版公司编辑张馨芳女士、段纪明先生的辛勤劳动，是他们的敬业精神才使本书得以顺利出版。

关于和谐社会构建中农民政治参与制度化研究是一个比较复杂的现实问题。尽管本人对和谐社会构建中农民政治参与制度化研究倾尽自己最大的努力，由于才学疏浅，书中难免存在许多不足与缺憾，诚望学界前辈和同仁不吝赐教，您的批评和建议将是我今后学术生涯中不断前行的方向与动力。

张百顺

2012 年 5 月 20 日